国家发展改革委宏观经济管理编辑部系列研究报告

中国创新发展
研究报告

ZHONGGUO CHUANGXIN FAZHAN YANJIU BAOGAO

易昌良　主编

人民出版社

《中国创新发展研究报告》
研究机构

国家发展改革委宏观经济管理编辑部

现代经济研究院

北京师范大学政府管理研究院

北京市博士爱心基金会

腾讯研究院

国是智库研究院

大同市锐龙房地产开发有限公司

紫藤花开集团有限公司

广东森岛集团有限公司

吉运集团股份有限公司

北京普祺医药科技有限公司

国湘控股有限公司

目　录

序

　　党的十九大报告提出，创新是引领发展的第一动力，是建设现代化经济体系的战略支撑。新形势下的科技创新必须以习近平总书记关于科技创新重要论述为统领，以改革驱动创新，以创新驱动发展，加快进入创新型国家行列，迈向建设世界科技强国的新征程。

　　党的十八大以来，以习近平同志为核心的党中央对科技创新高度重视。习近平总书记以前所未有的远见卓识，对科技创新提出一系列新理念、新论断、新要求，立意高远，内涵深刻；以前所未有的高度重视，亲自谋划、部署和推动一系列以科技创新带动体制机制创新的重大举措；以前所未有的实施力度，夯实发展新基础，开辟发展新空间。

　　进入 21 世纪以来，全球科技创新进入空前密集活跃的时期，新一轮科技革命和产业变革蓬勃兴起。颠覆性技术不断涌现，人才、知识、技术、资本等创新资源在全球加快流动，创新活动的网络化、全球化特征凸显。世界主要国家和地区都把科技创新摆在更加突出的位置，不断加大实施创新战略力度。随着 2018 年国务院《政府工作报告》首次提出高质量发展，我国正式步入高质量发展时代，创新作为引领发展的第一动力，也是当今世界的潮流和共同话题。

　　当前，科技创新已经成为增强综合国力和国家核心竞争力的决定性因素。科技创新是增强国家核心竞争力的不二选择，只有把科技的优势转化为经济和产业竞争的"胜势"，才能形成国家之间竞争的战略势差。世界主要国家纷纷出台加强科技创新的战略部署，积极抢占未来科技创新的制高点。

历经改革开放 40 多年的发展，我国经济总量已跃居世界第二。虽然中国经济社会发展取得了巨大成就，但我们还存在许多不足，也面临不少困难和挑战，创新能力不够强，科技强国之路任重而道远；创新发展理念正是为解决这些新问题、应对这些新挑战而提出来的。深入理解创新发展理念的理论内涵和实践要求，让创新发展理念落地生根，才能顺利实现"两个一百年"奋斗目标和中华民族伟大复兴的中国梦。

创新是国家命运所系、发展形势所迫、世界大势所趋。新时代的科技创新要面向世界科技前沿，勇闯科技创新"无人区"，在更多领域有所作为。加快形成以科技创新为主要引领和支撑的经济体系和发展模式，为"五位一体"总体布局和"四个全面"战略布局提供全面支撑。打造保障国家安全和战略利益的"定海神针"，努力走出一条从人才强、科技强到产业强、经济强、国家强的创新发展新路径。

在充分研究与总结国内外创新发展相关理论与实践成果的基础上，课题组结合中国创新发展现实，构建了中国创新发展指数评价体系，以科学的评价体系来测度中国创新发展状况，监测中国创新发展进程。"中国创新发展指数指标体系"不仅是一个评价工具，更是对中国经济社会相关层面发展水平的检验工具。《中国创新发展研究报告》从研究我国当前创新发展现状入手，围绕创新引领高质量发展、全球科技创新模式与大国崛起、创新推动加快现代化经济体系模型建设、创新推动加快现代化经济体系模型建设、全球化下的创新机制变革、我国创新模式下的问题分析等进行系统研究，从更高层次、更大范围、更宽视野探索适合中国的创新发展战略，进一步完善中国创新发展的战略思路，在各个层面为中国创新发展的战略导向提供相应参考，满足中国加快创新引领发展的政策需求。希望通过《中国创新发展研究报告》，为中国高质量发展提供可行的研究方案。同时课题组汲取各领域专家学者的宝贵意见，不断完善中国创新发展指数指标体系，共同见证中国这艘巨轮在驶向伟大复兴梦的航程中不断前行。

    是为序。

陈昌智

（第十二届全国人大常委会副委员长）

2019 年 10 月 1 日

前　言

　　党的十八大以来，科技创新成为以习近平同志为核心的党中央治国理政的核心理念之一；"创新驱动"这个崭新的词汇，成为中国发展的核心战略。党的十九大报告中，更是把创新提到了一个空前高度，创新与国家和民族的前途命运息息相关，必须从国家和民族前途命运的高度充分认识创新发展的极端重要性和紧迫性。建设现代化经济体系，必须向创新发展聚焦，推动科技和经济社会发展深度融合，打通从科技强到产业强、经济强、国家强的通道，以改革释放创新活力，加快建立健全国家创新体系，让一切创新资源充分涌流。

　　我国科技实力大幅增强，已成为具有全球影响力的科技大国。科技创新能力显著提升，主要创新指标进入世界前列。基础前沿领域实现重大突破，战略高技术领域取得重大原创性成果，高端装备大步走向世界。创新格局出现重大变化，科研院所和高校在基础研究中发挥主力军作用，企业在技术创新中担纲"主角"，众多新产业新业态引领世界潮流。科技体制改革进一步深化，建立起以市场为导向、以企业为主体、产学研深度融合的技术创新体系，对共性技术、通用技术研发的支持力度加大，对中小企业创新的支持显著增强。我国科技创新水平加速迈向国际第一方阵，进入"三跑"并存、领跑并跑日益增多的历史性新阶段。

　　创新是战略之举、强国之路，2018 年，我国牢牢把握新一轮世界科技革命和产业变革机遇，推动人工智能、物联网、大数据、虚拟现实等新技术继续快速发展，与实体经济进一步融合，催生更多新业态，拓宽发展新空间，壮大发展新动能，凝聚起更为强大、更为持久的科技创新力量。实施创新驱动发展战略，就是要推动以科技创新为核心的全面创新，坚持需求导向和产业化方向，坚持企业在创新中的主体地位，发挥市场在资源配置中的决定性作用和社会主义制度优势，增强科技进步对经济增长的贡献度，形成新的增长动力源泉，推动经济持续健康发展。

中国是世界上最大的发展中国家，发展是解决中国所有问题的关键。抓创新就是抓发展，谋创新就是谋未来。要发展就必须充分发挥科学技术第一生产力至关重要的作用。单纯依赖传统要素驱动的时代，正在成为过去。把创新驱动发展战略作为国家重大战略，着力推动工程科技创新，实现从以要素驱动、投资规模驱动发展为主转向以创新驱动发展为主。只有不断增强创新驱动力，才能在高起点上实现更高质量、更可持续发展，才能加快动能转换、提高综合竞争力，才能为建设创新型国家作出更大贡献。

科技成果转化为现实生产力、转化为发展成果，需要配套的体制机制改革，打通创新发展的通道。实施创新驱动发展战略，最根本的是要增强自主创新能力，最紧迫的是要破除体制机制障碍，最大限度解放和激发科技作为第一生产力所蕴藏的巨大潜能。党中央、国务院高度重视创新工作，把创新放到新发展理念之首，制定出台了《国家创新驱动发展战略纲要》，并印发《关于深化体制机制改革加快实施创新驱动发展战略的若干意见》《关于强化实施创新驱动发展战略进一步推进大众创业万众创新深入发展的意见》等一系列重大配套举措。当前，创新已经贯穿于党和国家一切工作，创新在全社会蔚然成风。

纵观历史，科学技术从来没有像今天这样深刻影响着国家前途命运，从来没有像今天这样深刻影响着人民生活福祉。以习近平同志为核心的党中央在前瞻设计中把握走向，在运筹推进中彰显担当，对科技创新进行战略性、全局性、长远性系统谋划，逐步形成了科技创新思想的理论创新和实践探索，我国科技创新随之发生了整体性、格局性的深刻变化。抓住新一轮科技革命和产业变革的历史性机遇，转变经济发展方式，坚持创新引领，进一步发展社会生产力、释放社会创造力，力争到 2035 年，实现我国经济实力、科技实力大幅跃升，跻身创新型国家前列，实现跨越式发展，为实现中华民族伟大复兴的中国梦凝聚起强大力量。

第一章　创新引领高质量发展进入新时代

第一节　改革开放硕果丰

一、社会主义市场经济体制的建立和完善

改革开放 40 多年以来，中国的平均年经济增长速度达到了 9.6%，我国国内生产总值按不变价计算年均增长 9.5%，平均每 8 年翻一番，这在整个人类经济发展史上都不曾出现，出乎所有人的意料。40 年多来，我们历经从计划经济到商品经济再到市场经济的探索，我们从无到有构建了中国的社会主义市场经济体系并不断进行完善，我们扭转了"文革"的动荡混乱走向依法治国并不断提高国家治理水平。可以自豪地说，中国的改革事业取得了不可磨灭的成就。中国的改革事业当然也并非一帆风顺，改革的航程历经千难万险，改革的开拓却从未停歇。

40 多年前的中国有多穷？按照当时的市场汇率计算，中国 1978 年的人均国内生产总值只有 155 美元，而通常被认为是全世界最穷的撒哈拉沙漠以南的非洲国家，都已经达到 499 美元。从全世界的排名来看，当时中国的人均 GDP 在 200 多个国家当中倒数第三。这就是 40 多年前中国改革开放总设计师

邓小平同志提出改革开放时的实际状况。

1978 年 12 月 18 日召开的党的十一届三中全会，翻开了新中国发展史上新的一页，自此中国全面走上了对内改革、对外开放的发展道路。也正因为这一历史性创举，使得中国经济社会发生了翻天覆地的变化。

（一）党和国家工作中心的转移

1976 年底，持续了整整十年的"文化大革命"结束。那一年，中国的 GDP 总量为 1539.4 亿美元（现价美元，下同），占当年世界 GDP 总量的 2.2%；人均 GDP 仅 165.4 美元，排在世界第 120 多位；国家总的外汇储备只有 12.55 亿美元，比海地、尼泊尔、巴布亚新几内亚、塞浦路斯、马耳他、摩洛哥等发展中的极小国家的外汇储备还少；当年的货物进出口总额为 134.3 亿美元，仅仅只有美国同年货物贸易总量的 5% 多一点；那时完全没有外商直接投资（FDI），更没有中国对外的直接投资（ODI）；城乡居民人均可支配收入分别也就只有 150 美元左右和 60 美元左右。当时的中国基本上就是一个农业国，农村人口占总人口的比重高达 82.6%，这些人基本上都是属于绝对贫困人口。可以毫不夸张地讲，当时的中国经济已经走到了崩溃的边缘。

1978 年 12 月，党的十一届三中全会重新确立了解放思想、实事求是的思想路线，停止使用"以阶级斗争为纲"的错误提法，确定把全党工作的着力点转移到社会主义现代化建设上来，作出实行改革开放的重大决策。从那以后，不论是中国共产党的各级组织，还是中国的各级政府，都把经济工作作为中心工作来抓，其他各项工作都服从和服务于这一中心工作。

正是由于有了这个转变，才可能改变传统计划经济体制，改变封闭半封闭的状况，进而迎来整个国家的发展进步。"解放思想、实事求是"作为改革开放的思想内核，为我国的发展进步提供了不竭的思想理论活力源泉。

（二）从计划经济向市场经济的转变

改革开放 40 多年来，社会主义市场经济体制建设一方面是推进所有制结构的调整和改革。主要包括个体经济的重生和发展，私营经济的蓬勃发展，外资经济的引入和发展，公有制包括国有和集体所有制的调整和改革，确立和完善公有制为主体、多种所有制经济共同发展的基本经济制度；另一方面是经济运行机制的转轨和改革。主要包括用市场来替代计划，在资源配置中起基础性或决定性作用。政府主要运用财政政策和货币政策来调控宏观经济，使其稳定健康运行。

从改革一开始，中国首先要做的事情就是发展商品生产和商品交换，要搞商品经济，后来又意识到要搞市场经济，建立市场经济体制与制度。中国一方面推进市场经济，但同时也没有彻底将计划体制与制度的东西全盘否定，而是让新、旧两种体制和制度共存，并使这两方面尽可能发挥相互补充的作用，即通过推行渐进式改革，逐渐在动态过程中使计划与市场达到一种比较均衡的状态。这样既推进了改革，又维护了社会稳定。

党的十一届三中全会之后，改革就在农村和局部地区铺开，农村生产力迅速得到解放，农产品日渐丰富，但城市经济因延续计划管理体制未见大的起色。1984年10月，党的十二届三中全会通过了《中共中央关于经济体制改革的决定》，提出社会主义经济是公有制为基础的有计划的商品经济，改革的重点逐渐从农村转向城市，以搞活国有企业为中心环节全面展开。这是经济体制改革的重大突破。

在企业改革方面，开展了多种形式的国有企业扩大自主权试点，集体经济和个体经济逐步恢复和发展。在财税体制方面，推行两步"利改税"，逐步推进"划分收支、分级包干"的财政体制改革。在流通体制方面，废除了农副产品的统购统销制度，逐步培育农产品市场。对国有企业实施了承包制、租赁制等改革措施，积极进行以厂长负责制、工效挂钩、劳动合同制为内容的企业领导、分配、用工等管理制度的改革，增强企业的内在活力。宏观管理体制方面，以宏观间接管理为目标，对价格、财税、金融、计划以及流通体制等进行改革。采取"调、放、管"相结合的方针，理顺商品和服务的比价关系；大幅度缩小指令性计划；改革银行组织体制；实行各种形式的财政包干制。

此后，经过不懈探索，1992年党的十四大明确了建立社会主义市场经济体制的改革目标。建立社会主义市场经济体制，为我国经济发展构建了最为重要的制度基础，使价值规律深入到社会经济的每一个微观单元发挥作用，极大地激发了人们的创造活力、发展热情。

1993年党的十四届三中全会通过了《中共中央关于建立社会主义市场经济体制若干问题的决定》，强调："尊重群众首创精神，重视群众切身利益。及时总结群众创造出来的实践经验，尊重群众意愿，把群众的积极性引导好、保护好、发挥好"，提出了构成社会主义市场经济体制基本框架的5个主要环节：建立产权清晰、权责明确、政企分开、管理科学的现代企业制度；建立全国统一开放的市场体系；建立以间接手段为主的宏观调控体系；建立以按劳分配为主体的收入分配制度，鼓励一部分地区一部分人先富起来，走共同富裕的道路；建立多层次的社会保障制度。同时，要求围绕这些主要环节，建立相应的法律体系。

宏观管理体制方面，1994年中央提出对财政、税收、金融、外汇、计划和投融资体制进行系统改革的方案，确立以分税制为核心的新的财政体制框架和以增值税为主的流转税体系，中央银行的调控职能得到加强。国有企业改革方面，党的十五大确立了公有制为主体、多种所有制经济共同发展的基本经济制度。

按照建立现代企业制度的方向，实施"抓大放小"，积极推进国有企业改革和国有经济布局的结构调整。市场体系得到较大发展，取消了生产资料价格双轨制，进一步放开了竞争性商品和服务的价格，要素市场逐步形成。

社会保障体系建设方面，逐步建立起社会统筹和个人账户相结合的养老、医疗保险制度，建立了失业保险、社会救济制度及城镇居民最低生活保障制度。

2003年党的十六届三中全会提出了完善社会主义市场经济体制的战略任务，要求以完善社会主义市场经济体制为目标，坚持以人为本，树立全面、协调、可持续的发展观，促进经济社会和人的全面发展。

党的十六大提出到 2020 年建成完善的社会主义市场经济体制的改革目标，党的十六届三中全会对建设完善的社会主义市场经济体制作出全面部署。与此同时，党中央总结提出科学发展观和构建社会主义和谐社会的重大战略构想，作为深化改革的重要指导思想。自此，我国改革进入完善社会主义市场经济体制的新阶段。

改革进入新的阶段后，党的十八届三中全会历史性地明确了，使市场在资源配置中起决定性作用，这是对市场经济的一般规律的认可，也是使市场经济规律为社会主义经济建设服务的起点。全会通过的《中共中央关于全面深化改革若干重大问题的决定》是全面深化改革的动员令，《决定》提出全面深化改革的总目标是完善和发展中国特色社会主义制度，推进国家治理体系和治理能力现代化。这个总目标的确定，是改革进程本身向前拓展提出的必然要求，是坚持和发展中国特色社会主义的客观需要，也体现了我们党对改革认识的进一步深化和系统化。

经过 40 多年的努力，中国的市场取向的改革得到了不断深化，因此目前中国正在推进深化改革，让市场在资源配置中起决定性作用。无疑，从计划经济转向社会主义市场经济，是我们党的伟大创举，为发展中国特色社会主义奠定了经济基础。今天，我们已经彻底告别了由国家计划统配社会资源的时代，市场繁荣、产品丰富。绝大多数人认为，遵循价值规律、由市场来配置资源是理所当然的事情。但实际上，从计划经济到社会主义市场经济的转变极为不易，是改革开放曾经走过的最艰难的历程，也是到目前为止改革开放所取得的最重要的成果。

二、改革开放造就 40 多年经济奇迹

中国的经济奇迹是建立在中国耀眼的经济发展成就基础上的。党的十一届三中全会以后中国经济发展的变化，即重新提出利用市场经济在国民经济中的作用，逐渐释放了市场经济的力量，政府由前台退居幕后，尝试依靠积极的财

政政策和金融货币政策，而不是直接的行政干预，来引导国民经济结构做出相应调整。40多年时间里保持平均每年9.5%的增长，这是人类经济史上不曾有过的高增长。按照经济学家林毅夫所说，"以这么高的速度持续这么长时间的增长，人类历史上不曾有过"。

从数量规模上看，1978年改革开放伊始，中国的经济规模仅有3679亿元人民币，而到2017年，中国国内生产总值（名义）已经高达82.71万亿元人民币（相当于12.2万亿美元），增长了224倍，已经成为世界第二大经济体。中国经济总量占世界经济的比重由1978年的1.8%上升到2017年的16%，仅次于美国。从经济增速角度看，1978—2017年，中国国内生产总值（GDP）的年均名义增速高达14.5%，刨除年均4.8%通胀率，年均实际增速仍高达9.5%，制造业增加值也是世界第一。引进外商直接投资（FDI）1360亿美元（实际使用），居世界第二位。中国对外投资（ODI）1250亿美元，排在全球第三，位于美国和日本之后。

我国城镇化率从1978年的17.92%增长到目前的58.52%，随之产生了一大批人口超过500万以上的特大城市以及人口高度密集、经济一体化的超大城市区域，1978年我国仅有上海一座特大城市，而在2017年特大或超大城市达到了12座。以高铁、互联网为主的城乡基础设施建设取得了突飞猛进的发展，高铁里程达到2.5万公里，网民人数达到7.72亿。

从经济结构的角度看，中国工业化进程加快，第一产业、第二产业、第三产业的结构日趋合理化，第三产业逐渐占据主导地位。2017年，中国三产结构的比例分别为7.9%、40.5%和51.6%。第三产业的发展增幅已经超过第一、第二产业，成为拉动中国经济增长的主要力量。

从经济增长的角度看，中国40多年的经济增长确实称得上是一大奇迹。然而，经济发展并不仅仅包括经济增长的指标，还需要从社会福利的角度看中国的经济发展问题。从人均GDP水平的角度看，1978年中国人均国内生产总值为381元人民币，仅为同期印度人均国内生产总值的2/3，是当时世界上典型的低收入国家；而2017年，中国人均国内生产总值已经高达59660元人民币（近 8800 美元），已经跻身中等偏上收入国家行列。显然，经济增长的背后还包括了中国经济的显著发展。改革开放 40 多年来，中国前后共计有 7 亿多人脱贫。英国学者阿塔尔·侯赛因（S.Athar Hussain）曾指出，中国农村上亿人摆脱贫困，实现粮食自给自足，这是人类发展史上一个了不起的事情，也是改善人权的巨大成就。从社会生活水平的角度看，中国经济的快速增长使得中国在能源、交通运输、邮电通信、科教文卫等基础产业、基础设施建设等领域取得诸多辉煌成就。

从民营经济的角度看，在这 40 多年里，取得的成就令人敬佩，中国民营经济发展经历了从无到有、从小到大的过程。改革开放后，中国政府不再全面直接用行政命令干预经济运行，但是，仍然保留着强政府的角色，以经济政策、财政和货币手段继续对经济发展施加强有力的影响。市场被有选择地开放给民营经济。民营经济因此获得一定发展与繁荣。1978 年，在我国国民经济构成中，全民所有制经济占 80.8%，集体所有制经济占 19.2%，城乡个体经济为零，私营企业、合资企业、外商企业也都是零。1992 年邓小平同志视察广东时，全民所有制经济占我国国内生产总值的 51.4%，集体所有制经济占 35%，城乡个体经济占比是 7.8%，私营企业、合资企业、外商企业对国民经济的贡献率是 5.8%，两项加起来不到 14%。

到 2017 年，中国企业在《财富》世界 500 强中的企业有 115 家，其中民营企业 16 家，占 1/10。而在 2002 年世界 500 强企业中，只有 11 家中国企业，而美国企业有 198 家。按照全国工商联的统计数据，2017 年，我国个体工商户总数已达到 6579 万家，民营工商企业 2720 多万家，其对我国税收贡献率超过 50%，对国内生产总值、固定资产投资、对外投资的贡献率均超过 60%，在高新技术企业中的比重超过 70%，对城乡就业的贡献率达到 80%，对每年新增就业的贡献率达到 90%。如果说中国改革开放 40 多年创造了人类经济史上不曾有过的奇迹，民营企业、民营经济的发展更是奇迹当中的奇迹。中国的民营企业家们充分发挥企业家精神，抓住改革开放的每个机遇，推动企业向前发展，也为改革开放奉献自己的一份力量。

从社会民生的角度看，改革开放改变了生产关系和生产力不相适应的状况，社会生产力得到极大解放，社会财富迅速增长，人民生活得到逐步改善。改革开放40多年，我国城乡居民收入水平呈现出大幅度增长态势。截至2017年，贫困人口从7.7亿减少到3046万，人均可支配收入由343元提高到25974元，人均存款211元提高到7651元，人均居住面积从3.6m^{2}提高到40.8m^2。居民消费结构从温饱型向小康型转变，1978年时，城镇居民家庭的人均生活消费支出为311元，恩格尔系数为57.5%，到2017年时，分别变为了24445元（增长了78倍）和28.6%；1978年农村居民家庭的人均生活消费支出为116元，恩格尔系数为67.7%，到2017年时，分别变为10955元（增长了94倍）和31.2%，人民生活从满足于吃饱穿暖转变到更加注重个性和享受的多层次消费。

从经济增长的质量上看，中国改革开放40多年来的经济发展同样可圈可点。在已经过去的40多年里，中国经济快速增长的背后包括了不同阶段的发展思路。整体而言，中国的经济发展思路日趋成熟，逐渐由初始"唯GDP"论的发展思路过渡到可持续发展思路。改革开放初始，囿于自身发展经济的困境，中国的经济发展处于粗放型发展阶段。早在1994年，诺贝尔经济学奖获得者、经济学家保罗·克鲁格曼（Paul Krugman）就曾发表论文批评东亚经济体的"苏联式"粗放型增长模式。国内不少学者认可改革开放初期的中国属于"粗放型"的增长模式。随着中国经济规模的逐渐扩大，中国自身也日益意识到转变自身经济发展方式的重要性。早在2003年7月，时任中共中央总书记胡锦涛同志就提出了"坚持以人为本，树立全面、协调、可持续的发展观，促进经济社会和人的全面发展"。而在2017年召开的中共十九大上，习近平总书记明确提出"推进经济发展转型升级，建设现代化经济体系，推动中国经济发展走上高质量、可持续的新路子"。以碳排放减少为例，据《中国应对气候变化的政策与行动2017年度报告》，最近十年间，中国在经济增长的同时，减少了将近41亿吨二氧化碳的排放。显然，中国的绿色发展、可持续发展的经济转型升级已经初显成效。

三、从封闭型经济弱国向开放型全球经济大国的转变

改革开放以来，国民生产总值从 1978 年的 3645 亿元迅速跃升到 2017 年的 82.7 万亿元，增长了 226 倍，成为全球第二大经济体。中国 GDP 占世界经济比重从 1978 年不足 2%，增长到 2016 年的 15% 左右，稳居世界第二位。可以说，当今中国是一个名副其实的全球性经济大国。

（一）改革开放推动中国从闭关锁国转向全方位开放

中国取得今天的成就，也得益于与其他国家的友好交往，得益于中国的对外开放。改革开放之前，我国各项工作中长期存在一种"左"的偏见，盲目自信，唯我独尊，排斥国外好的做法和经验，使我国经济管理、技术进步、产业发展等很多方面严重落后于发达国家。党的十一届三中全会开启了对外开放的历史新时期。1979 年初，国务院决定设立蛇口工业区。同年 7 月，中央批准广东、福建两省对外经济活动实行特殊政策和灵活措施。

1980 年，全国人大常委会批准在深圳、珠海、汕头、厦门设立经济特区，按照市场取向进行改革探索。1984 年，国务院决定大连等 14 个沿海港口城市进一步对外开放。1985 年，中央决定在长江三角洲、珠江三角洲和福建厦漳泉三角地区开辟沿海经济开放区。1988 年海南成为经济特区。1990 年中央推进形成了以上海浦东为龙头的长江流域开放带。

这一阶段的对外开放，引进了大量国外资金、技术和先进管理经验，使国内商品市场丰富和繁荣起来，使市场因素在整个经济中的比重大幅上升，有力冲击了计划经济的藩篱，为社会主义市场经济体制的确立作出了重大贡献。沿海的广东、福建、上海等地依托其优越的地理位置和人文条件，发展最快。以广东为例，由于临近香港，而且许多香港人原本就与广东不少地区的人存在亲缘和血缘关系，因此通过"三来一补"方式，许多香港人到广东投资办厂，建立了大量的工业开发区，使许多村庄很快转变为全球的制造基地，譬如说东莞就成为全球最大的电子产品生产基地。到 20 世纪 90 年代后期，进入中国的外

商直接投资达到高峰，基本上确定了中国作为"世界工厂"的地位。

1992 年，邓小平同志南方谈话之后，对外开放步伐进一步扩大，由沿海地区迅速向内陆腹地拓展。2001 年底，我国加入世界贸易组织，对外开放进入一个新阶段。党的十六大以后，我国吸收利用外资从弥补"双缺口"为主转向优化资本配置、促进技术进步和推动社会主义市场经济体制完善转变，利用外资实现新发展，规模和质量全面提升。

在 2011 年度全球排名就上升至第二位，并连续 20 余年位居发展中国家首位。党的十八大以来，对外开放水平进一步提升，中国经济不仅仅在局限于引进来，更拓展到了走出去的高度，"一带一路"倡议的提出、亚投行的设立、G20 杭州峰会的召开都表明，中国在国际经贸体系中的地位越来越突出。在全球经济衰退，各国贸易保护主义抬头的情况下，中国已经逐渐成为全球化的领军者、推动者，这在 40 多年前是不可想象的。

改革推动了开放，开放也在倒逼改革。以加入世界贸易组织为例，为使国内经济制度与国际贸易规则接轨，中央政府部门清理各种法律法规和部门规章 2300 多件，地方政府共清理地方性政策和法规 19 万多件，使涉外经济法律法规与加入世贸组织承诺相一致。一些长期难以突破的顽疾在这个过程中被顺利克服，社会主义市场经济因而得到进一步完善，经济社会迸发出更大活力。

中国在这段时期主要完成了两大重要任务：一是实现了中国的贸易与投资规则与世界的对接，主要是与西方发达国家规则的对接，使世界可以更好地接纳中国；二是更好地实现了中国与世界在价值链上的对接，使中国逐渐成为全球产业链、价值链的一个重要组成部分，世界离不开中国。经过这 10 多年从这两个方面的对接，中国制造业的真实价值得到了验证和体现，结果是中国制造业的全球竞争力不仅没有下降，反而有了很大提升。作为重要的结果之一，中国制造业的增加值超过了美国，成为全球最大的制造大国；作为另一个重要的结果，中国的 GDP 总量也同时超过了日本的 GDP 总量。

从 2013 年开始中国进入主动开放期，尽管提出共建"一带一路"倡议只有 6 年多时间，但开局良好，效果很不错。这一次的开放，中国希望充分利用自己在资金、某些实用技术和某些专业人才等方面的优势，与世界其他国家一道，通过共建"一带一路"，促进全球在基础设施、贸易投资、金融、人文等方面的互联互通，实现相互支持与相互促进的联动发展，更好地维护世界和平，促进世界的开放、创新、包容发展，加强文明对话，最终构建起人类命运共同体，全世界的人民都过上幸福美满的好日子。

（二）对世界经济的影响与贡献

中国改革开放40多年来经济发展领域所取得的成就，离不开中国与世界市场之间的相互联系和相互影响。作为承载全球将近1/5人口的大国，中国对世界经济的影响自然不容小觑。随着近年来中国经济的快速发展，中国综合国力不断增强。西方有不少学者对中国经济发展成就表示认可和接纳。美国传统基金会（The Heritage Foundation）亚洲研究中心研究员西瑟斯·德里克（Scissors Derek）对比改革开放前后中国的经济状况后指出，改革开放"带来了中华巨龙的腾飞"。英国伦敦政治经济学院亚洲研究中心主任阿塔尔·侯赛因甚至直接称赞数十年来改革开放后的中国"已经变成了另外一个星球"。瑞士比较研究所胜雅律（Harro von Senger）教授则明确称赞"中国的改革开放政策无疑是一项正确的政策"，其所取得的成就"还将继续下去"。著名的诺贝尔经济学奖获得者罗纳德·科斯（Ronald H.Coase）也曾在《变革中国》一书中认为1978年中国的改革开放是二战以后人类历史上最为成功的经济改革运动。

GDP的增长和人均GDP的进步使得中国在全球经济体中的排序发生了变化。改革开放后中国经济总量在世界经济中的排名不断攀升，2000年，中国GDP超过意大利，成为世界第六大经济体。2005年，中国经济规模超过英国，成为仅次于美国、日本和德国的世界第四大经济体。2007年，中国GDP增速为13%，超过德国成为全球第三大经济体。仅仅3年之后的2010年，中国GDP便超越日本，成为"世界第二"。之后中国一直维持GDP总量"世界第二"的位置不变。2018年中国GDP相当于美国GDP的66.3%。

虽然我国人均GDP绝对水平不高，但名次上的进步是明显的。欧美发达国家基本上把持了最富有的前20名。排名上升较快的为中国以及"亚洲四小龙"等国家和地区。韩国上升36位，新加坡上升27位，中国香港上升20位，中国台湾上升18位。金砖国家中的巴西和印度也表现良好。其中印度上升27位，巴西上升22位。当然，中国的表现是最优秀的。我们上升了65位，从1980年的第126位上升到2017年的第61位（世界银行、国际货币基金组织以及麦迪森历史数据库中的具体数据不完全一致）。国际货币基金组织预测，2023年，中国的人均GDP水平能够进一步上升到52位。中国成为近40年来全球发展最快的国家。1980年中国人均GDP甚至比越南还低了一半，贫穷如老挝，可以说是全世界最底层，而2017年中国已经达到中高收入国家水平。

40多年来，中国始终坚持对外开放的基本政策，积极融入经济全球化的发展进程。在经济全球化日益面临重大阻力的背景下，中国始终积极推动双边及多边贸易、投资发展。2010—2016年，我国对世界经济增长的平均贡献率达到27.6%，超过美国、欧元区和日本贡献率的总和，居世界第一位。2018年4月世界贸易组织发布的《全球贸易数据与展望》报告指出，中国的经济结构改革对全球贸易增长将产生积极影响。世界贸易组织认为，中国经济从主要依靠投资向消费的转型，从长期来看将有助于中国更强劲的可持续经济增长，从而支持全球经济的持续增长。

1978年，中国进出口贸易额为355亿元；2017年，根据海关总署的统计，中国外贸进出口总值已经达到27.79万亿元，是1978年的782.82倍。其中，进口额由1978年的187.4亿元上升至2017年的15.33万亿元；出口额由1978年的167.6亿元上升至2017年的12.46万亿元。相关数据统计显示，2011—2016年，中国进出口货物和服务总额占全球的份额由8.4%上升至9.7%。显然，中国对外贸易的迅速发展为国际市场和国际贸易的繁荣做出了越来越大的贡献。特别是在2008年国际金融危机爆发之后，受到全球经济不景气的影响，世界经济陷入低谷，全球贸易额增长率长期处于低位，世界经济增长为负时，是中国作为发动机，将世界经济拉出了泥潭。中国进出口贸易相对稳定的增长态势为全球贸易的稳定增长做出了不小贡献，2018 年 4 月世界贸易组织发布的年度全球贸易报告显示，中国商品贸易出口继续位居世界第一位，占全球份额的 12.8%，而中国商品贸易进口仅次于美国，位居全球第二位。

与此同时，根据 2017 年商务部发布的《中国对外直接投资统计公报》，中国 2016 年对外直接投资规模达到 1961.5 亿美元，蝉联全球第二大投资国地位，占全球外国直接投资规模的比重首次超过 10%。此外，自 2016 年 10 月 1 日起，人民币正式被纳入国际货币基金组织（IMF）特别提款权（SDR）新的货币篮子，从而获得国际主要货币的地位。随着中国经济实力的逐步增强，以及中国在全球市场中话语权的不断提高，中国的进出口贸易、对外投资将对全球贸易的增长产生越来越大的影响，日益成为全球经济再平衡的重要力量。

按照购买力平价计算，2014 年我国 GDP 总量已经超过美国，成为世界第一大经济体。2017 年，我国人均 GDP 已达到 9480 美元，上升为中等偏上收入国家，距离高收入国家人均 GDP12700 美元的标准已相当接近。一般认为，在 2025 年之前，我国就能够跨过 12700 美元，成为高收入国家。从统计数字来看，二战结束后，总共有两百多个发展中经济体，到现在为止，只有两个经济体从低收入阶段进入高收入阶段，一个是我国台湾地区，一个是韩国。到 2025 年之前，我们可能会变成第三个。其意义还不止于此，目前全世界生活在高收入经济体的人口只占世界总人口比重的 15%，一旦中国跨越这道门槛变成高收入经济体，这个比重就将从 15% 增加到 34%。在这个过程中，我国有 7 亿多人摆脱了每人每日 1.25 美元的国际贫困线标准，为世界减贫做出了巨大贡献。

中国作为世界第一人口大国，使 7 亿多人口脱了贫，人民生活由温饱不足达到总体小康，发展水平由低收入国家成为中高收入国家，这本身就是对世界经济的巨大贡献，中国工业化、城镇化的规模和步伐是世界历史上前所未有的，中国经济的高速增长给世界各国尤其是周边国家提供了前所未有的互动发展和联动发展机遇，这也是中国为世界经济做出的贡献。

改革开放至今，我国也是世界上唯一没有出现金融经济危机的国家。中国不仅没有出现过危机，而且当其他国家出现金融经济危机的时候，我们对它们的稳定和复苏做出了巨大贡献。例如，1997 年和 1998 年的亚洲金融危机，当时普遍认为东亚经济可能从此一蹶不振，实际上到 2000 年以后，东亚经济又开始恢复蓬勃发展，最主要原因就是中国当时承诺人民币不贬值，并且在危机发生后，我们还维持了 8% 的经济增长，拉动了周边经济体的经济复苏。2008 年国际金融危机发生后，中国作为一个负责任的大国，很快推出措施，并且在 2009 年第一季度就恢复了经济增长，并且拉动了世界其他经济体经济增长。

中国的变化带来了亚洲的变化，而亚洲的变化又带来了世界经济发展格局的变化。1980 年时，东亚的主要经济体为日本和"亚洲四小龙"。中国的 GDP 规模只有日本的 28.1%，但在 2010 年超过日本，成为仅次于美国的世界第二大经济体。其后增长率继续大幅领先日本，加上日元贬值和人民币升值的影响，2017 年中国的 GDP 规模为日本的 2.47 倍，差距继续拉大。从 1980 年到 2017 年，中国的人均 GDP 从只有日本的 3.3% 上升到 22.5%。日本在整个东亚地区的份额从 1987 年的峰值 74.4% 降至 2017 年的 22.4%，而中国从 1994 年的谷值 8.2% 上升到 2017 年的 55.2%。这反映了东亚经济格局的变化。

20 世纪 80 年代，世界主要经济体位于美国和欧盟。当时欧盟整体经济占世界经济的比重为 34.1%，美国为 25.7%，超过东亚的 15.8%。1990 年时，这种格局大体上未变。以后随着中国以及东亚经济的发展，到 2010 年时，东亚已经成为世界经济大家庭中的重要一员，其占比与欧盟不断接近，并超越了美国。2013 年，东亚占比则超越了欧盟和美国。2017 年，东亚占世界经济的比重为 27.3%，美国为 24.3%，欧盟为 21.7%。根据国际货币基金组织的预测，至 2023 年，东亚的占比将超过 30%，将领先欧盟和美国近 10 个百分点。东亚经济在世界经济中的位置越来越重要，中国在东亚经济中的位置也越来越重要。

近年来，世界经济处于深度调整期，一些大国还妄图通过贸易保护主义来实现自己的私利。这显然不符合世界经济发展的潮流。目前，中国经济长期向好的基本面未变。中国仍然是世界最大的发展中国家，工业化、城镇化、农业现代化和信息化还有很长的路要走，经济发展的潜力大、韧性足、回旋余地广。中国拥有 9 亿多劳动力、1 亿多受过高等教育和有专业技能的人才，人才红利不断积累并将持续释放。近年来，中国以供给侧结构性改革为主线，深入推进重点领域和关键环节改革，改革红利正逐渐显现，"大众创业、万众创新"蓬勃发展，经济内生动力不断增强，持续向好势头得到巩固。这说明，中国还能持续地为世界经济发展做出贡献。

（三）与世界主要经济体比较

不同国家 GDP 的不同变化会导致世界经济发展格局发生变化。与印度、日本、美国、德国、英国、法国等几个主要国家相比，中国呈现的是一个相对崛起的状态。中国正在成为世界经济发展格局中的重要一员。我们成为二十国集团成员之一，有的学者也用 G2 表达中国和美国对世界经济的影响。

从生产力水平看，我国近 40 年年均经济增速高达 9.5%，比世界年均增速快 6.8 个百分点，远超同一时期其他主要经济大国的增长率。一个国家的综合实力主要体现在 GDP 上。在同一时段，美国 GDP 的平均增长率为 2.7%，加拿大为 2.5%，英国为 2.3%，日本为 2.2%，法国为 1.9%，德国为 1.8%，意大利为 1.4%，尽管都实现了正增长，但增长率都大大低于中国。

2016 年对世界经济增长的贡献率跃居世界第一，人均 GDP 从 1978 年的 156 美元增长至 2016 年的 8123 美元，已进入中高收入国家之列。1980 年，中国的 GDP 只有美国的 10.7%，人均 GDP 只有美国的 2.5%，而到了 2017 年，分别升至 62% 和 14.5%。同时期，美国也在发展，而且在高科技等领域非常有实力。然而，中国发展更快，目前，中国制造已经成为全球词汇。与德国、法国、英国等国相比，也可以看出中国经济的进步。1980 年，中国 GDP 为德国的 35.9%，英国的 50.5%，法国的 43.3%，但到了 2017 年，这一数字变为中国是德国的 3.3 倍，英国的 4.6 倍，法国的 4.7 倍。

从历史角度看，中国的高 GDP 增长率也堪称奇迹。世界经济史上从来没有一个像中国这样人口众多的大国，能够达到如此高的长时期的经济增长。之前的 40 年间，即 1938—1978 年，日本的增速达到 5.4%。从 1945 年算起，日本的增速达到 7.6%。巴西在 20 世纪初期经济增速也是较快的。20 世纪的最初 38 年，达到 3.8%，接下来的 40 年，达到 6.1%。但之后速度降低较快。从 18 世纪开始，美国的经济增长表现显著。1700—1900 年的 200 年间，美国的增速都是世界第一，平均增速达到 3.7%。1820—1870 年这 50 年间，增速超过了 4%。在美国之前，或者与美国几乎同步，英国、德国、法国经济也取得了增长，但是在 1870 年以前增速都不是很显著，基本上不超过 2%。鸦片战争以及后来的帝国主义侵略让中国的经济衰落到谷底，1850—1870 年经济出现负增长。中国经济的显著变化出现在中华人民共和国成立之后，国家的工业化体系初步建立，当然，更大的变化是在改革开放之后。中国作为一个传统的东方巨龙，正在获得新生。2010 年，成为世界第二大经济体，而且，与第一大经济体美国的差距正日益缩小。

从人均角度看，中国的实力上升也很明显。作为一个人口大国，实现人均 GDP 的快速增长是不容易的。总量为全球第二大经济体，不等于人均也是第二的水平。但改革开放以来，中国在这方面的进步也是很大的。按照国家统计局的数据，2016 年，我国人均国民总收入（GNI）达到了 8260 美元，在世界银行公布的 216 个国家（地区）人均 GNI 排名中，我国为第 93 位。按照国际货币基金组织的数据，2016 年中国的人均 GDP 为 8116 美元，排名为第 70。这一数字与金砖四国的俄罗斯（8900 美元）、巴西（8700 美元）距离较近，超过了南非（5316 美元），当然，与印度（1749 美元）相比，我们更为自豪，印度只有我们的 1/5 多。不过与发达国家相比，我们的差距仍然较大。比如，美国的人均 GDP 在 2016 年为 57000 多美元，是我国的 7 倍；英、法、德、意、日等传统工业化强国，其人均 GDP 也要在 40000 美元左右，是我国的 5 倍；与排名世界第一的卢森堡的人均 10 万美元相比，则差距更大。当然，排名比较靠前以小国居多，与我们的可比性差一些。

　　一般而言，人口越多的国家，人均 GDP 的增长越困难。从 2016 年世界不同国家和地区的人均 GDP 和人口数量看，不难发现，总体上人口与人均 GDP 是负相关的关系。人口较少的国家和地区，比如卢森堡、瑞士、中国澳门、挪威、爱尔兰等国家和地区的人均 GDP 较高。而人口较多的国家，比如中国和印度，则人均 GDP 相对低。我们还超越了很多人口数量较少的国家，并且与巴西、俄罗斯等国家旗鼓相当。与印度、印度尼西亚等人口大国相比，我们的水平还要好很多。中国人均 GDP 的改善也主要发生在改革开放之后。我们比较了二十国集团内的国家的人均 GDP 增长率（1978 年以后），不难发现，中国的人均 GDP 增长率也是这些国家和地区中表现最出色的。

　　此外，从基础设施来看，人均电力消费从 1978 年的 247 千瓦时增长至 2016 年的 4280 千瓦时，是 1978 年的 17 倍多，并已超越世界平均水平；铁路网密度由 1978 年的 0.53 公里 / 百平方公里增加至 1.3 公里 / 百平方公里，增幅达到 144.3%；高铁运营里程超过 2 万公里，位居世界第一；航空总客运量由 1978 年的 154 万人次增长到 2016 年的 4.88 亿人次，总量位于美国之后列世界第二。

四、正确看待改革开放 40 多年来的经济成就

（一）改革开放 40 多年的经验

　　不少学者对中国 40 多年来经济发展所取得的成就进行过研究。大家普遍认为，中国经济腾飞的关键在于中国发生了有利于经济效率提高的制度变迁，市场化、工业化和国际化的有机结合推动了中国经济的快速发展。特别是传统经济体制的改革改变了中国资源配置的方式，为中国经济的快速发展创造了有利条件。

　　俄罗斯学者伊拉里奥诺夫曾对比中俄国情并指出，中国经济快速发展的重要原因在于 20 世纪 70 年代末期的经济政策和经济改革。总而言之，恰如著名经济学家杰弗里·萨克斯（Jeffrey D.Sachs）所言，中国自身一系列的内部条

件和初始条件促进了中国的经济腾飞。

实践证明，社会主义和市场经济是可以结合的，改革开放是社会主义制度的自我完善和发展，社会主义市场经济体制是"市场对资源配置的决定性作用"与"正确发挥政府作用"的有机结合。

中国特色社会主义，是中国从自身国情出发所做出的道路选择与制度选择。经过几十年的实践与完善，由于相对比较好地发挥与协调了政府与市场两方面的作用，因此具有一定的独特优势。

全世界都知道，中国之所以取得今天如此巨大的发展成就，是因为邓小平同志启动了中国的改革。但更重要的是，中国的改革从始至终都坚持了市场取向的改革，坚定不移地走了一条市场主导的改革路线。这是中国改革成果卓著的另一个关键原因。

推进了融入全球的开放。在 20 世纪七八十年代甚至到了 90 年代的前期，中国普遍地存在资金短缺的问题，而海外投资者正好也在中国寻找投资机会，加上外资进入后，还可以为当地增加税收，带来新的就业机会，提高当地人民收入水平，增加消费，于是中国各地都出现了争相引进外商直接投资的热潮。

着力于促进经济发展。经过各级政府的努力，中国各地的经济增长都很快，GDP 增速很少有在 10% 以下的。一批基础设施也很快建设起来了，制造业在中国广大的城市和农村地区得到了快速发展。

维护政治和社会的稳定。中国在过去 40 多年里之所以发展很快，其中的一条重要经验就是在政治和社会的稳定方面做得很好。一是中国共产党的集中统一领导对于稳定中国的政治起到了关键性的作用；二是中国的各级党组织和各级政府都特别重视社会稳定工作；三是有充足的财政资源来保障维护稳定工作的可持续进行；四是中国传统文化中的一些思想也是有助于促进中国社会稳定的，这都是有利于社会稳定的。改革、发展、稳定是我国社会主义建设中的三个重要支点。我们党在实践探索中正确处理三者关系，把改革作为动力，把发展作为目的，把稳定作为前提，始终坚持改革发展稳定的有机统一，确保社会安定团结、和谐稳定。

（二）中国经济转型升级为世界经济发展提供新的经验

作为当今世界最大的发展中国家，中国经济发展的转型升级将对其他发展中国家发展提供重要借鉴，为广大发展中国家提供更贴近发展中国家经济发展实际的发展路径和发展模式，从而为全球经济的可持续发展提供重要的支持。恰如国际货币基金组织总裁加拉德所言，通过持续不断的改革和产业结构转型升级，中国经济将更安全、更具有可持续性，这将惠及全世界。

从历史经验我们知道，发达国家靠发明新技术形成新产业，平均每年的增长速度在3%左右，中国在1978年是一个落后的发展中国家，跟世界上的技术产业有很大的差距，在技术产业生产上面吸收、消化再创造，充分利用世界上现有的技术作为中国技术创新产业升级的来源，也就是后来者的优势。

中国是务实的渐进的，充分利用了世界上的先进技术，作为自身技术创新产业升级的来源。二战以后的200多个发展中经济体，到2008年时有13个懂得利用与发达国家的技术产业差距作为技术创新、产业升级的来源，取得了平均每年7%或更高的增长速度，并且可以持续25年或更长时间。中国在改革开放以后变成了这13个经济体当中的一个，增长速度是发达国家的3倍以上，至今已持续了40多年。这正是因为中国利用了后来者优势，通过技术创新、产业升级提升了生产水平。

发达国家的理论从发达国家的经验总结而来，都是以其经济条件为前提，那些前提拿到发展中国家来根本不存在。更何况发达国家的条件也在变化，发达国家的理论也随之不断变化，都是各领风骚数十年。如果发达国家的理论在发达国家都不能推之百世而不悖，那么拿到发展中国家来更不可能放之四海而皆准。所以，中国改革开放这40多年的经验，不仅能够让我们了解过去、现在，更好地走向未来，还能够帮助其他发展中国家实现跟中国一样的美好愿景。

随着经济实力的不断增强，中国逐步积极主动地参与到全球经济发展和经济治理事务。中国深知改革开放40多年来所取得的经济成就与全球化进程的深入推进、良好稳定的国际秩序密不可分，积极走出去、扩大对外开放的层次、坚持互利共赢是近年来中国坚持的政策主张。早在 2002 年，中共十六大报告中便提出，坚持"引进来"与"走出去"相结合的方针，全面提高对外开放水平。随后，历届中国政府便积极坚持加快实施"走出去"的政策。特别是 2008 年国际金融危机之后，针对全球经济缓慢复苏的新形势，中国先后出台了一系列措施。一方面，中国不断提高自身对外开放的水平，积极开展自由贸易区建设与谈判，推动全球双边与多边贸易、投资的发展。另一方面，针对"一带一路"沿线国家基础设施建设供不应求的情况，中国适时提出了"一带一路"倡议。目前，全球已经有 100 多个国家和国际组织积极支持和参与"一带一路"建设，联合国大会、联合国安理会等重要决议中也对"一带一路"建设内容给予充分认可。以"共商共建共享"为特点的"一带一路"倡议成为当前国际经济发展机制的重要补充。从长远的角度看，"一带一路"建设无疑是双赢的，将为全球经济的持续增长奠定重要基础。

（三）发展永无止境，新时代的全面深化改革

突出的成绩并不能完全掩盖中国 40 多年来经济发展中存在的某些不足。因此，我们需要正确看待中国改革开放 40 多年来所取得的经济成就。显然，改革开放 40 多年来中国所取得的"经济奇迹"固然可喜，但要延续中国的"经济奇迹"，中国依旧还需要解决很多问题和矛盾。事实上，中国早就意识到自身发展模式存在的不足。经济发展转型升级成为当前中国政府积极推动的目标。

中国经济，以壮士断腕的决绝，向旧的发展方式告别。深化供给侧结构性改革的深层次着力点，就是进一步处理好政府和市场的关系。这是经济体制改革的核心问题，也是结构之变的关键。党的十八届三中全会提出，"使市场在资源配置中起决定性作用和更好发挥政府作用"。

党的十八大以来，国务院各部门取消或下放行政审批事项 618 项；取消中央指定地方实施行政审批事项 283 项。中央政府层面核准的企业投资项目削减比例累计接近 90%。在市场体系建设中建立公平竞争审查制度。"简政放权、放管结合、优化服务"的改革得到了有效落实。党的十八大以来如此大力度的

对不必要的行政审批的程序破除，极大地提升了市场经济的活力，毫无疑问是改革的重大突破。

恰如巴西金砖国家政策研究中心研究院保罗·罗贝尔（Paul Robert）所认为的，中国经济目前正步入转型升级的重要阶段，更加注重长期、平衡的发展。在中共十九大报告中已经明确提出中国经济正处于转变发展方式、优化经济结构、转换增长动力的攻关期，并据此提出了如下六方面的行动举措：深化供给侧结构性改革；加快建设创新型国家；实施乡村振兴战略；实施区域协调发展战略；加快完善社会主义市场经济体制；推动形成全面开放新格局。在2018年博鳌亚洲论坛上，习近平主席进一步明确了上述发展要求。无疑，未来中国的经济发展仍留有极大的提升空间。过去40多年中国经济的发展成就说明中国正在一条正确的发展道路上摸索前进，但这不代表中国已经找到了一个完整的发展路径。中国要实现崛起的目标、实现中国梦，还必须继续向前摸索，需要解决社会经济发展过程中出现的很多结构性矛盾与问题。这正是当前中国特色社会主义新时代所面临的任务与挑战。中国需要正确对待自身在改革开放40多年中所取得的成就，并在新时代加快经济发展转型升级，从而为世界经济可持续发展做出更大贡献。

2018年，中国整整走过了40年的改革历程，新时代的中国道路和中国经验，已经成为一个具有世界意义的社会主义发展中大国的成功案例和参照对象，且不断走向世界舞台的中央。正如习近平总书记在党的十九大报告中所指出："中国特色社会主义进入新时代意味着中国特色社会主义道路、理论、制度、文化不断发展，拓展了发展中国家走向现代化的途径，给世界上那些既希望加快发展又希望保持自身独立性的国家和民族提供了全新选择，为解决人类问题贡献了中国智慧和中国方案。"当今的中国，正以更大胸怀、更广视野的全新姿态，以决胜全面建成小康社会为目标，开启了全面建设社会主义现代化国家的新征程。

第二节　新时代新征程，创新迈向新高度

一、开辟新时代国家创新发展新境界

党的十八大以来，以习近平同志为核心的党中央提出了创新、协调、绿色、开放、共享的新发展理念，为我们党治国理政开创了一个新的境界。创新是引领发展的第一动力，创新发展理念在新发展理念中居于首位。创新发展理念的提出，既有我国多年发展实践的经验基础，也是以马克思主义为指导、博采中外关于国家经济发展理论精华的结果。我国的创新发展理念和在创新发展理念指导下的创新发展战略、创新发展政策系统化地构成了中国特色社会主义政治经济学的重要篇章。

党的十八届五中全会提出，坚持创新发展，必须把创新摆在国家发展全局的核心位置，不断推进理论创新、制度创新、科技创新、文化创新等各方面创新，让创新贯穿党和国家一切工作，让创新在全社会蔚然成风。必须把发展基点放在创新上，形成促进创新的体制架构，塑造更多依靠创新驱动、更多发挥先发优势的引领型发展。这意味着创新成为我国未来发展的基点、核心和第一动力，我国的发展将在创新驱动下更多地向引领型发展转变。通过技术创新促进技术进步、进而推进一国的经济增长和社会发展，并不是一个全新的发展理念，甚至可以认为是发展经济学乃至整个当代西方经济学的核心主题之一。但是，对于处于当前发展阶段以及国内国际环境下的社会主义中国而言，"创新发展"的提出是一个开拓发展新境界的全新发展理念。从理论层面看，创新发展理念是中国特色社会主义政治经济学的重要内容，是以马克思主义政治经济学为指导，吸收当代西方经济学有关技术进步促进经济增长、科学技术发展规律等方面理论认识综合创新的结果，继承和发展了马克思主义政治经济学；从实践层面看，创新发展理念是中国共产党治国理政的实践经验的总结概括，是

基于对中国发展阶段以及当今世情、国情的科学把握，基于对世界经济社会和科技发展趋势以及我国发展面临的新机遇、新挑战、新问题的深刻认识而提出的科学的发展理念。

改革开放以来，党中央不断提出创新发展的新理念、新观念。从邓小平同志提出"科学技术是生产力"到科学技术是第一生产力；到江泽民同志提出"创新是一个民族进步的灵魂，是一个国家兴旺发达的不竭动力"；到胡锦涛同志提出"走自主创新道路，建设（世界）创新型国家"；再到习近平同志提出"实施创新驱动发展战略""加快从要素驱动、投资规模驱动发展为主向以创新驱动发展为主的转变"。

党中央提出的创新发展赋予了创新更加深刻、丰富的内涵，中国创新因而将大大超越人类历史上任何一次创新活动。其一，创新发展不同于资本主义的经济增长创新，是社会价值的全面创新。从这一点上说，中国的社会主义创新必然优于西方资本主义的创新，就如同资本主义创新优于前资本主义创新一样。其二，创新发展不限于科学技术的创新，是多种创新机制的集成。中国的创新发展是从一个极低的历史起点下，通过自主创新的"科技追赶"之路，综合发挥各种机制作用，实现集成创新的过程。其三，以人为本、以人民为主体，是创新发展的出发点、落脚点和核心点。创新发展的根本动力来自人民的创新活动，它包括了科学家、工程师、艺术家等人的创新，更包括了7.7亿就业人员创新、全民创新。创新发展的根本目的在于激发人民的活力、创造力、生产力，这是中国加速实现引领创新的重要条件。同时，自上而下的国家创新、制度创新是为了更好地保护创新、激励创新。社会主义现代化本质是人的现代化，创新发展的宗旨归根到底就是促进全体人民的发展。推动创新发展，就是要形成创新的体制架构，塑造更多依靠创新驱动、更多发挥先发优势的引领型发展。实现引领型发展，就需要遵循科技创新规律、经济创新规律和制度创新规律。

创新发展注重的是解决发展动力问题。我国创新能力不强，科技发展水平总体不高，科技对经济社会发展的支撑能力不足，科技对经济增长的贡献率远低于发达国家水平，这是我国这个经济大个头的"阿喀琉斯之踵"。通过创新，通过经济结构的调整来激发新的增长动力。要激发全社会创造力和发展活力，努力实现更高质量、更有效率、更加公平、更可持续的发展。

创新是历史进步的动力、时代发展的关键，位居今日中国"五大发展理念"之首。习近平同志在党的十八届五中全会上提出的创新、协调、绿色、开放、共享"五大发展理念"，把创新提到首要位置，指明了我国发展的方向和要求，代表了当今世界发展潮流，体现了我们党认识把握发展规律的深化。用以创新为首的"五大发展理念"引领时代发展，必将带来我国发展全局的一场深刻变革，为全面建成小康社会、实现中华民族伟大复兴中国梦提供根本遵循、注入强劲动力。

发展理念需要发展战略来落实，发展战略需要发展理念来指导。以习近平同志为核心的党中央提出的创新发展理念，需要具体通过强化战略导向来实现。所谓的国家社会经济发展，可以理解为这个国家社会经济发展达到众望所归的理想状态的过程，涉及经济增长、社会变革、历史更替、科技进步、文化演进等各个方面。单就经济领域而言，一般发展经济学认为经济发展是伴随着经济活动的质和量的提升，整个国家社会福利不断增加的过程。国家的社会经济发展问题可以说是人类社会面临的最为复杂的问题，这个问题的复杂性不仅表现在该问题涉及社会经济的各个方面，更重要的是什么才是众望所归的发展的理想状态，这并不是都能够达成统一的认识的，往往受到社会价值观的影响，而社会价值观还会因空间和时间的差异而变化，也就是说不同地区的人价值观会不同，而同一个人其价值观也会随时间变化而发生变化。因此，社会经济发展首先要解决的是发展的理念问题，"理念是行动的先导，一定的发展实践都是由一定的发展理念来引领的"。发展理念也就是有关社会经济发展的目的、动力、指导原则等有关发展的重大问题的基本认识和价值标准，在发展理念确定后才会进而以这些理念为指导确定国家的发展战略或者发展规划，进一步具体的发展政策则是落实这些战略或者规划的手段或者措施。从发展的指导理念到发展的战略及规划、进而到促进发展的具体政策，构成了一个国家促进发展的整体治理逻辑。

创新立足传统、突破传统，依托现实、推动变革。今日世界，发展面临的最大矛盾仍是供需矛盾，尤其是资源有限性与需求无限性的矛盾。随着人口越来越多，需求越来越大，需求质量要求越来越高，这一矛盾越来越突出。解决这一矛盾的关键在于创新。创新尤其是科技创新成为世界主题、世界潮流、世界趋势。谁都知道创新重要，但究竟重要到什么程度，把它放在什么位置，怎样定位，却见仁见智。把创新放在国家发展全局的核心位置，体现了对人类社会发展规律的深刻认识，体现了对国家民族发展根本的深刻体认，在我国几千年治国理政思想史上是第一次，在我们党的历史上是第一次，在社会主义发展史上是第一次；放眼今日世界，把创新放在国家发展如此极端重要位置，放在制订未来五年发展规划理念的首要位置，也是极为少见的。

二、开创新时代国家创新发展新局面

改革开放使中国在全球化背景下走上发展的快车道，用几十年的时间走完了发达国家数百年走过的发展历程，创造了举世公认的"中国奇迹"。但与此同时，发展中不平衡、不协调、不可持续问题依然突出，人口、资源、环境压力越来越大，以要素投入驱动经济增长和规模扩张的粗放型发展方式难以为继。在经济发展新常态下，不可能再走主要依靠资源和低成本劳动力等要素投入的老路，只能转向发挥创新驱动优势的新路。只有大力进行知识创新、技术创新、制度创新等创新活动，才能在一定的外部约束条件下提高内在的经济生产效率和资源组合效益，为长期的经济发展注入新的动力。

近年来，美国、德国、日本、俄罗斯等国纷纷推出国家创新战略，将创新能力视作综合国力竞争的核心。反观我国，创新能力仍不够强，科技对经济社会发展的支撑能力不足。面对更加激烈的国际科技竞争和发展竞争，必须把发展的基点放在创新上，紧紧抓住科技创新这个"牛鼻子"，带动全面创新，实现动力转换、升级发展引擎。

习近平同志强调，在我国发展新的历史起点上，把科技创新摆在更加重要位置，吹响建设世界科技强国的号角。面对今日世界，只有把创新发展放在我国发展全局的核心位置，才能适应和引领时代发展大势。当今之世，一个国家走在世界发展前列，根本靠创新；一个民族屹立于世界民族之林，根本靠创新。现在，世界范围的新一轮科技革命和产业变革蓄势待发，信息科技、生物科技、新材料技术、新能源技术广泛渗透。世界大国都在积极强化创新部署，如美国实施"再工业化"战略、德国提出"工业4.0"战略。我国创新底子薄、创新力量相对不足，赶超世界创新大国的难度不小。这种情况下，是把创新放在核心位置还是一般位置，结果大不一样。把创新放在发展全局的核心位置，体现了以习近平同志为核心的党中央的坚定决心和历史担当，是党中央在我国发展关键时期作出的重大决策，凝聚的是立足全局、面向全球、聚焦关键、带动整体、持续发展的国家意志和国家战略。把创新放在发展全局的核心位置，就能紧扣世界创新发展脉搏，顺应世界创新发展大势，赶上世界创新发展脚步，从后发到先发、从跟跑到领跑，引领世界创新发展潮流。

与此同时，经过长期建设，我国已形成齐全的工业体系、积累了坚实的物质基础，科技人才、科技设施、科技产出颇具规模，研发投入持续增长、研发活动日渐活跃、研发成果效益显现，为推进创新发展奠定了良好基础和条件；通过实施科教兴国战略、人才强国战略、创新驱动发展战略，加快建设创新型国家，我国在一些领域已接近或达到世界先进水平，完全有能力在新的起点上实现更大跨越。我们必须树立更强烈的创新自信，把创新作为引领发展的第一动力，把人才作为支撑发展的第一资源，彻底破解创新不足这一"阿喀琉斯之踵"，最大限度地解放和激发生产力潜能。

纵观中国，只有把创新发展放在我国发展全局的核心位置，才能促进国家长治久安、民族永续发展。现代国家竞争，主要是综合国力竞争，根本是创新能力的竞争。创新兴则国家兴，创新强则国家强，创新久则国家持续强盛。500年来，世界经济中心几度迁移，但科技创新这个主轴一直在旋转、在发力，支撑着经济发展，引导着社会走向。一些欧美国家抓住蒸汽革命、电气革命和信息技术革命等重大机遇，跃升为世界大国和世界强国。相形之下，因一次次错过世界科技革命浪潮，我国由全球经济规模最大的国家沦为落后挨打的半殖民地半封建社会。这是历史的教训、民族的悲哀。我们必须充分吸收古今中外的经验教训，立足新的历史起点，面对新的现实挑战，确立创新发展理念，实施创新驱动发展战略。创新已成为决定我国发展前途命运的关键、增强我国经济实力和综合国力的关键、提高我国国际竞争力和国际地位的关键。把创新放在发展全局的核心位置，不仅可以巩固已有发展成果，全面建成小康社会，而且能够推动国家持续健康发展、民族和谐发展，在更好基础、更高层次上，更有信心、更有决心、更有能力实现第二个百年奋斗目标。

立足全局，只有把创新发展放在我国发展全局的核心位置，才能实现认识把握创新规律的新飞跃，促进各项事业向更高层次迈进。理念具有根本性、整体性和长久性，理念变化将带来根本变化、整体变化和长远变化。把创新放在发展全局的核心位置，必然给发展全局带来根本变化、整体变化、长远变化。通观人类社会发展史和中国发展史，不仅一直存在创新规律，而且一直受创新规律支配。创新的本质特征在于革故鼎新，在政治上主要是改造旧世界、建设新世界；在经济上主要是提高传统生产要素的效率、创造新的生产要素、形成新的要素组合，为持续发展提供源源不断的内生动力；在思想文化上主要是弘扬传统精华、克服传统弊端，提出新思想、新观念、新学说、新风尚，创立新体系、新学派、新方法、新文风。把创新放在发展全局的核心位置，让创新贯穿党和国家一切工作，不断推进理论创新、制度创新、科技创新、文化创新等各方面创新，就能使全党对创新规律的认识把握达到新境界，使各行各业对创新规律的认识把握达到新高度，推动我国发展全局发生根本变化、整体变化和长远变化，把我国建设成为经济强国、创新大国，进而建成富强民主文明和谐美丽的社会主义现代化强国。

建设现代化经济体系，必须加快建设创新型国家。要把创新摆在国家发展全局的核心位置，给予创新要素更公平开放的体制机制、更科学高效的政府治理、更开明完善的法治环境、更灵活现代的融资支持，让一切创新源泉充分涌流，不断增强我国经济创新力和竞争力。

发挥好政府引领和服务创新作用。减少政府对创新资源的直接分配和对市场导向明确的创新活动的干预，加强同市场资源的协同；对市场机制能够实现或社会组织能够替代的服务功能，要主动转型，腾出空间，大力发展市场化、专业化、社会化创新服务机构和组织；着力加强统筹协调和顶层设计，建立统一的资助平台、信息平台、监管平台，持续稳定地抓战略、抓重大、抓前沿、抓基础。

创新发展不是孤立的，既与协调发展、绿色发展、开放发展、共享发展构成了"五位一体"新发展理念体系，又具有系统继承性。其中，创新发展注重的是解决发展动力问题，协调发展注重的是解决发展不平衡问题，绿色发展注重的是解决人与自然和谐问题，开放发展注重的是解决发展内外联动问题，共享发展注重的是解决社会公平正义问题。五大发展理念相互贯通、相互促进，但核心在于创新。以创新发展为核心的新发展理念，一是指明了发展的动力来自创新，来自不断推进理论创新、制度创新、科技创新、文化创新等各方面的创新；二是界定了发展的内涵重点，包括城乡区域协调发展、经济社会协调发展、"四化同步"发展、物质文明和精神文明协调发展、经济建设和国防建设融合发展、人与自然和谐发展、中国与世界深度融合的互利合作共同发展等重要内容；三是提出了发展的最终目标是实现全体人民共同富裕、共享发展成果。新发展理念一方面继承了以人为本、全面协调可持续的科学发展观，另一方面把创新摆在国家发展全局的核心位置，把发展基点放在创新上，这是在坚持科学发展观的基础上进一步对我国发展理念的新突破。

纵观人类发展历史，创新始终是推动一个国家、一个民族向前发展的重要力量，也是推动整个人类社会向前发展的重要力量。抓创新就是抓发展，谋创新就是谋未来。当前，我国经济已由高速增长阶段转向高质量发展阶段，正处在转变发展方式、优化经济结构、转换增长动力的攻关期，要紧紧抓住"创新"特别是科技创新这个"牛鼻子"，实施创新驱动战略，建设创新型国家。科技创新是核心，抓住了科技创新就抓住了牵动我国发展全局的"牛鼻子"。谁牵住了科技创新这个"牛鼻子"，谁走好了科技创新这步先手棋，谁就能占领先机、赢得优势。

第三节 "三大变革"再造经济发展新动力

一、用三大变革推动中国经济发展

世界是永恒运动和变化发展的，这是马克思主义的基本原理。世界上，唯一不变的就是变，只有变，才有出路。变革，是人类推动经济社会发展的重要手段。回顾改革开放以来的历程，每一次重大变革都给党和国家发展注入新的活力、给事业前进增添强大动力，党和人民的事业就是在不断深化改革中向前推进。

当前，我国经济发展进入新阶段，基本特征是由高速增长转向高质量发展。实现高质量发展，要坚持以供给侧结构性改革为主线，推动质量变革、效率变革、动力变革。在三大变革中，质量变革是主体，效率变革是重点，动力变革是关键。动力变革既是高质量发展的关键，也是实现质量变革、效率变革的前提条件。要以加快"动力变革"促进"效率变革"，实现"质量变革"，由此提高全要素生产率，释放资源活力，激发高质量发展新动力。

2017年中央经济工作会议提出，2018年要"大力推进改革开放，创新和完善宏观调控，推动质量变革、效率变革、动力变革"。2018年是改革开放40周年。在这个改革开放的特殊年份，中央提出质量、效率和动力"三大变革"，作为经济领域全面深化改革的重要内容，为处于转变发展方式、优化经济结构、转换增长动力攻关期的经济工作提供了重要抓手。

经济发展的质量、效率和动力这三大变革是时代之变，它是新时代推动经济发展的必然选择，是适应高质量发展阶段的必然要求。习近平同志指出："中国经济发展的战略目标就是要在质量变革、效率变革、动力变革的基础上，建设现代化经济体系，提高全要素生产率，不断增强经济创新力和竞争力。"

　　建设现代化经济体系，就是要坚持质量第一和效益优先，以供给侧结构性改革为主线，推动经济发展质量变革、效率变革、动力变革，提高全要素生产率，着力加快建设实体经济、科技创新、现代金融、人力资源协同发展的产业体系，着力构建市场机制有效、微观主体有活力、宏观调控有度的经济体制。这其中，推动质量变革、效率变革、动力变革，是高质量发展阶段的必然要求，是转变发展方式、优化经济结构、转换增长动力的攻关期的重要内容。

　　因此，做优做强做大以先进制造业为主的实体经济部门，这是全面建设现代化经济体系的基础任务；真正落实创新驱动发展战略，这是全面建设现代化经济体系的战略支撑。要加快质量强国建设，在全社会牢固树立质量第一、效益优先和持续创新理念，加强以"重视品质、追求卓越"的工匠精神为核心的质量文化建设，引导企业树立"质量高于天"产品理念，专注品质、一丝不苟、精益求精、注重细节。倡导优质安全绿色消费理念，转变消费者理念，提高全民质量意识，通过"用脚投票"让假冒伪劣产品退出市场。强化质检、环保、安全等监管和执法力量，加大对生产假冒伪劣产品的企业或个人的负面曝光和惩处力度，引导企业增强质量、品牌和标准意识，形成政府重视质量、企业追求质量、社会崇尚质量、人人关心质量的良好社会氛围。

　　深入推进供给侧结构性改革是当前和今后一个时期我国经济工作的主线。从核心要义看，推动供给侧结构性改革，最终目的是满足需求，主攻方向是提高供给体系质量和效益，根本途径是深化改革。这就要求以提高供给体系质量和效率为中心，积极推动质量变革、效率变革和动力变革。创新是引领发展的第一动力，是建设现代化经济体系的战略支撑，也是推动质量变革、效率变革和动力变革的根本着力点。推动三大变革，政府的主要职责是优化管理服务，要及时调整制约质量变革、效率变革和动力变革的不合理制度障碍，做好"四个优化"，加速实现三大变革。

　　变与不变是辩证统一的。质量变革、效率变革、动力变革，必须要遵守正确的原则要求，那就是要全面贯彻党的十九大精神，以习近平新时代中国特色社会主义经济思想为指导，加强党对经济工作的领导，坚持稳中求进工作总基调，坚持新发展理念，紧扣我国社会主要矛盾变化。如此，质量、效率和动力"三大变革"才能更有力、有序地变，我国经济在实现高质量发展上才能不断取得新进展。三者相互依托，是有机联系的整体，必须系统推进。推进三大变革的根本目的是提高全要素生产率，不断增强我国经济创新力和竞争力，从而为实现"两个一百年"奋斗目标构筑坚实基础。

二、质量变革是主体

高质量是经济发展的基本目标，目前我国经济发展面临的主要挑战是质量不高，所以加快提升供给质量，促进经济迈向中高端水平，已成为我国转向高质量发展的主要任务。习近平同志指出，要"推动中国制造向中国创造转变、中国速度向中国质量转变、中国产品向中国品牌转变"，"要推动制造业从数量扩张向质量提高的战略性转变，让提高供给质量的理念深入到每个行业、每个企业心目中，使重视质量、创造质量成为社会风尚"。

长期以来，对于经济增长的研究，都着重关注于增长的"量"，而忽视了增长的"质"。自改革开放以来，改革开放40多年来，中国经济发展创造了年均增长9.5%的世界奇迹，2017年GDP超过82万亿元，成为世界第二大经济体、最大装备制造业国家和最大货物进出口国家，取得了全方位、开创性的发展成就。与此同时，我国的发展依然面临着发展不平衡不充分的突出问题尚未解决，发展质量和效益还不高，创新能力不够强，实体经济水平有待提高，生态环境保护任重道远等问题，中国经济状况仍然是大而不强。党的十九大作出了中国特色社会主义进入新时代的重大判断，强调我国经济已由高速增长阶段转向高质量发展阶段，必须坚持质量第一、效益优先，推动经济发展质量变革、效率变革、动力变革，不断增强我国经济创新力和竞争力。这是以习近平同志为核心的党中央对我国经济发展路径作出的最新论述，既是建设现代化经济体系的根本路径，也是推动经济发展的重要目标。

纵观世界经济发展史，经济强国一定是质量强国。质量不仅是产业的核心竞争力，也反映国家的综合实力。建设现代化经济体系，必须向质量要竞争力。从高速增长向高质量发展迈进，是中国经济开启新时代的特征，是经济发展理念的一次深刻变革。

质量变革是发展目标的变革。追求经济有质量的发展是每个国家经济发展的重要目标。经济发展质量变革，是一场从理念、目标、制度到具体领域工作细节的全方位变革，既包括通常所说的提高产品和服务质量，也包括提高国民经济各领域、各层面素质。质量变革是经济发展满足社会和可持续发展要求的必然选择。中国特色社会主义进入新时代，我国社会主要矛盾已经转化为人民日益增长的美好生活需要和不平衡不充分的发展之间的矛盾。"人民日益增长的美好生活需要"，可以从两个方面来理解。一是人民需要的内涵大大扩展。人民的需要已经从物质文化领域，扩大到物质文明、精神文明、社会文明、制度文明和生态文明各个领域。二是人民需要的层次大大提升。在告别了短缺经济时代后，人民追求质量更高的生活，这些需求是多样化、个性化、多变性、多层次的。关于"不平衡不充分的发展"，我国社会生产力水平总体上显著提高，社会生产能力在很多方面进入世界前列，但和西方发达国家的发展水平比较起来，我国一些领域的生产力水平仍然相对落后甚至差距还比较大，面对人民日益增长的美好生活需要，在社会供给上还有许多差距。问题是时代的声音，矛盾是前进的动力，推动经济发展质量变革，就是要全面提升人民的生活质量，提升人民的获得感、安全感和体验感。

与之相对应，经济发展的考核指标也要相应调整，从原来主要考核经济增长速度、规模等数量指标转向考核全要素生产率、税收贡献、就业、利润等经济发展质量指标。习近平同志指出："我们不再简单以国内生产总值增长率论英雄，而是强调以提高经济增长质量和效益为立足点。"要把提高供给体系质量作为主攻方向，向国际先进质量标准看齐，增强我国经济质量优势，使中国制造和中国服务成为高质量的标志。

　　质量变革是发展理念的变革。理念的创新是发展的前提。约瑟夫·朱兰①说过:"21世纪是质量的世纪,质量将成为和平占有市场最有效的武器,成为社会发展的强大驱动力。"纵观世界发达国家经济发展历程,一个国家经济崛起的过程也是质量升级的过程。当经济社会发展进入关键阶段,政府往往都会把质量建设上升为国家战略来实施。上个世纪,德国实施以质量推动品牌建设、以品牌助推产品出口的质量政策,日本实施质量救国战略,美国出台质量振兴法案,韩国成立"国家品牌委员会"等,都是基于以质量为核心的发展理念变革的产物,都把质量作为破解经济社会发展难题的解决之道。我国自改革开放以来,经济实现了快速增长,目前已经成为世界第二大经济体,但传统的发展动能已经不能适应新时代的需要,经济增长转向更多地依靠消费、服务业和国内需求,更多地依靠劳动者素质提高、技术进步和全要素生产率改进,中国经济已经步入了从高速增长向高质量发展迈进的新阶段。

　　推动质量变革,是新时代人民对美好生活向往的内生发展要求。短缺经济时代,需要解决的是"量"的生产力提高问题;进入新时代,需要解决的是"质"的生产力提高问题。不久,我们将全面建成小康社会,人民对美好生活的需要日益广泛,既要创造更多物质财富和精神财富以满足人民日益增长的美好生活需要,也要提供更多优质生态产品以满足人民日益增长的优美生态环境需要。生态就是一种发展的资本,绿水青山就是金山银山。经济增长不一定带来经济发展。在长期以来低端粗放的经济增长中,我们付出了破坏生态环境的代价,而短期经济增长的收益却弥补不了长期生态环境修复的成本,以至于出现了没有发展的增长现状。因此,发展生态经济是经济发展质量变革的内在要求。推动质量变革,就是要让物质财富、精神财富和生态财富同步增长,让人民有更多的获得感、幸福感、安全感和满意度。

---

① 约瑟夫·M.朱兰(Joseph M. Juran,1904—2008)博士,美籍罗马尼亚人,世界著名的质量管理专家。他所倡导的质量管理理念和方法始终深刻影响着世界企业界以及世界质量管理的发展。他的"质量计划、质量控制和质量改进"被称为"朱兰三部曲"。《朱兰质量手册》被誉为"质量管理领域的圣经",是一个全球范围内的参考标准。

推动质量变革，是新时代参与国际竞争的外在压力要求。通过几十年的"引进来"，我国的生产力水平虽然得到了极大的提升，但不少企业的技术水平、产品质量还处于中低端。进入新时代，在"一带一路"的引领下，我国企业不断"走出去"。"引进来"时代的经济特征是国内市场低成本，而"走出去"时代的特征是在第三方市场与发达国家跨国公司同台竞争、正面比拼，必须做到高技术、高质量，掌控技术话语权。

推动质量变革，是新时代经济健康、可持续发展的必然要求，是经济转型发展的基础，是经济发展动力变革的关键。它将推动资源向优质企业和高技术产品集中，通过充分有效的市场竞争，促进企业和产品优胜劣汰，进而形成一批有较强国际竞争力的高质量、强品牌企业和世界级先进制造业集群。

显然，作为主体任务的质量变革是坚持质量第一、效益优先建设现代化经济体系的重中之重。重在国民经济各领域各环节的发展质量之变。我国经济已由高速增长阶段转向高质量发展阶段。发展质量的变革，已经不仅仅是产品和服务质量变革，而是从理念、目标、制度到具体领域工作细节的全方位质量提升。特别是在制造业，要注重从提高整个制造业发展质量入手，发展先进制造，增加有效和中高端供给，优化供给体系质量，推进中国制造向中国创造转变，中国速度向中国质量转变，制造大国向制造强国转变。

质量变革是发展路径的变革。质量变革的基础是提高产品质量，主线是供给侧结构性改革。经过改革开放40多年的发展，我国社会生产力总体水平显著提高，供给体系产能十分强大，220多种主要工农业产品的生产能力稳居世界第一。但必须清醒地看到，我国生产能力大多数只能满足中低端、低质量、低价格的需求，生产能力中有大量过剩产能；供给结构不适应需求新变化，有效供给严重不足。关键核心技术长期受制于人，一些重要原材料、关键零部件、高端装备、优质农产品依赖进口，高端服务业也不能满足居民需要，这些是我国经济面临的最为突出的结构性矛盾，只有推进供给侧结构性改革，提高供给体系质量，才能适应新的需求变化，实现经济发展的质量变革。

实体产业结构不合理，导致大多数实体产业处于价值链的中低端。实际上，我们通常意义上讲的"产能过剩"，应该是个相对概念：其"过剩"的是低质量、低价值的产能，相应的却同时存在高质量、高层次的有效供给不足。从这个意义上说，我国经济中传统产业代表的旧动力在减弱，而以新兴产业为代表的新动力还不够强劲，成为制约我国实体经济发展的重要障碍。因此，创新是今后及未来引领发展的第一动力，可以为实体经济发展培育新增长点。

在党的十九大召开之前的 2017 年 9 月份，颁布了《中共中央国务院关于开展质量提升行动的指导意见》。这一文件中提出了中国质量发展的总体目标和主要任务，强调了质量对提高全要素生产率和促进经济发展的贡献，凸显了质量提升中高附加值和优质服务供给显著增强、产业价值链升级和质量效益型特征更加明显的取向，创新性地提出了质量竞争型产业规模要显著扩大。这些充分体现了质量是价值、质量是效益的经济属性。

从追求数量到注重品质，我国实体经济发展理念实现蝶变。质量变革，意味着实体经济正在出现分野。在新时代，实体企业之间的竞争将不再是简单的低成本和规模的竞争，而正转向于技术和质量的竞争。注重研发，持有关键核心技术、拥有核心知识产权的实体企业，未来的发展前景将越来越好，而从事简单加工制造的实体企业将面临被替代而亏本关门的窘境。曾经，我们利用低成本优势，替代"亚洲四小龙"的简单加工制造；今天，越南、缅甸等"一带一路"沿线国家也在用低成本优势，替代我国的简单加工制造。拥有技术优势的高新技术企业在"走出去"的战略指引下，不仅可以占领国内市场，还可以开拓发展中国家甚至欧美发达国家市场。

新一轮科技革命正在引发质量技术与管理的变革。数字化、网络化、智能化的发展，尤其是新一代人工智能技术颠覆了传统质量技术与管理，产生了智能质量的理念，在质量技术与管理创新中促进产业向着优质、高效、绿色、柔性、低耗、安全的方向发展。例如，质量设计方法变革，在虚拟环境中制作模型，并进行实验和验证，模拟仿真对于减少失效率、提高质量、缩短产品研发周期产生了革命性改变。又如，质量检测控制变革，传感技术造就了制造全过程各环节动态检测的大数据，以此为基础，实现工艺优化和改进，大幅度提高产品质量水平。由此，质量已经成为过程优化的结果，在一定意义上质量控制技术成为"传感器＋软件"。再如，质量基础技术变革，基准量子化、量传扁平化导致国际计量单位制将重新定义，计量技术体系正经历历史性变革，世界测量技术规则将予重构。制造业的深刻变革，也带来了标准理念和实践的创新，模块化标准的出现就是一种表现形式，通过对其产品结构、组织结构和程序结构进行优化，以最少的内部多样化改变，满足尽可能多的外部多样化需求，实现个性化定制、柔性化生产，从而获得更高质量、更快效率、更低成本。还如，质量管理模式变革，通过数字化、网络化、智能化促进了面向用户的全产业链全生命周期的质量闭环，质量管理的新模式推动了产业升级进程。

历史只会眷顾坚定者、奋进者和搏击者，而不会等待犹豫者、懈怠者和畏难者。质量变革呼唤企业家精神、呼唤工匠精神。在实体经济正在出现分野的新时代，谁专注自主创新，谁就能取得先发优势；谁掌握关键核心技术，谁就能攒足发展新优势。正如美国著名物理学家亨利·罗兰 19 世纪曾经说过的那样："难道我们总是匍匐在尘土中去捡富人餐桌上掉下来的面包屑，并因为我们有更多的面包屑而认为自己比他更富裕吗？但我们忘记了这样的事实：他拥有面包，这是所有面包屑的来源。"这段话深刻地启示我们，提高自主创新能力，拥有世界级的创新成果对一个国家赢得主动、赢得胜利意义重大。

三、效率变革是重点

效率是经济发展的永恒追求。经济增长中的低效率问题仍然比较突出，是我国经济发展质量不高的重要表现。作为重点的效率变革，贯穿于建设现代化经济体系的全过程，核心内容是提高发展要素的质量和创新发展要素的组合方式，进而提高全要素生产率。

推动效率变革，是经济内生发展的必然选择。随着人口老龄化加快，全社会新增劳动力资源增长缓慢，人力成本的上升增加了企业的用工成本。与此同时，资本回报率下降也使得未来一段时间内，投资不再充当经济的主导性驱动力量，创新，尤其是科技创新成为经济发展的新引擎。在城市化持续推进和经济结构服务化发展阶段到来时期，如果生产性服务业的服务内容、质量和水平不能进一步提升和改善，全社会劳动生产率增长率就很难保持高水平。发达国家再工业化的过程也启示我们，高质量发展阶段需要高效率支撑。

经济全球化的外在压力，也要求加快推动效率变革。经济全球化使资源配置的范围超越了国界，产业发展需要在世界范围内寻求要素的最佳组合和资源的最优利用。经济全球化过程本质上是各个地区利用自己的相对优势与外界发生经济联系的过程。不难看出，一国或地区的产业嵌入或跻身全球产业价值链的过程，实质是要完成区域产业群与国际产业群的对接，关键是要提高资源配置效率。因此，在经济全球化条件下，资源配置的优化程度和效率的高低，决定了一国或地区对全球范围资源配置的掌控力，是产业国际化水平的重要标志。改革开放的实践充分说明，开放是所有经济行为充分实现其价值的需要，也是各类经济主体充分挖掘和提高生产效率的动力。在开放初期，我们一方面利用廉价劳动力资源和地大物博导致的廉价物资资源，形成相对优势；另一方面，利用政策集聚部分人财物等资源，形成局部相对优势，成就了"深圳速度"。而在我国经济高质量发展阶段，我们不仅要向内部资源配置要效率，还应当充分利用和挖掘全球范围内的资源优势。本世纪初，加入世界贸易组织是我国经济融入世界的重要拐点，经济发展的质效实现了飞跃；现在，"一带一路"和"走出去"的全球化，必将引领新一轮效率变革。

提高全要素生产率是效率变革的关键。必须着力清除制约效率提升的各种体制机制障碍，使市场在资源配置中起决定性作用和更好发挥政府作用，激发企业主体活力，改善供需关系，提高发展效率。重点在"破""立""降"上下功夫，大力破除无效供给，推动化解过剩产能，大力降低实体经济成本，降低制度性交易成本，继续清理涉企收费，加大对乱收费的查处和整治力度。特别是在电力、石油、天然气、铁路等行业，要深化要素市场化配置改革，降低用能、物流成本。

市场竞争，归根结底是投入产出比较的竞争、效率高低的竞争。效率变革，就是要破除制约效率提升的各种体制机制障碍，以既定的投入获取最大的产出。习近平同志指出："要坚持使市场在资源配置中起决定性作用，完善市场机制，打破行业垄断、进入壁垒、地方保护，增强企业对市场需求变化的反应和调整能力，提高企业资源要素配置效率和竞争力。"一是加快发展先进制造、数字信息、高端研发、商务服务等高生产率行业，加快建设实体经济、科技创新、现代金融、人力资源协同发展的产业体系，以高生产率行业替代低生产率行业，实现整个国民经济行业效率提升。二是推进垄断行业、国有企业和要素市场改革，优化资源配置，提高人力资本素质，激发土地、金融等要素活力，全面提高经济的投入产出效率。三是深入推动流通革命，加强智慧流通基础设施建设，拓展流通新技术、新模式、新业态，打通流通"中阻梗"，切实提高流通效率。四是完善对外开放体制机制，对接全球高水平国际贸易投资规则和做法，缩短负面清单长度，加快建设自由贸易港，提高管理能力和贸易投资便利化程度，提升对外开放效率。习近平同志指出："我们提出建设开放型经济新体制，一个重要目的就是通过开放促进我们自身加快制度建设、法规建设，改善营商环境和创新环境，降低市场运行成本，提高运行效率，提升国际竞争力。"

效率变革是经济发展的一场革命。效率变革的核心要求是提升技术效率。科技是第一生产力，科技创新能力已经越来越成为地区经济社会发展的重要标志，是产业迈向全球价值链中高端、培育世界级先进制造业集群的关键。政府和实体经济、科研院所加大科技投入、加速科技成果转化、加强知识产权保护，是形成以企业为主体的科技创新体系、建设创新型国家的内生需要。效率变革的本质要求是发挥市场在资源配置中的决定性作用，从而提升、优化资源配置效率，推动实体经济和科技创新、现代金融、人力资源的深度融合，以高生产率行业替代低生产率行业，实现整体经济效率提升。效率变革同时要求改善管理效率。较强国际竞争力的跨国公司和世界级先进制造业集群匹配的应该是国际级的管理效率，将企业经营和管理过程中获得的有用经验和知识规制化，建立标准化管理流程，促使生产运营达到更高水平的产需均衡和盈利均衡。

保持我国传统产业在全球的竞争力，提高企业效率已经成为供给侧结构性改革的关键环节，要在去产能、去库存、去杠杆等方面做足"减法"。减掉低效产业，集中力量把有限资源聚焦到主业中，使企业的产品和服务更具竞争力。有时候，"减法"反而能帮助企业实现增长，退一步，进二步就是这个道理。企业转型中实施战略撤退，需要企业家具有超凡的智慧和胆识。

"做减法"其实是企业寻找新的增长点、提升自身经营效率的一场战略转型。要实现高质量发展，管理者需要站在全局来看自身的长远利益，明晰自身的生存根基后，再制定具体的"减法"步骤。

自 2008 年国际金融危机发生以来，越南、缅甸等东南亚国家的制造业依靠"工资水平低，接单成本低"实现较快发展，导致进入越南、缅甸的国外订单不断增多，进入中国的部分传统制造业订单下行。在这样的背景下，有一部分传统制造业企业国外订单也同步下行。近年来，越来越多的传统企业开始主动优化产业升级，用机器代替人工来提高生产效率和产品质量，完全由机器人来代替人工进行生产的"黑灯工厂"不断涌现。因此，在减少工人上下功夫，实现"机器换人"，降低出厂价格，不断推进产品升级换代，就成为了新时期有效解开困局的良方。

"减法"让企业轻装上阵，运用新技术可以助力企业高质量发展。新旧动能转换间，效率与效益协同提升，高质量发展又迈进一步。不仅如此，也有不少企业通过应用导入物联网技术、大数据应用使企业运营效率、库存量降低，实现了优化运营效率，达到了"降本增效"的目标。新动能改造旧动能，用好"互联网 +"是关键。

在物流领域，大数据正在帮助企业分析客户的需求，并将商品提前储备到最近的配送中心，从而实现了高效的物流。北京物资学院物流学院副院长王晓平表示，随着"互联网 + 物流"的发展，智慧物流已经成为物流业发展的必然趋势。大数据、云计算、人工智能、机器学习等一系列信息技术的发展和在物流领域的广泛应用，不但可以提高数据处理能力，还可以对客户的行为进行更为精准的分析和预测，从而提高企业的决策水平。

波士顿咨询公司发布研究报告称，使用工业 4.0 新技术能将中国企业的生产效率提升高达 25%，由此可额外创造 6 万亿元人民币的附加值，并影响上百万从业人员的工作。中国正迎来前所未有的机遇，企业可充分利用其领先的互联网生态系统来加快对先进技术的运用，并创建完全数字化的产业链。

事实上，许多身处传统行业的企业积累了大量资金和品牌知名度，但既定的发展模式、企业资源以及产品和服务思维却容易阻碍企业新一轮发展。要想在未来发展中"破局"，传统企业要在传承自身优势基础上"放眼看世界"，利用互联网思维来解决面临的新挑战，破除发展瓶颈。

著名经济学家厉以宁就曾提到，提高企业效率要注重提高生产效率、提高资源配置效率和提高"X 效率"。所谓"X 效率"是依靠打造企业与职工的共同目标，加大职工之间的融合度，树立纪律以及通过工匠精神、劳模等表彰使得职工认同企业等来提高效率。

随着新发展理念的贯彻落实和供给侧结构性改革的深入推进，一大批民营企业通过降本增效、拥抱新技术实现了新旧动能转换，通过建立现代企业制度实现了高质量发展，这些有竞争力的大型民营企业正在加速向世界一流企业迈进。

高效率是高质量发展的灵魂，是发展动力转换的关键。只有提高劳动、资本、技术、管理等全要素生产率，才能充分利用内部资源、广泛借力外部资源，实现产品和服务的高品质、高品牌和高竞争力，促使经济发展更均衡、更充分。

四、动力变革是关键

在转向高质量发展的新时代，之所以突出强调动力变革，主要原因在于：一方面，在要素成本上升、环境问题严峻、经济全球化不确定性加大的背景下，如果继续沿用传统的政府主导、要素投入、投资拉动的增长方式，不仅无法保持经济中高速增长，而且会使高产能、高库存、高杠杆、高成本、低效率、低质量等结构性矛盾继续累积，进一步加大经济金融风险。另一方面，在新技术、新业态、新产品不断出现，国际经济竞争日益激烈的新形势下，实现高质量发展必须把自主创新作为第一动力，以人才作为第一资源，加快建设创新型国家。所以，动力变革既是高质量发展的关键，也是实现质量变革、效率变革的前提条件。这是推进经济转型升级的必由之路，是推动质量变革、效率变革的必由之路，是释放资源活力、激发增长新动力的必由之路。

走向高质量发展的根基是动力变革，是新旧动能转换。动力变革要抓住内外发展环境变化的趋势。从国际背景看，世界正处在快速变化的历史进程中，世界经济正在发生更深层次的变化。从国内背景看，我国社会主要矛盾发生了新变化，人民群众对美好生活的向往发生了显著变化。动力变革，是世界与中国发展大势所决定的，是新时代所要求的。

以动力变革带动质量变革和效率变革。三大重要变革中，作为基础的动力变革是现代化经济体系建设的基石。"质量变革、效率变革、动力变革"这三大变革不是并列的，而是有重要的因果关系或者说是前提关系的。一般来说，经济增长最终体现为质量的改进和效率的提升，但根本取决于动力的变革。动力决定经济发展方式，决定经济增长质量和增长效率。推动动力变革，要紧紧抓住创新这个引领发展的第一动力。

加快动力变革既是高质量发展的关键，也是实现质量变革、效率变革的重要条件。实现质量变革，需要推动过度依赖资源环境的发展方式转向更多依靠人力资源与科技进步的发展方式，使创新成为提高供给体系质量的强大动能；实现效率变革，需要依靠体制变革与开放创新，着力发展高水平的实体经济，全面提升要素供给效率。推动高质量发展的"三大变革"，动力变革是关键和基础，由此推动效率变革，进而促进质量变革，从而形成质量效益明显提高、稳定性和可持续性明显增强的发展新局面。

在现代化经济体系建设过程中，面对着发展的新旧动能转换，如何能激发各类市场主体活力是一个重要问题。我们要强化科技创新，推动创新激励，形成有利于创新的环境，大力培育新动能，推动传统产业优化升级，培育一批具有创新能力的排头兵企业，积极推进军民融合深度发展。我们要落实保护产权政策，依法甄别纠正社会反映强烈的产权纠纷案件。全面实施并不断完善市场准入负面清单制度，破除歧视性限制和各种隐性障碍。

就是要在劳动力数量和成本优势逐步减弱后，为适应高质量、高效率现代化经济体系建设的需要，将传统要素驱动转变为创新驱动，让创新成为引领发展的第一动力。习近平同志指出："发展动力决定发展速度、效能、可持续性。对我国这么大体量的经济体来讲，如果动力问题解决不好，要实现经济持续健康发展和'两个翻番'是难以做到的。当然，协调发展、绿色发展、开放发展、共享发展都有利于增强发展动力，但核心在创新。抓住了创新，就抓住了牵动经济社会发展全局的'牛鼻子'。"

面向经济主战场，加快科技创新。习近平同志指出："创新发展注重的是解决发展动力问题。我国创新能力不强，科技发展水平总体不高，科技对经济社会发展的支撑能力不足，科技对经济增长的贡献率远低于发达国家水平，这是我国这个经济大个头的'阿喀琉斯之踵'。新一轮科技革命带来的是更加激烈的科技竞争，如果科技创新搞不上去，发展动力就不可能实现转换，我们在全球经济竞争中就会处于下风。"强化企业创新主体地位和主导作用。《国家创新驱动发展战略纲要》指出："培育世界一流创新型企业。鼓励行业领军企业构建高水平研发机构，形成完善的研发组织体系，集聚高端创新人才。引导领军企业联合中小企业和科研单位系统布局创新链，提供产业技术创新整体解决方案。培育一批核心技术能力突出、集成创新能力强、引领重要产业发展的创新型企业，力争有一批企业进入全球百强创新型企业。"

加快培养创新队伍。习近平同志指出："我国要建设世界科技强国，关键是要建设一支规模宏大、结构合理、素质优良的创新人才队伍。要大兴识才爱才敬才用才之风，在创新实践中发现人才、在创新活动中培育人才、在创新事业中凝聚人才，聚天下英才而用之，让更多千里马竞相奔腾，努力造就一大批能够把握世界科技大势、研判科技发展方向的战略科技人才，培养一大批善于凝聚力量、统筹协调的科技领军人才，培养一大批勇于创新、善于创新的企业家和高技能人才。"形成有利于创新的环境条件，包括知识产权的保护和激励，企业家、科学家等创新主体的稳定预期，各种创新要素的自由流动和优化组合，创新不同阶段金融产品的有效服务，产业配套条件和创新基础设施的支撑等。

推动动力变革，必须把培养战略科技人力资本放在核心位置。生产力先进与否，不仅要看经济总量大小，更要看科技创新能力高低。创新是引领发展的第一动力，是建设现代化经济体系的战略支撑，也将是新时代最鲜明的特质。抓住了创新，就抓住了牵动经济社会发展全局的"牛鼻子"；谁抢先占领创新的高地，谁就能率先实现转型升级、成为发展的引领者。要坚持把创新摆在发展全局的核心位置，将创新驱动转化为企业内在的需求，突出科技、人才、平台和企业家的作用，构建有利于各类创新要素自由流动和高效配置的创新生态，促进创新链与产业链、资金链、政策链紧密融合，形成以创新为主要引领的经济体系和发展模式，为实体经济发展输入源源不断的动力。国内外经验表明，成功的创新主要源于区域性创新中心和创新型城市，就是由于这些地区拥有更好的创新环境。

教育事业和其他所有的事业最大的不同，就是教育的"产品"是人，而人的全面发展是社会全面进步的前提，也是经济发展最根本的动力。教育兴则经济兴、社会兴、国家兴。纵观中华五千年发展史，教育兴盛的时代都是国力强盛的时代；放眼当今世界，所有科技创新能力强的国家，都是教育强国。从当下看，我国社会老龄化趋势逐渐加剧，支撑我国经济长期高速增长的人口红利逐步减弱，需要我们加快推动劳动力数量红利到劳动力质量红利的转换；从实现经济高质量发展、建设现代化经济体系的目标来看，更需要提高各个层面劳动者的素质来与之相适应。没有动力变革，就不可能实现质量变革，不可能实现效率变革。因此，加快教育现代化，从基础教育、高等教育到职业教育，全面提高教育质量，推动经济高质量发展的动力变革，是新时代赋予我们的新使命。

动力变革是质量变革和效率变革的根基，但动力变革并非"无源之水"，它是一定制度结构的产物。推进动力变革，绕不开制度变革。一是制度创新决定新动力的释放。要推动动力变革，客观上对改革提出了更为迫切的需求。二是做好供给侧结构性改革。满足人民群众对美好生活的向往，关键在于供给总量、结构、质量、效率要适应需求升级的趋势。这就需要做好供给侧结构性改革这篇文章。深化供给侧结构性改革，不仅要做减法、除法，还要做加法、乘法。三是做好全面开放这篇文章。中国不仅融入全球，而且成为全球经济增长的重要力量。中国转向高质量发展，对开放提出了更为迫切的需求。40多年来，开放始终是重要动力。但彼时中国只是世界经济大海中的"小舢板"，今天中国已经成为一艘"巨轮"。"小舢板"的发动机不可能再驱动"巨轮"的乘风破浪。因此，新阶段中国的开放也面临升级的挑战。

大国的动力变革，是一个浩大的工程。有的大国跨过了这道坎，经济发展就上了一个台阶；有的大国没跨过去，就掉入了"中等收入陷阱"。跨过动力变革这道坎，对拥有近14亿人口、12.7万亿美元经济总量的中国来说，有着极为重要的意义。

第四节　创新引领高质量发展

一、创新驱动推进高质量发展

2017年中央经济工作会议提出了习近平新时代中国特色社会主义经济思想，指明了中国未来几年乃至更长一个时期的经济发展方向，推动高质量发展，是全党全国上下必须牢牢抓住的根本要求。各级各地要真抓实干、锐意改革、开拓创新，努力把中央经济工作会议精神落到实处，推动我国经济发展产生更深刻、更广泛的历史性变革，不断提高全国各族人民的获得感幸福感，极大增强人们对全面建成小康社会的认同感。

党的十八大以来，我国国内生产总值从54万亿元增加到82.7万亿元，对世界经济增长贡献率超过 30%。全社会研发投入年均增长 11%，规模跃居世界第二位。科技进步贡献率由 52.2% 提高到 57.5%，国家创新能力排名从 2012 年的世界第 20 位升至 17 位。经过长期努力，我国科技创新整体水平和综合竞争力进一步提升，在一些领域已接近或达到世界先进水平，重大科技成果不断涌现，某些领域正由"跟跑者"向"并行者""领跑者"转变，向跻身创新型国家行列又迈出坚实一步。

当前，我国经济发展正处于动力转换节点，必须摆脱要素驱动的路径依赖，把创新作为引领发展的第一动力，深入实施创新驱动发展战略，在推动发展的内生动力和活力上来一个根本性转变，为经济持续健康发展打造新引擎、培育新动能、拓展新空间、构建新支撑，推动发展动力变革。

首先处理好新旧动能转换的接续问题，如果动能转换接续得不好，就可能失去发展的重大机遇。从供给侧看，产品供给结构不能适应市场需求结构变化，传统、低端产业在衰退，新兴产业成长缓慢，新旧产业增长动力不能有效接续。从需求侧看，以投资拉动为主的经济增长边际效应逐步递减，而消费需求的增长也面临总量扩张和结构升级的双重压力，这种变化对应供给侧而言，就是产品结构和质量的问题。因此，要更好适应需求侧市场需要变化，就必须不断培育和发展新动能，推动产业结构转型升级，实现由要素驱动、投资规模驱动向创新驱动转变。

现代国家竞争是综合国力的竞争，而归根到底是科技的竞争。发展科学技术是人类应对全球挑战、实现可持续发展的战略选择，也是一个国家现代化的重要体现。习近平同志多次强调"创新是引领发展的第一动力"，创新发展注重的是解决发展动力问题，它不仅是建设现代化经济体系的战略支撑，更是解决当前发展不平衡、不充分问题的关键一招。发展动力体现在经济社会发展各个方面，但最本质的还是创新，也就是第一动力，事关国家现代化建设全局。要实现高质量发展，必须坚持新发展理念，找准发展的历史方位，明确发展的路径方向，但如果缺乏有效的动力支撑，任何发展都是不可持续的，更不是其应有之义。

创新是引领发展的第一动力，抓创新就是抓发展，谋创新就是谋未来。提高全要素生产率，关键一环是改变过去的要素驱动为创新驱动。自 2014 年开始，我国的研发投入占 GDP 的比重超过 2%，国际公认这是一个国家进入创新活跃期的关键时间窗口。我们要紧紧抓住这一有利的时间窗口，着力推进创新型国家建设，推动重大科技创新取得新进展，促进大众创业、万众创新上水平。特别要瞄准世界科技前沿，强化基础研究和前瞻性研究，重视引领性原创性成果，关键要完善鼓励原创的外部环境，包括建立更加完备高效的专利保护制度，以及宽容失败、鼓励原创、杜绝山寨的创新文化。推进高质量发展，就是要将知识产权落到实处，让企业无须惧怕"李鬼"、敢于创新、善于创新，不断增强自主研发和自主创新能力，推进中国制造向中国创造转变、中国速度向中国质量转变、制造大国向制造强国转变。

推动高质量发展，是当前和今后一个时期确定发展思路、制定经济政策、实施宏观调控的根本要求。这意味着我们需要从长远发展目标的实现、从建设现代化经济体系的角度，加快形成推动高质量发展的指标体系、政策体系、标准体系、统计体系、绩效评价、政绩考核，创建和完善制度环境，而不必过度关注经济增长的短期波动。而推动高质量发展，关键在提高全要素生产率，深化改革和开拓创新是重要着力点，必须牢牢抓好、持续推进、有效落实。

创新作为新发展理念之首，摆在了国家发展全局的核心位置。创新发展，就是在解决发展动力的前提下，通过优化经济结构，提高发展的质量和发展的效益。高质量发展意味着从数量扩张走向单产提高、从粗放增长走向效率提升。要在经济数量和规模增速放缓的前提下创造新的更大社会财富，必然要求我们为产业经济引入新要素，着力增加单产效益和价值，大幅提升全要素生产率；必然要求我们实现各类要素的更好配置更优组合，着力降低组织成本和交易成本，以更小投入实现更大产出。

为经济发展引入新要素、提供新组合、实现新价值，正是创新的基本功能。新时代实现高质量发展，我们不能再靠传统要素资源和低成本劳动力优势，更不能靠"砸钱、挖坑"，必须更多更好地释放"工程师"红利、"创新者"

红利、"创业者"红利。这些年我国科技发展迅速，已形成较为厚实的技术和人才储备。乘着新科技和产业革命的大势与东风，我国创新发展必将迎来一个新的更加蓬勃的浪潮。

二、高质量发展关键靠创新

党的十九大报告对"创新"赋予了两个重要定位：创新是引领发展的第一动力，是建设现代化经济体系的战略支撑。我们今后的发展方向毋庸置疑是转向高质量发展阶段，因此，创新作为"第一动力"所引领的也一定是高质量发展；现代化经济体系是高质量发展阶段的一个重要特征，创新作为其重要支撑就是要撑起一个更高质量的经济体系。推动高质量发展意味着要不断提升资本和劳动等要素投入的产出效率，满足人民美好生活需要则要不断提升产品和服务的性能和质量，这正是创新的题中应有之义。正如2017年中央经济工作会议明确提出的，要推进中国制造向中国创造转变，中国速度向中国质量转变，制造大国向制造强国转变。

必须认识到，高质量发展是一场关系发展全局的深刻变革，是一场思想观念的深刻变革。面对发展的新阶段、新形势、新变化，如果思维方式还停留在过去的老套路上，不仅难有出路，还会坐失良机。理念是行动的先导。推动高质量发展，必须以习近平新时代中国特色社会主义经济思想为引领，与时俱进、奋发有为，扎实推动经济发展质量变革、效率变革、动力变革，进而推动经济社会发展再上新台阶。

创新是高质量发展的决定力量。没有创新就没有真正意义的发展，就没有高质量高效益、可持续有活力的发展。过去几年，随着我国创新驱动发展战略的大力实施，创新型国家建设成果丰硕，天宫、蛟龙、天眼、悟空、墨子、大飞机等重大科技成果相继问世，充分彰显了我国创新能力的提升。目前我国已经在核物理、未来网络、空间和天文等多个领域建成了50个重大科学装置，在大科学装置聚集的北京怀柔、上海张江和安徽合肥，国家建立三个综合性科学中心，瞄准世界科技前沿的基础研究，孵化战略新兴产业。

2018 年上海——通用电气（GE）发布了 2018 年"全球创新风向标"报告。报告显示，中国创新环境得到普遍认可，超越德国跻身全球前三。跨国及私营企业正成为创新领导者，相比美国和德国等传统工业强国，全球商界领袖更看好包括中国在内的亚洲新兴市场国家。由此可见，我国创新环境正逐步得到全球商界领袖认可。

良好的创新环境能够有效降低创新成本、激发创新活力。一个地区的发展水平高低，很大程度上取决于外部环境是否适宜、创新氛围是否浓厚、创新意识是否强烈，而不仅仅是 GDP 的增长。我国经济发展进入新常态，各地已逐渐认识到传统发展模式的弊端，开始转变发展方式，大力实施创新驱动发展战略，通过"放管服"改革倒逼自身变革，更加重视创新生态环境营造。但同时也应看到，我国创新发展环境也存在一些问题，既有来自外部宏观环境的影响，也与企业自身所处发展阶段有关。

要支撑起高质量发展的重任，我国的创新能力本身也需要从数量积累走向质量升级的新阶段。经过多年的发展和积累，我们许多科技和创新指标已经显现出数量优势，部分领域甚至达到了世界领先水平，但整体质量和效率仍需提升。目前，我国研发经费支出总量稳居世界第二，占 GDP 的比重达到 2.1%，超过了经合组织（OECD）国家的平均水平；研发人员总数、专利申请量均居世界第一；新技术应用、新业态蓬勃发展，创新型企业数量不断增加，数字经济总体规模仅次于美国。但是也要看到，我国基础研究投入与主要发达国家仍有很大差距，科技产出质量也仍需进一步提升；新兴产业领域仍存在核心技术短板；企业的整体创新能力和动力仍不足，基础工业配套能力不强；知识产权保护不力、质量标准体系不健全和执法不严、政府采购支持力度较小等问题仍然不容忽视。

从发展需求看，我国已形成世界上最大规模的中等收入群体，绿色发展和绿色消费、协调发展和共享消费、品质生活和中高端消费等加速兴起，消费结构加快创新升级。特别是随着我们逐步接近库兹涅茨曲线拐点，中国的创新消费有望迎来一个大高峰。这为我国经济转向创新驱动、走向更高质量开辟了不可限量的广阔空间。

创新已成为新时代获取竞争优势的关键。谁在创新上占据了优势，谁就将在新一轮发展"洗牌"中胜出；反之，以前的领先优势也可能一笔勾销、一夜清零。这迫切要求各地方各行业真正把创新作为引领发展的第一动力、摆在更加重要的位置进行谋划推动。

企业作为社会财富的关键创造主体，必须紧扣科技经济新周期的脉搏，在创新型企业建设上狠下力气，始终在创新上保持忧患意识和领先态势。否则，被新时代淘汰将是极大概率事件。我们的国有企业应在创新发展上走在前列，我们的民营企业应让创新发展更多地内化为企业基因，我们的高校和科研机构应在夯实科研基础、强化科技供给、服务创新发展上发挥更大作用，我们的各级政府应进一步改革完善创新体制机制，着力破除创新要素市场化配置障碍，让中国大地更好地成为全世界创新创业的热土。

推动高质量发展的最终目的，就是要满足人民日益增长的美好生活需要。必须坚持以人民为中心的发展思想，突出抓重点、补短板、强弱项，大力实施乡村振兴战略，加大精准扶贫精准脱贫力度，更加突出共建共享和保障民生的制度性安排，让改革发展成果更多更公平惠及全体人民，朝着实现人的全面发展、全体人民共同富裕不断迈进。让我们紧密团结在以习近平同志为核心的党中央周围，以习近平新时代中国特色社会主义思想为指引，凝聚新时代的奋斗伟力，为人民不懈奋斗、同人民一起奋斗，用奋斗照亮幸福美好生活，绘就更加美好的民生发展蓝图，共同开创造福亿万人民的光明未来！

营造有利于高质量发展的创新环境，2018 年《政府工作报告》指出，要优化创新生态，形成多主体协同、全方位推进的创新局面。当前，实体经济发展受阻，金融领域"脱实向虚"仍未得到完全解决，创新资源配置机制扭曲，加之在税收、监管等方面还存在薄弱环节，客观上增加了实体经济的创新成本。与此同时，体制机制不活的问题依然不同程度存在，影响了科技创新链条的有效贯通，比如，初创企业融资难融资贵，知识产权保护处罚力度过轻，科技成果转化渠道不畅、各类人才资源流动性约束。

在 2019 年的《政府工作报告》中，中央进一步指出，要提升科技支撑能力。加大基础研究和应用基础研究支持力度，强化原始创新，加强关键核心技术攻关。健全以企业为主体的产学研一体化创新机制。扩大国际创新合作。全面加强知识产权保护，健全知识产权侵权惩罚性赔偿制度，促进发明创造和转化运用。

第二章 科技创新模式助力经济转型升级

第一节 科技创新模式的内涵和发展

一、创新的滥觞与内涵

"创新"就是破旧立新，即以"新的事物代替旧的事物"。古代先哲们虽未直接使用创新一词，但在相关文章中仍蕴含着对创新的朴素表达。如《论语·宪问》中说："周虽旧邦，其命维新"；《大学》写道："大学之道，在明明德，在亲民，在止于至善"，所谓亲民，就是新民。中华传统文化中的这些精辟论述，均蕴含着先哲们对创新思想的重视，反映了中华民族创新意识的源远流长。

同样，在西方古代文明中，"创新"一词也并未直接出现，而是出现了与其近似且密切相关的"智慧"观。在古代西方文化中，人们非常崇尚智慧，认为它是"人创造自己美好的生活，实现自我价值的内在动力源"。智慧能将信念转化为行为，使人做到知行合一。广义的智慧是完整的、统合的，其中就蕴含着"创新"的思想。

至西方近代，经济学家亚当·斯密在 1776 年出版的《国民财富的性质和原因的研究》（即《国富论》）中指出：国家的富裕在于分工，而分工之所以有助于经济增长，一个重要的原因是它有助于某些机械的发明。他已意识到促进经济增长的因素除了资本和劳动力之外，还有一个重要因素就是技术进步。

马克思可以被认为是最早认识到技术创新是经济发展与竞争的重要推动力的经济学家。马克思指出："资产阶级除非对生产工具不断进行革命否则就不能生存下去。"马克思的远见卓识不仅为其政治经济学奠定了坚实基础，而且对创新概念的正式提出也奠定了重要基础，深刻影响了一大批经济学家。

创新是人类特有的认识能力和实践能力，是人类主观能动性的高级表现，马克思主义经济学的根本在于劳动概念，而创新是劳动的基本形式，是劳动实践的阶段性发展。基于科学的人类进化、自我创造的发展学说的经济学思想，是来自人类自我内在矛盾创造的实践思想。劳动价值论是马克思主义经济学的核心，其揭示出社会发展的本质变量。其在广义上是一切社会存在的基本决定要素。

创新劳动是劳动的阶段性发展，是对于同质劳动的超越。劳动的基本矛盾关系是生产工具与劳动力，劳动力与生产工具的发展推动生产力整体的革命性进步。创新是人类对于其实践范畴的扩展性发现、创造的结果，创新在人类历史上首先表现为个人行为，在近代实验科学发展起来后，创新在不同领域就不断成为一种集体性行为。但个人的独立实践对于前沿科学的发现及创新依然起到引领作用。创新的社会化形成整体的社会生产力进步！

创新劳动的价值论在于创新成果的分配过程，分配又看所有制。从社会关系的发展史看财富的流通过程就是形成社会各个主体间关系的直接路径。但社会财富的生产过程中的生产分工才是分最根本的决定通道，决定分工的竞争要素根本上取决于劳动者的劳动素质。所以一个创新的价值直接的来自财富分配、流通，而根本反映劳动者本人的劳动素质的实现。

创新劳动的根本问题在于创新劳动者自我，劳动者的劳动是对于自我的劳动素质的创造。人来自自然却是自我创造了自我的人格与生命的统一。人的内在矛盾要素都是人的自我创造并在有意识的连续发展中。人在一定实践范畴中，却无时不在超越已有的生命经历。

人类创造自我的行为就是以发现、创新的质变到重复、积累的量变。对自然及社会的发现是创新的前提条件。人类来自自然物质世界，以创新自我的物质形态为起源。对社会本身的发现与创造构成新的社会关系。在个人的发现及创新以各种信息系统传播开来形成社会化的大生产后就形成以普遍的人民主导的生产力体系。这个体系主要是重复新生产技术的生产过程，同时积累财富与实践范畴。在某个时期后为一个新的劳动者发现新的领域及创造新的生产方式所超越，这是一个质变与量变交替发展的阶段。

现代经济学上的创新概念最早是由美籍奥地利经济学家约瑟夫·熊彼特（Joseph Alois Schumpeter）提出的。由于不满意传统经济学将经济发展主要取决于劳动、资本这些实物生产要素，并受马克思关于技术进步对经济发展和制度变革的作用的理性分析的影响，熊彼特在 1912 年出版的《经济发展理论》（*Theory of Eeonomic Development*）一书中正式提出创新这一概念。熊彼特的创新概念包含的范围很广，如涉及技术性变化的创新及非技术性变化的组织创新。他以创新理论为核心，从微观视角出发，研究了经济发展的本质、经济周期的形成以及社会发展的基本规律，提出了独特的经济发展理论体系。

熊彼特认为，所谓创新就是要"建立一种新的生产函数"，即"生产要素的重新组合"，就是要把一种从来没有的关于生产要素和生产条件的"新组合"引入生产体系中去，以实现对生产要素或生产条件的"新组合"；作为资本主义"灵魂"的"企业家"的职能就是实现"创新"，引进"新组合"；所谓"经济发展"就是指整个资本主义社会不断地实现这种"新组合"，或者说资本主义的经济发展就是这种不断创新的结果；而这种"新组合"的目的是获得潜在的利润，即最大限度地获取超额利润。

在经济领域，创新是劳动的一个重要的阶段性成果，是生产力发展的阶段性标志。其是社会经济发展的前置因素，形成规模性效益的源泉。创新与积累劳动形成经济发展的两大矛盾性劳动根源。创新的价值在于以新的生产方式重新配置生产要素形成新的生产力，创造新形式的劳动成果或者更大规模的生产，在于创新成果社会化过程对于经济领域的路径选择或者创造新的路径。创新价值是从个别主体的垄断价值到社会再生产的普遍价值转化。

经济学上，创新的定义是指以现有的知识和物质，在特定的环境中，改进或创造新的事物（包括但不限于各种方法、元素、路径、环境等），并能获得一定有益效果的行为。简单地说就是利用已存在的自然资源或社会要素创造新的矛盾共同体的人类行为，或者可以认为是对旧有的一切所进行的替代、覆盖。总而言之，创新就是在原有资源（工序、流程、体系单元等）的基础上，通过资源的再配置，再整合（改进），进而提高（增加）现有价值的一种手段。

创新与创造密切相关，在某些情况下，互相包容，互相替用，二者又有区别。美国创造学家帕内斯（Michael Parness）指出："创造行为就是产生具有独特性和价值性成果的行为。这种成果对小群体，一个组织，整个社会乃至一个人都具有独特性、价值性。"据此可以推断，创造的本质内涵是：主体为了达到一定的目的，遵循人的创造活动的规律，发挥创造的能力和人格特质，创造出新颖独特，具有社会或个人价值的产品活动。"新颖独特"则是创造的本质性内涵，表明了创造的"首创性""独特性"。人人都有创造力，创造力是一种潜能，人的创造潜能表现在某一个领域方面，要求具备领域内或相关领域的知识和自身在这个领域的"先天"潜能得到开发、启动、激活，这需要主体在创新实践过程中把这种创造潜能开发出来，在某一个领域方面虽然没有这个方面的"先天"条件，但是只要经过创新实践去培养、开发主体的创新思维，也同样能够创造出某个领域内的新成果。

而创新的基本特征也具有"独创性"，这一点创新和创造是相似的。但是创新的标志是技术进步，而创造的标志是专利和首创权；创新还具有价值性，即创新符合社会意义和社会价值；同时还具有实践性，创新是一个实践过程，在实践基础上，实现主体客体化和客体主体化的统一；此外创新强调商业化的首次运用，创新过程是主体创新个性因素和创新社会因素的内外整合过程，创新成果是创新主体对创新能力各个构成要素实现有机整合的结果。

企业创新是现代经济中创新的基本构成部分。企业往往由生产、采购、营销、服务、技术研发、财务、人力资源管理等职能部门组成，因而企业的创新涵盖这些职能部门，企业创新包括产品创新、生产工艺创新、市场营销创新、企业文化创新、企业管理创新等。

科技创新是社会生产力发展的源泉。科技创新指科学技术领域的创新，涵盖两个方面：自然科学知识的新发现、技术工艺的创新。在现代社会，大学、科学工程研究等研究机构是基础科学技术创新的基本主体，而企业是应用工程技术、工艺技术创新的基本主体。

科技经济创新是推动社会整体创新的基础。经济是基础，科学技术是第一生产力，社会整体创新要以科技经济创新为基础。一方面，科技经济创新是社会整体创新的外在表现和重要内容。社会整体创新既是绵延不断的科技经济创新过程的积淀，也是无数科技经济创新成果的集成。另一方面，科技经济创新是社会整体创新的基础。科技创新是推动生产力发展的动力，生产力发展则为社会整体创新提供经济条件和物质基础。没有强大的物质基础和经济条件做后盾，很难持续不断地推动社会整体创新。

二、当代创新理论的发展历程

二战后，欧美经济快速发展，已无法用传统的生产要素投入进行解释。学者们开始试图用技术创新对其进行分析。以索洛（Solow，1957）和阿罗（Arrow，1962）为代表的一批经济学家，将新古典生产函数原理和数学方法运用于证明劳动和资本的增长率、劳动和资本的产出弹性以及随时间变化的技术创新共同影响了经济增长率，被称为技术创新古典学派。

到 20 世纪 60 年代，新技术革命的迅猛发展。美国经济学家华尔特·罗斯托提出了"起飞"六阶段理论，把"创新"的概念发展为"技术创新"，把"技术创新"提高到"创新"的主导地位。以曼斯菲尔德（E.Mansfield）、弗里曼（Freeman）、卡米恩和施瓦茨（M.Kanmien and N.Schwartz）等为代表的一批经济学家，以熊彼特的创新理论为基础，将该理论和新古典学派的经济理论相结合，对创新理论进行了完善。他们采用实证研究的方法，对企业、产业层次的创新测度、动力机制、市场机制的问题加以分析，进一步研究和发展了创新理论，被称为"新熊彼特学派"（New—Schumpeterian）。

1962 年，由伊诺思（L.Enos）在其《石油加工业中的发明与创新》一文中首次直接明确地对技术创新下了定义，"技术创新是几种行为综合的结果，这些行为包括发明的选择、资本投入保证、组织建立、制定计划、招用工人和开辟市场等"。伊诺思是从行为的集合的角度来下定义的。而首次从创新时序过程角度来定义技术创新的林恩（G.Lynn）认为技术创新是"始于对技术的商业潜力的认识而终于将其完全转化为商业化产品的整个行为过程"。

美国国家科学基金会（National Science Foundation of U.S.A.）也从 20 世纪 60 年代开始兴起并组织对技术的变革和技术创新的研究，迈尔斯（S.Myers）和马奎斯（D.G.Marquis）作为主要的倡议者和参与者。在其 1969 年的研究报告《成功的工业创新》中将创新定义为技术变革的集合。认为技术创新是一个复杂的活动过程，从新思想、新概念开始，通过不断地解决各种问题，最终使一个有经济价值和社会价值的新项目得到实际的成功应用。到 70 年代下半期，他们对技术创新的界定大大扩宽了，在 NSF 报告《1976 年：科学指示器》中，将创新定义为"技术创新是将新的或改进的产品、过程或服务引入市场"。而明确地将模仿和不需要引入新技术知识的改进作为最终层次上的两类创新而划入技术创新定义范围中。

20 世纪 70—80 年代开始，有关创新的研究进一步深入，开始形成系统的理论。厄特巴克（J.M.Utterback）在 70 年代的创新研究中独树一帜，他在 1974 年发表的《产业创新与技术扩散》中认为，"与发明或技术样品相区别，创新就是技术的实际采用或首次应用"。缪尔赛在 80 年代中期对技术创新概念作了系统的整理分析。在整理分析的基础上，他认为："技术创新是以其构思新颖性和成功实现为特征的有意义的非连续性事件"。

20 世纪 70 年代中期，随着拉丁美洲和亚洲出现了一些新兴工业国家和地区，经济学家们意识到了制度对经济发展的巨大影响。以道格拉斯·诺思

(Douglass North)、兰斯·戴维斯（Lance Davis）等人为代表的新制度经济学家把熊彼特的"创新"理论与制度学派的"制度"理论相结合，深入研究了制度变革与企业效益、国家经济增长的影响，进一步发展了熊彼特的制度创新思想，制度创新的研究与技术创新的研究开始并驾齐驱。

著名学者弗里曼把创新对象基本上限定为规范化的重要创新。他从经济学的角度考虑创新。他认为，技术创新在经济学上的意义只是包括新产品、新过程、新系统和新装备等形式在内的技术向商业化实现的首次转化。他在1973年发表的《工业创新中的成功与失败研究》中认为，"技术创新是一技术的、工艺的和商业化的全过程，其导致新产品的市场实现和新技术工艺与装备的商业化应用"。其后，他在1982年的《工业创新经济学》修订本中明确指出，技术创新就是指新产品、新过程、新系统和新服务的首次商业性转化。

我国20世纪80年代以来开展了技术创新方面的研究，傅家骥[①]先生对技术创新的定义是：企业家抓住市场的潜在盈利机会，以获取商业利益为目标，重新组织生产条件和要素，建立起效能更强、效率更高和费用更低的生产经营方法，从而推出新的产品、新的生产方法、开辟新的市场，获得新的原材料或半成品供给来源或建立企业新的组织，它包括科技、组织、商业和金融等一系列活动的综合过程。此定义是从企业的角度给出的。彭玉冰、白国红也从企业的角度为技术创新下了定义："企业技术创新是企业家对生产要素、生产条件、生产组织进行重新组合，以建立效能更好、效率更高的新生产体系，获得更大利润的过程。"

进入21世纪，信息技术推动下知识社会的形成及其对技术创新的影响进一步被认识，科学界进一步反思对创新的认识：技术创新是一个科技、经济一

---

① 傅家骥（1931—　），教授，博士生导师，清华大学经管学院荣退教授，清华大学深圳研究生院创新与管理研究所所长，曾任国务院学科评议组成员。是中国技术经济学科的三个学派之一的代表人物，中国技术经济及管理学科早期的开拓者和持续推动者之一，国内技术经济及管理学科早期开拓者之一。创造性地提出了"基于中国国情的技术创新理论""中国特色的设备更新理论""中国特色的技术改造理论与方法"。

体化过程，是技术进步与应用创新"双螺旋结构"（创新双螺旋）共同作用催生的产物，而且知识社会条件下以需求为导向、以人为本的创新 2.0 模式进一步得到关注。《复杂性科学视野下的科技创新》在对科技创新复杂性分析基础上，指出了技术创新是各创新主体、创新要素交互复杂作用下的一种复杂涌现现象，是技术进步与应用创新的"双螺旋结构"共同演进的产物；信息通信技术的融合与发展推动了社会形态的变革，催生了知识社会，使得传统的实验室边界逐步"融化"，进一步推动了科技创新模式的嬗变。要完善科技创新体系急需构建以用户为中心、需求为驱动、以社会实践为舞台的共同创新、开放创新的应用创新平台，通过创新"双螺旋结构"的呼应与互动形成有利于创新涌现的创新生态，打造以人为本的创新 2.0 模式。《创新 2.0：知识社会环境下的创新民主化》进一步对面向知识社会的下一代创新，即创新 2.0 模式进行了分析，将创新 2.0 总结为以用户创新、大众创新、开放创新、共同创新为特点的，强化用户参与、以人为本的创新民主化。

创新是一个民族进步的灵魂，是一个国家兴旺发达的不竭动力，近代以来人类文明进步所取得的丰硕成果，主要得益于科学发现、技术创新和工程技术的不断进步，得益于科学技术应用于生产实践中形成的先进生产力，得益于近代启蒙运动所带来的人们思想观念的巨大解放。可以这样说，人类社会从低级到高级、从简单到复杂、从原始到现代的进化历程，就是一个不断创新的过程。不同民族发展的速度有快有慢，发展的阶段有先有后，发展的水平有高有低，究其原因，民族创新能力的大小是一个主要因素。

三、创新型国家的提出和发展

（一）创新型国家的概念

半个多世纪以来，世界上众多国家都在各自不同的起点上，努力寻求实现工业化和现代化的道路。根据实现工业化和现代化的不同方式，世界上的国家可分为三类：资源型国家，主要依靠自身丰富的自然资源增加国民财富，如中东产油国家；依附型国家，主要依附于发达国家的资本、市场和技术，如一些拉美国家；创新型国家，主要依靠科技创新形成日益强大的竞争优势，目前世界上公认的创新型国家有 20 个左右，主要为欧美发达经济体，包括美国、日本、瑞士、韩国、瑞典、德国、芬兰等。

把科技创新作为基本战略，大幅度提高科技创新能力，形成日益强大的竞争优势，以技术创新为经济社会发展核心驱动力的国家，国际学术界把这一类国家称之为创新型国家。这些国家的共同特征是：创新综合指数明显高于其他国家，科技进步贡献率在 70% 以上，研发投入占 GDP 的比例一般在 2% 以上，对外技术依存度指标一般在 30% 以下。此外，这些国家所获得的三方专利（美国、欧洲和日本授权的专利）数占世界数量的绝大多数。

创新型国家的主要表现为：整个社会对创新活动的投入较高，重要产业的国际技术竞争力较强，投入产出的绩效较高，科技进步和技术创新在产业发展和国家的财富增长中起重要作用。

（二）建设创新型国家对我国的意义

目前，我国科技创新能力较弱，根据有关研究报告，2017 年我国科技创新能力在 49 个主要国家（占世界 GDP 的 92%）中位居第 17 位，处于中等水平。在全面建成小康社会步入关键阶段之际，根据特定的国情和需求，我国提出：要把科技进步和创新作为经济社会发展的首要推动力量，把提高自主创新能力作为调整经济结构、转变增长方式、提高国家竞争力的中心环节，把建设创新型国家作为面向未来的重大战略。

2006 年 1 月，在北京召开的全国科学技术大会上，中共中央、国务院发布了《关于实施科技规划纲要，增强自主创新能力的决定》，对《国家中长期科学和技术发展规划纲要（2006—2020 年）》进行了全面部署，推进提高自主创新能力、建设创新型国家战略的实施。

党的十八大以来，以习近平同志为核心的党中央高度重视科技创新，对实施创新驱动发展战略作出一系列重大决策部署。党的十八届五中全会把创新发展作为新发展理念之首，强调创新是引领发展的第一动力，要求充分发挥科技创新在全面创新中的引领作用。这是党中央在我国发展的关键时期作出的重大决策，顺应了全球科技创新趋势，契合我国发展的历史逻辑和现实逻辑。

2017 年 10 月 18 日，习近平同志在党的十九大报告中指出，加快建设创新型国家。要瞄准世界科技前沿，强化基础研究，实现前瞻性基础研究、引领原创性成果重大突破。

我国建设创新型国家的总体目标是：到 2020 年，使我国的自主创新能力显著增强，科技促进经济社会发展和保障国家安全的能力显著增强，基础科学和前沿技术研究综合实力显著增强，取得一批在世界上具有重大影响的科学技术成果，进入创新型国家行列，为全面建设小康社会提供强有力的支撑。

16 世纪以来，世界发生了多次科技革命，每一次都深刻影响了世界力量格局。从某种意义上说，科技实力和创新能力决定着世界经济力量对比的变化，也决定着各个国家、各个民族的前途和命运。

近代以来，我国落后挨打的根子之一就是科技落后。发生第一次世界科技革命时，我国正处于"康乾盛世"，GDP 约占全世界的 1/2，但是统治者闭关锁国，不重视发展现代科技。第二次世界科技革命时，鸦片战争爆发，清政府被迫签订不平等条约，我国沦为半殖民地半封建国家。第三次世界科技革命，新中国刚成立不久，百废待兴，科教基础薄弱，通过集中力量实现重点突破，取得"两弹一星"、结晶牛胰岛素等重大科技成就。当前，我们即将迎来新一轮科技革命和产业变革，如果抓不住稍纵即逝的机遇，就有可能重蹈历史覆辙。

我国经济进入速度变化、结构优化、动力转换的新常态，这是党中央、国务院对当前经济和未来走势作出的重大战略判断。速度变化是从高速的增长转为中高速的增长；结构优化是第三产业消费需求逐步成为主体，城乡区域差距逐步缩小，居民收入占比上升，发展成果惠及更广大民众；而动力转换就是要从要素驱动、投资驱动转向创新驱动。其中，动力转换最为重要，决定了速度变化和结构优化的进程和质量。实现动力转换的关键就是要实施创新驱动发展战略，根本在于科技创新。比如，韩国依靠科技创新成功应对亚洲金融危机就是一个典型例子。1997 年亚洲金融危机严重打击了韩国经济，经济增长率大幅下降，一些大企业纷纷倒闭破产。为摆脱危机，韩国政府于 1998—2003 年间投资 110 万亿韩元集中发展微电子等 28 个基于知识的产业，短短几年韩国经济开始复苏，并再次走向繁荣。

经过几十年的持续快速发展，我国经济总量跃居世界第二，人均 GDP 超过 9000 美元。但同时，产业层次低、发展不平衡和资源环境刚性约束增强等矛盾仍然突出，正处于跨越"中等收入陷阱"的紧要关头。从国际经验看，二战后只有少数经济体从低收入水平成功迈进高收入水平，实现现代化，而一些国家未能依靠科技创新打造竞争新优势，无法提升自身在全球价值链中的位势，长期处于"中等收入陷阱"。比如，拉美地区 33 个经济体中，人均收入处于4000 美元至 12000 美元间的国家就有 28 个，这些国家长期在高收入国家行列外已徘徊 40 多年，经济增长主要依靠资本积累和要素投入，科技创新对经济增长的贡献不高，产业长期被锁定在全球价值链的中低端。未来几年是我国发展的关键时期，产业升级能否顺利推进，结构转型能否成功实现，综合国力能否持续提升，关键是看能否发挥科技第一生产力、人才第一资源、创新第一动力作用，实现经济中高速增长、迈向中高端水平，尽快走上创新驱动发展的轨道。

四、主要创新模式类型

创新是人们创造性劳动及其价值的实现形式。有学者认为，创新可以分成三种类型：知识创新、技术创新和制度创新。知识创新的核心是新的思想观念和公理体系的产生，其直接结果是新的概念范畴和理论学说的产生，为人类认识世界和改造世界提供新的世界观和方法论；技术创新的核心内容是科学技术的发明和创造，其直接结果是推动科学技术进步，提高社会生产力的发展水平，进而促进社会经济的增长；制度创新的核心内容是社会政治、经济和管理等制度的革新，其直接结果是激发人们的创造性和积极性，促使所有社会资源的合理配置，最终推动社会的进步。

（一）知识创新

知识创新是指通过科学研究，包括基础研究和应用研究，获得新的基础科学和技术科学知识的过程。在知识获取、处理、共享的基础上不断追求新的发展，探索新的规律。知识创新包括科学知识创新、技术知识特别是高技术创新和科技知识系统集成创新等。创立新的学说，并将知识不断地应用到新的领域并在新的领域不断创新。知识创新的目的是追求新发现、探索新规律、创立新学说、创造新方法、积累新知识。知识创新是技术创新的基础，是新技术和新发明的源泉，是促进科技进步和经济增长的革命性力量。知识创新为人类认识世界、改造世界提供新理论和新方法，为人类文明进步和社会发展提供不竭动力。

知识创新具有五个特征：独创性，知识创新是新观念、新设想、新方案及新工艺等的采用，它甚至破坏原有的秩序。知识创新实践常常表现为勇于探索、打破常规，知识创新活动是各种相关因素相互整合的结果；系统性，知识创新可以说是一个复杂的"知识创新系统"，在实际经济活动中，创新在企业价值链中的各个环节都有可能发生；风险性，知识创新是一种高收益与高风险并存的活动，它没有现成的方法、程序可以套用，投入和收获未必成正比，风险不可避免；科学性，知识创新是以科学理论为指导，以市场为导向的实践活动；前瞻性，有些企业，只重视能够为当前带来经济利益的创新，而不注重能够为将来带来利益的创新，而知识创新则更注重未来的利益。

（二）技术创新

熊彼特之后，经济学家在发展创新理论的过程中把创新区分为技术创新和制度创新。技术创新成为人类通过新技术改善经济福利的商业行为。技术创新不是纯技术概念，而是一个经济学范畴。

技术创新，指生产技术的创新，包括开发新技术，或者将已有的技术进行应用创新。科学是技术之源，技术是产业之源，技术创新建立在科学道理的发现基础之上，而产业创新主要建立在技术创新基础之上。

技术创新和产品创新有密切关系，又有所区别。技术的创新可能带来但未必带来产品的创新，产品的创新可能需要但未必需要技术的创新。一般来说，运用同样的技术可以生产不同的产品，生产同样的产品可以采用不同的技术。产品创新侧重于商业和设计行为，具有成果的特征，因而具有更外在的表现；技术创新具有过程的特征，往往表现得更加内在。产品创新可能包含技术创新的成分，还可能包含商业创新和设计创新的成分。技术创新可能并不带来产品的改变，而仅仅带来成本的降低、效率的提高，例如改善生产工艺、优化作业过程从而减少资源消费、能源消耗、人工耗费或者提高作业速度。另一方面，新技术的诞生，往往可以带来全新的产品，技术研发往往对应于产品或者着眼于产品创新；而新的产品构想，往往需要新的技术才能实现。

（三）制度创新

制度创新理论是制度经济学与熊彼特创新理论两个学术流派的融合。对制度创新的概念及内容的提出者是美国经济学家道格拉斯·诺思[①]、兰斯·戴维斯[②]等人。

他们认为，制度创新指的是能够使创新者获得追加或额外利益的、对现存制度（指具体的政治经济制度，如金融组织、银行制度、公司制度，工会制度、税收制度、教育制度等）的变革。促成制度创新的因素有三种：市场规模的变化、生产技术的发展以及由此引起的一定社会集团或个人对自己收入预期的变化。

诺思认为，科学技术的进步对经济的发展虽然起重要作用，但真正起关键作用的是制度，包括所有制、分配、机构、管理、法律政策等。他认为，制度是促进经济发展和创造更多财富的保证，若社会群体发现现有制度已不能促进

---

① 道格拉斯·塞西尔·诺思（Douglass Cecil North，1920—2015），美国经济学家、历史学家，是美国新制度经济学派的代表人物。由于建立了包括产权理论、国家理论和意识形态理论在内的"制度变迁理论"，获得 1993 年诺贝尔经济学奖。

② 兰斯·戴维斯（Lance Edwin Davis，1928—2014），美国加州理工学院社会科学教授。

发展，就应当酝酿建立新制度，否则，经济就会处于停滞状态。

制度创新是创新的前提，具有完善的企业制度创新机制，才能保证技术创新和管理创新的有效进行。如果旧的落后的企业制度不进行创新，就会成为严重制约创新和发展的桎梏。

制度创新的核心内容是社会政治、经济和管理等制度的革新，是支配人们行为和相互关系的规则的变更，是组织与其外部环境相互关系的变更，其直接结果是激发人们的创造性和积极性，促使不断创造新的知识和社会资源的合理配置及社会财富源源不断的涌现，最终推动社会的进步。

同时，良好的制度环境本身也是创新的产物，而其中很重要的就是创新型的政府，只有创新型政府，才会形成创新型的制度、创新型的文化。目前科技创新存在和面临体制、机制、政策、法规等诸多问题的解决，很大程度上有赖于中央和地方政府能否以改革的精神拿出创新型的新思路，同时政府从经济活动的主角转为公共服务提供者，努力创造优质、高效、廉洁的政务环境，进一步完善自主创新的综合服务体系，充分发挥各方面的积极性，制定和完善促进自主创新的政策措施，切实执行好已出台的政策，激发各类企业特别是中小企业的创新活力。

第二节　科技创新模式引发经济转型升级新思考

一、科技创新指数定位中国经济转型里程碑

（一）核心技术创新引领新风向

全球经历金融危机，制造业再次成为各国竞争的焦点，以美国为首的发达国家推出了制造业再回归战略。早在 2010 年世界银行的统计数据就显示，我国工业增加值超过美国。但是，事实上我国工业形势很严峻，发展不平衡、不

协调、不可持续的问题依然突出，科技创新能力不强，产业结构不合理，而其中的核心技术受制于人是最大隐患。核心技术是国之重器，尽管我国创新能力日益增强，但部分行业核心技术受制于人的现状并未得到根本改变。不掌握核心技术，我国经济发展就没有主动权，就要长期受制于人。

核心技术又可分为技术核心和设计核心。技术核心是在基础理论基础上在确定技术路线情况下支撑产品实现的技术选择中的关键部分。核心技术具有三个特点：不可复制性；开发投入大、周期长、代价高；开发和形成需要一个稳定的队伍、一种激励机制、一种超前的理念和一个科学的流程。

我国整体自主创新能力整体上偏弱，在不少关键领域，核心技术受制于人这一"最大隐患"，并没有得到彻底解决。习近平同志反复强调，"在别人的墙基上砌房子，再大再漂亮也可能经不起风雨，甚至会不堪一击"。科技创新的赛场上，不跑是落后，跑得慢了也是落后，迎头赶上、奋起直追，"努力成为世界主要科学中心和创新高地"，是我们形成更强大的科技影响力的必然选择。

由于整体投入偏低，导致部分关键核心技术缺失，产业对外技术依存度高，高端技术对外依赖达到50%以上；包括机器人、航天的关键元器件等先导性战略高技术领域科技力量薄弱，比如在人工智能领域，我国在人工智能领域发明专利授权量已居世界第二，在智能监控、生物特征识别、无人驾驶等领域抢占先机，一批龙头企业加速成长。但我国人工智能整体发展仍面临缺少重大原创成果的处境，尤其在基础理论、核心算法以及关键设备、高端芯片等方面与发达国家相比仍存在差距，尚未形成具有国际影响力的生态圈和产业链。这其中，有工业基础、人才短缺等众多原因。但不得不承认，更主要的原因在于产业发展的核心竞争力不强、创新能力不足，尤其是在芯片、操作系统等核心技术方面与世界先进水平仍有差距。

我国的出口产品处在价值链的低端，出口额看上去很多，但实际赚的钱很少。表面上看，是国内经济乏力、内需不足，实际是我国高端供给不足。中低端的内需在萎缩，但是高端的供给一直不够，满足不了国内需求。即使是在他国已经走通的工程技术领域，很多关键点也是不容易攻克的。"难"只是创新的障碍之一。在专利制度日臻严密的今天，有时候即便找到了正确的答案，也无法绕过先行者设置的"专利池"，被迫为自己的迟到支付高昂的"知识使用费"。

在迈向成功的道路上，更有许许多多各种各样的诱惑。在尝到了引进消化吸收甜头的同时，习惯了"拿来主义"，采用国外的思路和经验。跟踪模仿肯定比自主创新来得容易，就是这种还没做题就想翻书后"标准答案"的习惯，消解了科研人员的钻劲和闯劲，捆住了他们的好奇心和想象力。另外，尽管鼓励科技工作者用研究成果创业，但如果都急于"变现"，一旦有机会产生效益，立马就放弃进一步的深入研究，奔着"股票上市"般的利益而去，最后无论是在科学还是在技术上，留下的都是一些粗糙凑合的半成品。搞创新，首先要"沉下来"。在互联网与各垂直领域深度融合的当下，尤须沉下心做创新，打磨每个细节的改进，让创新"赋能"各行各业，而不是热衷概念炒作，追求眼球效应和点击率。

大多数中低端产品依赖资金和大规模的投入，门槛低，导致过剩，包括制造业中资源密集型的产业，如钢铁、水泥、电解铝、平板玻璃过剩矛盾十分突出。因此，导致只能依靠资金和资源的投入，又进一步引起效率下降。资源、能源的人均分布，环境压力和劳动力工资上涨都到达了极限，到达极限后只能压缩利润空间进行低价竞争，低价竞争的结果就是进一步压缩产品质量，导致企业品牌形象不佳，中国制造形象不佳，进一步削弱了力量，导致我国没有进一步创新发展的能力，进入下一个恶性循环。

产业发展，标准先行。标准是产业迈向价值链中高端的基石。近年来，我国制造业综合实力明显增强，但在质量效益等方面尚有待提高，这就需要一大批高水平、高质量的标准集群，引领和倒逼产业转型升级。工信部近期表示，我国将在5G、人工智能等前沿产业，加快推动中国标准"走出去"，助力实体经济高质量发展。

党中央和国务院提出，要把创新摆在国家发展的全局和核心位置，让创新贯穿党和国家一切举措。然而，我国在一些重大领域都有突破和创新，但体系化的协同创新机制还没有真正建立。中国眼下的科技创新，形势逼人，挑战逼人，使命逼人。在科技实力正从量的积累向质的飞跃、点的突破向系统能力提升的基础上，我们仍需切实增强紧迫感和危机感，努力取得重大原创性突破，把科技发展主动权牢牢掌握在自己手里。

当前，科技的每"一小步"都将带来市场拓展和产业发展的"一大步"。在信息快速流通转化的"数字时代"，前沿创新和核心技术的重要性、紧迫性远大于过去任何阶段。当前，我国有巨大的市场优势、劳动力优势、资本优势和体制优势，要在技术、产业、政策上共同发力，更好释放各类创新主体创新活力，加速推动核心技术突破。一方面，要构建开放协同的科技创新体系，加强关键共性技术攻坚，增加创新的源头供给。另一方面，要培育高端高效的产业体系，围绕重点、难点，加快创新应用，布局产业链高端，全面提升质量和效益。

（二）战略性新兴产业助推经济社会转型

战略性新兴产业代表新一轮科技革命和产业变革的方向，是培育发展新动能、获取未来竞争新优势的关键领域。"十三五"时期，要把战略性新兴产业摆在经济社会发展更加突出的位置，大力构建现代产业新体系，推动经济社会持续健康发展。

未来5到10年，是全球新一轮科技革命和产业变革从蓄势待发到群体迸发的关键时期。信息革命进程持续快速演进，物联网、云计算、大数据、人工智能等技术广泛渗透于经济社会各个领域，信息经济繁荣程度成为国家实力的重要标志。增材制造（3D打印）、机器人与智能制造、超材料与纳米材料等领域技术不断取得重大突破，推动传统工业体系分化变革，将重塑制造业国际分工格局。基因组学及其关联技术迅猛发展，精准医学、生物合成、工业化育种等新模式加快演进推广，生物新经济有望引领人类生产生活迈入新天地。应对全球气候变化助推绿色低碳发展大潮，清洁生产技术应用规模持续拓展，新能源革命正在改变现有国际资源能源版图。数字技术与文化创意、设计服务深度融合，数字创意产业逐渐成为促进优质产品和服务有效供给的智力密集型产业，创意经济作为一种新的发展模式正在兴起。创新驱动的新兴产业逐渐成为推动全球经济复苏和增长的主要动力，引发国际分工和国际贸易格局重构，全球创新经济发展进入新时代。

"十三五"时期是我国全面建成小康社会的决胜阶段，也是战略性新兴产业大有可为的战略机遇期。我国创新驱动所需的体制机制环境更加完善，人才、技术、资本等要素配置持续优化，新兴消费升级加快，新兴产业投资需求旺盛，部分领域国际化拓展加速，产业体系渐趋完备，市场空间日益广阔。但也要看到，我国战略性新兴产业整体创新水平还不高，一些领域核心技术受制于人的情况仍然存在，一些改革举措和政策措施落实不到位，新兴产业监管方式创新和法规体系建设相对滞后，还不适应经济发展新旧动能加快转换、产业结构加速升级的要求，迫切需要加强统筹规划和政策扶持，全面营造有利于新兴产业蓬勃发展的生态环境，创新发展思路，提升发展质量，加快发展壮大一批新兴支柱产业，推动战略性新兴产业成为促进经济社会发展的强大动力。

创新是战略性新兴产业发展的核心。要深入实施创新驱动发展战略，大力推进大众创业、万众创新，突出企业主体地位，全面提升技术、人才、资金的供给水平，营造创新要素互动融合的生态环境。聚焦突破核心关键技术，进一步提高自主创新能力，全面提升产品和服务的附加价值和国际竞争力。推进简政放权、放管结合、优化服务改革，破除旧管理方式对新兴产业发展的束缚，降低企业成本，激发企业活力，加快新兴企业成长壮大。

到 2020 年，战略性新兴产业发展要实现以下目标：产业规模持续壮大，成为经济社会发展的新动力。战略性新兴产业增加值占国内生产总值比重达到 15%，形成新一代信息技术、高端制造、生物、绿色低碳、数字创意等 5 个产值规模 10 万亿元级的新支柱，并在更广领域形成大批跨界融合的新增长点，平均每年带动新增就业 100 万人以上。

产业结构进一步优化，形成产业新体系。发展一批原创能力强、具有国际影响力和品牌美誉度的行业排头兵企业，活力强劲、勇于开拓的中小企业持续涌现。中高端制造业、知识密集型服务业比重大幅提升，支撑产业迈向中高端水平。形成若干具有全球影响力的战略性新兴产业发展策源地和技术创新中心，打造百余个特色鲜明、创新能力强的新兴产业集群。

到 2030 年，战略性新兴产业发展成为推动我国经济持续健康发展的主导力量，我国成为世界战略性新兴产业重要的制造中心和创新中心，形成一批具有全球影响力和主导地位的创新型领军企业。

以创新、壮大、引领为核心，紧密结合掌握关键核心技术战略实施，坚持走创新驱动发展道路，促进一批新兴领域发展壮大并成为支柱产业，持续引领产业中高端发展和经济社会高质量发展。立足发展需要和产业基础，大幅提升产业科技含量，加快发展壮大网络经济、高端制造、生物经济、绿色低碳和数字创意等五大领域，实现向创新经济的跨越。着眼全球新一轮科技革命和产业变革的新趋势、新方向，超前布局空天海洋、信息网络、生物技术和核技术领域一批战略性产业，打造未来发展新优势。遵循战略性新兴产业发展的基本规律，突出优势和特色，打造一批战略性新兴产业发展策源地、集聚区和特色产业集群，形成区域增长新格局。把握推进"一带一路"建设战略契机，以更开放的视野高效利用全球创新资源，提升战略性新兴产业国际化水平。加快推进重点领域和关键环节改革，持续完善有利于汇聚技术、资金、人才的政策措施，创造公平竞争的市场环境，全面营造适应新技术、新业态蓬勃涌现的生态环境，加快形成经济社会发展新动能。

二、产业创新发展模式打造良好生态

中国特色社会主义进入新时代，实现以创新引领经济发展，亟须形成创新驱动发展的实践载体、制度安排和环境保障，打造各类创新主体协同互动、创新要素顺畅流动、创新资源高效配置的良好创新生态。

一个国家、一个地区的创新能力不仅取决于创新活动和创新体系本身，更取决于是否拥有良好的创新生态。这就需要改变过去只注重创新活动本身的狭隘观念，更加重视创新主体间的互动性及其对创新环境的依存性。美国的一份研究报告认为，美国的经济发展和其在全球经济中的领导地位得益于一个精心构筑的创新生态系统。一些专家学者的研究表明，硅谷的成功缘于形成了一个包含多种异质性组织和多条价值链的雨林式创新生态系统。当前，我国正处在创新驱动发展的重要战略机遇期，已进入要素驱动向创新驱动转变的发展关键期。实施创新驱动发展战略、推动产业转型升级，必须突破区域与行业边界，构建多层次、多要素联动的产业创新生态。

在过去较长一段时间，我国的科创工作虽然取得了令世界瞩目的成就，但科创主体、创新投入、成果转化、政府管理等各个环节存在明显的脱节，高校和科研院所大量的科创成果停留在"钱变纸"的阶段；少数进入"纸变钱"阶段的科创成果，却还要面临管理、使用和处置权等方面的问题；作为推动科创成果转化的主要力量，金融机构和企业往往又面临找不到投入对象的尴尬。

用良好的创新生态推动实施创新驱动发展战略。习近平同志指出，创新是引领发展的第一动力，实施创新驱动发展战略是我国发展的迫切要求，必须摆在突出位置。构建良好创新生态，实现各类创新主体协同互动和创新要素顺畅流动、高效配置，是有效实施创新驱动发展战略的前提条件。当前，面对全球新一轮科技革命与产业变革的重大机遇和挑战，面对贸易保护主义抬头、国际市场竞争日趋激烈的外部经济环境，面对我国经济发展的新变化新趋势，以往在引资留人中常用的税收优惠、项目资助、廉价土地等手段逐渐失效，区域竞争正在由优惠政策的比拼转变为创新生态环境的竞争。从实际发展看，一些创新示范区之所以显现出强大创新能力、涌现出大批创新成果，很大程度上得益于其比较优良的创新生态。目前，我国部分地区特别是欠发达地区创新资源相对匮乏。要补齐创新短板、实现加速赶超，关键在于打造良好的创新生态，吸引各类创新资源聚集，加快形成以创新为主要引领和支撑的经济体系和发展模式，提高经济的内生增长动力。

用良好的创新生态激发创业创新活力。良好的创新生态能充分挖掘创新潜力、释放创新活力、激发创新动力，促进科技创新与制度创新、管理创新、模式创新、组织创新、业态创新和文化创新更好结合；能推动发展方式向依靠持续的知识积累、技术进步和劳动者素质提升转变，促进经济向形态更高级、分工更复杂、结构更合理的阶段演进。因此，要树立战略眼光、战略思维，把发展的着力点放在创新上，从创新载体、制度安排和环境保障等方面构建良好创新生态。既要重视看得见的硬件投入和建设，提高创新硬件设施利用效率；又要培育创新文化、创新环境、创新氛围，努力把良好的创新生态打造成地方名片和核心竞争力。

提升科技创新能力、释放科技人才创造活力，就要营造良好的创新生态，首要的，就是要把社会各方面的认识凝聚起来，形成合力，建立科技创新价值共同体。其次，以增加知识价值为导向的分配机制，是科技工作者实现自身价值、激发创造活力的重要保障。再次，要以国家发展目标和科技自身发展目标为导向，创新人才评价机制，建立健全以创新能力、质量、贡献为导向的科技人才评价体系。

我国各地的创新生态建设目前尚处于起步阶段，创新主体间的互动性、创新链间的耦合性、产业链与创新链间的协同性都不够完善，制约着整体创新效率的提高。因此，实现创新驱动发展，不仅要鼓励企业等主体积极创新，而且要构建开放、合作、互利、共享的创新生态。当前的产业创新有两个突出特征：一是产业跨界融合。跨界是指跨越原来区域划分、产业分类的边界以及跨知识边界、跨政策边界。互联网信息技术推动了产业跨界融合。二是新产业、新模式、新业态快速兴起。如新能源、新材料等技术进入快速发展期，共享、融合成为新经济的突出特点。这就要求通过跨界与耦合来构建产业创新生态。耦合是指两个或两个以上的系统通过相互作用而形成的动态关联关系。跨界耦合并不是对两个或多个产业的简单整合，而是在产业耦合渗透中形成产业共生创新网络。打造良好的创新生态，重在以体制机制创新开路。应大力营造良好创新环境，让各类创新主体的活力竞相迸发、创新源泉充分涌流：

一是提高政策措施的落实度，创新政府支持机制。把国家支持创新的各项政策不折不扣地落到实处，增强地方激励政策的含金量、吸引力、可行性。要建立符合创新规律的政府管理体制和机制，在充分发挥市场机制的决定性作用基础上，更好发挥政府的引导和推进作用。要破除体制机制瓶颈，构建积极的政策支持体系，包括载体建设政策、创新创业资助政策、风险投资政策、人才引进培养政策、公共服务政策等。要聚焦创新驱动发展，建立健全创新创业服务体系，改革公共服务机构，发展科技服务业。要积极借鉴发达国家和地区在推进科技创新方面的一些法规条文。

二是提高科技人才的活跃度，打造高度活跃的创新创业主体。推进科技领域"放管服"改革，建设科技研发平台和创业创新基地，加大科技研发投入、科研项目补助、科技成果奖励力度，提高科研人员成果转化收益比例，加强知识产权保护，切实让科技人才创业有机会、创新有条件、干事有舞台、发展有空间、成果有回报。在创新主体上，要坚持多样共生，高度重视培育和引进标杆性的领军企业和科技实验室，更要重视创新型中小企业的成长和集聚，重视年轻创业人才群体的形成和成长。

三是提高创新资源的开放度，建设协同创新的科技研发系统。发挥市场对各类创新资源配置的决定性作用，促进人才、资本、技术、知识顺畅流动。突出企业的技术创新主体地位，建立企业、科研院所、高等院校产学研协同创新机制，构建开放合作、互利共赢的创新共同体，促进科技创新成果转化为现实生产力。要促进协同创新，必须促进体制内的大学、科研院所、国有企业进一步面向市场、创新导向。释放这股体制内的能量，更多服务于高科技企业和人才的创新创业活动，并与企业的创新研发系统有效对接。

四是提高创新投资的支持度，大力培育草根型的风险投资。风险投资主要投资于高科技新兴产业未上市公司，专注于新兴的公司，而且往往是那些尚未盈利、尚未销售产品甚至还没有开发出产品但具有增长潜力的公司。风险投资家被称为创业者的教练，可以推动并引导创业者走向成功之路。这里特别强调草根型，是针对现实中的很多所谓风险投资机构，高高在上，并没有真正贴近创业者的风险投资需要，很大程度变成了一般的股权投资机构，只锦上添花，不雪中送炭。要建立贴近创新者、服务草根创业的风险投资系统，政府自己的创业投资机构要扩容、要下沉，积极运用互联网与大数据技术更好满足小微企业的创业之需，同时要在风险分担、降低税负、资金募集、股权交易等政策领域加大创新力度，鼓励社会力量更多参与，有力支持草根型风险投资的成长。要特别重视风险投资人才的引进和培养，让他们成为合格的创业者教练。

五是提高创新环境的包容度，造就宽容、合作、守信的创新文化。完善人才评价、保障、激励机制，激发和弘扬创新精神、企业家精神与工匠精神，建立创新激励机制和容错纠错机制，营造鼓励探索、宽容失败、尊重创造的文化氛围，让创新愿望得到尊重、创新活动得到鼓励、创新才能得到发挥、创新成果得到肯定。宽容试错、宽容失败，让青年人才少一些负担，多一些冒险精神。对外要高标准开放，对内要消除地方主义、单位主义，秉持共享共赢原则，发挥政府、大学和科研院所在开放合作中的引领作用。把守信作为发展的重要资源，尊重创新、尊重契约，严格保护知识产权，严格依法守信。

三、创新机制支撑产业变革

党的十八大以来，以习近平同志为核心的党中央，以深邃的历史眼光、高远的全局视野、沉稳的战略定力，大手笔绘就创新发展的时代图景和宏观战略，为新常态下我国经济发展开辟了新路。要素和投资驱动的老路已经走不通，全国科技系统的责任，就是坚决贯彻中央决策部署，与产业界和各方面一起，真正把创新驱动发展的新路走好。

这几年，在党中央坚强领导下，通过科技界和各方面的共同努力，我国科技实力和创新能力又上了一个大台阶，经济发展新动能加快成长，创新对发展全局的支撑作用不断增强。特别是2016年，乘着全国科技创新大会召开的东风，我国科技在创新和改革等方面统筹发力，创新型国家建设决战决胜迈出坚实步伐，实现了"十三五"良好开局。

同时，我们也必须看到，与建设创新型国家和科技强国的要求相比，与适应和引领经济发展新常态、深化供给侧结构性改革的要求相比，科技创新仍然任重道远，科技系统肩上的担子不轻。我们要更好地坚持新发展理念特别是创新发展理念，聚焦经济增长内生动力不足等突出问题，把握好推进供给侧结构性改革主线，下大力气加强科技创新供给。

要加强科技创新的供给能力，切实加大重大科技攻关和战略科技力量部署力度，在更高层次的开放水平上提高我国自主创新特别是原始创新能力。关键需要加强科技创新的制度供给，进一步清除科技成果转移转化和科技型创新创业的障碍，推动科技更好地进入经济社会发展大循环。特别需要加强科技创新的服务供给，推动政府职能从科研管理向创新服务转变，健全国家创新体系和创新生态，把科技人员、企业家和创业者的积极性更加充分地激发出来。

健全创新的市场导向机制。要营造公平克争的市场环境，发挥市场机制在创新资源配置中的导向作用，形成有效的创新激励机制，增强创新主体的创新动力，提升创新的供给质量。调整自上而下政府主导创新的组织形式，强化创新过程中的市场需求导向和企业的主体作用，推动市场、企业、政府在创新过中的良性互动；完善知识产权保护制度，加大知识产权保护力度，培育和发展知识产权交易市场，在全社会形成尊重知识产权、保护知识产权的意识和文化；提高资本市场对创新创业的支持力度，加强技术市场建设，改进科研成果转移、转化的模式，提高成果的落地率和转化率，加速科研成果转化力现实生产力。

加大政府对创新的支持力度。要继续增加研发经费投入，向基础研究和应用研究一定程度上的倾斜，并着力提升政府资金使用放率；要围绕提升原始创新能力，持续加强基础研究和核心技术、共性关键技术的研究，以基础研究的突破带动技术创新；深化对政府指导创新政策的研究，根据研发类型和产业特点，从财税政策、金融扶持、政府采购、项目安排等方面采取有力措施，激励创新主体进行技术创新；以满足企业和市场需求为目的构建产学研战略联盟，加强产学研合作创新，提升企业创新水平；加强对企业管理者的创新理念培训，提高企业创新意识，鼓励企业积极参与国际合作、分工、竞争，在全球技术转移中利用创新资源，加快集成创新和消化吸收再创新。

加强创新人才队伍建设。创新离人才是创新的坚实后盾，更逐步完善发现人才、培养人才、凝聚人才的体制机制，促使创新人才脱颖而出，投身于创新活动；探索、建立、完善有利于调动创新人才积极性、创造性的有效机制，提高科研人员尤其是青年科研人员的福利待遇水平，激励科研人员主动创新；改革科教体制，修订人才培养体系，推进人才培养一体化进程，大力推动教育向"创新型"教育体系转变；正确处理人才培养与社会需求的关系，引导和支持企业与高校、科研院所合作，有目的地培养人才，鼓励研究所联合培养，促进三方人员的有序流动。

培育和发展创新文化。创新离不开文化的支撑和引领，要大力弘扬科学精神和创新文化，在全社会宣传和形成激励创新、尊重创新、保护创新的意识，鼓励"敢为人先"，培育和形成激发创新的良好的社会环境；同时，要引导形成宽容失败的社会舆论和宽容创新挫折的社会心理氛围；此外，在高校和科研院所等要树立踏踏实实、不浮躁的科研文化，积极鼓励创新，加大对学术不端行力的惩处力度，切实净化学术风气，营造良好的创新文化生态。

打造系统持续创新能力，提高科技创新供给的质量和水平。加快完成科技创新2030重大项目实施方案编制工作，全面启动实施。继续实施好国家科技重大专项，围绕专项目标和重大标志性成果，加强重点任务督导和技术攻关，加快推进成果转化和产业化。前瞻部署重大颠覆性技术，推进人工智能、深地探测等重大项目的立项论证。在重大科技创新领域先行启动组建国家实验室，打造强大的国家战略科技力量。筑牢基础前沿研究根基，组织实施重大基础科学项目，加强战略性前瞻性重大科学问题部署。深度参与全球科技创新治理，深化政府间科技与创新合作，建设"一带一路"协同创新共同体，在我国优势领域发起和组织国际大科学计划和大科学工程。

要强化高端引领，加强前沿领域战略布局和技术预判，建设高水平人才队伍和科技智库，以全球视野谋划和推动科技创新，全面提高创新源头供给能力。要强化辐射带动，推动跨区域创新合作，打造创新高地，做好科研成果转化的"大文章"。

创新是引领发展的第一动力，面对新时代我国经济社会发展、国家安全等各领域对科技创新的新要求，我们要坚持以习近平总书记关于科技创新的重要论述为指引，推动实现创新驱动发展战略，以突破关键核心技术为牵引，充分发挥科技创新引擎作用，着力推进创新的供给侧结构性改革，加快科技体制机制改革，培养引进高端创新人才，加大基础研究投入，厚植创新发展土壤，构建完善的现代科技创新治理体系，全面提升科技供给能力，让创新真正成为发展的第一动力，为中国经济转型升级和保持中高速增长提供源源不断的新动力。

第三章　全球科技创新模式与大国崛起

第一节　全球创新发展的基本态势与主要模式

一、全球创新发展现状

创新驱动是大势所趋。新世纪以来，全球科技创新呈现新的发展态势和特征，新一轮科技革命和产业变革加速推进。科技创新成为各国综合国力竞争的战略利器，全球创新版图正在加速重构。

为抢占未来经济科技制高点，在新一轮国际经济再平衡中赢得先发优势，世界主要国家都提前部署面向未来的科技创新战略和行动。美国从奥巴马总统上台后连续三次推出国家创新战略；德国连续颁布三次高技术战略，在此基础上又制定了"工业 4.0"计划；日本、韩国以及俄罗斯、巴西、印度等新兴经济体，都在积极部署出台国家创新发展战略或规划。发达国家的创新优势依然明显，但已呈现版图东移趋势。科技顶尖人才、专利等创新资源仍以发达国家为主导，美欧占全球研发投入总量的比例由 61% 降至 52%，亚洲经济体的比例从 33% 升至 40%，新兴金砖国家占比显著提高。

从 2008 年国际金融危机以来，世界经济总体进入持续低迷状态，各主要国家经济体都把加大科技投入、鼓励科技创新作为主要策略。随着科技投入的持续增加，科技创新开始逐步活跃起来，以云计算、大数据、人工智能、物联网、机器人为代表的新兴技术不断成熟，新一轮科技革命——第四次工业革命加速孕育，给世界发展带来新希望和新契机。从世界科技发展大势看，新一轮科技革命和产业变革正在重构全球创新版图、重塑全球经济结构，科学技术从来没有像今天这样深刻影响着国家前途命运，从来没有像今天这样深刻影响着人民生活福祉。

同时，科技影响力持续加大，主要体现在政治、经济、金融、军事、文化和社会的方方面面。运用科技手段参与政治、制造舆论、干扰大选等现象屡见不鲜；各国领导人运用新媒体治国理政也已不足为奇。可以说，一场具有时代特色的社交媒体革命正在席卷全球。经济领域，在全球化背景之下，信息技术带来的以高新技术产业为龙头的新经济模式蓬勃发展，新商业模式不断涌现。平台经济、共享经济、微经济模式成为主流。金融领域，金融与科技的化学反应极为强烈，以数据和技术为驱动的金融科技正在重塑整个金融行业的生态格局。军事领域，新技术引发的一场崭新军事革命正在发生，人工智能、脑科学、无人系统等战略前沿技术正在改变未来战争模式和游戏规则，精准化、网络化、空间化特点更加明显。文化、教育、医疗、健康等其他领域，在科技强有力的影响下，也正在发生种种不寻常的变化。

科技创新更加活跃，交叉融合和群体跃进态势日益明显。21世纪前十年全球三方专利授权量达到47.5万件，比上一个十年多出近10万件。科学技术从微观到宏观各个尺度向纵深演进，物质科学不断向宏观、微观和极端条件拓展；生命科学走向精确化、可再造和可调控。新兴学科加快发展，学科交叉融合更加深入，颠覆性技术不断涌现。基础研究、应用研究、技术开发和产业化边界日趋模糊，带动众多学科和技术群体跃进，变革突破的能量正在不断积蓄。

信息、生物、新能源、智能制造领域不断突破和相互融合，成为产业变革最重要的技术方向。新一代信息技术向网络化、智能化、泛在化方向发展，与生物、新能源、新材料等技术相融合，推动产业结构向高级化演进，成为提升产业竞争力的技术基点。移动互联、云计算、智能终端快速发展，大数据将呈指数级增长，催生大量新型服务与应用。分布式、智能化、低碳化的新能源技术正在改变经济社会发展的动力结构，可再生能源、非常规油气技术大规模应用，第四代核能技术有望取得重大突破。以机器人、增材制造等为代表的先进制造技术推动制造业向智能化、网络化、服务化方向演进，碳纤维、纳米材料等新型材料的广泛应用将极大降低产品制造成本，提升产品质量。生命科学和生物技术在推动健康、农业、资源环境等领域发展中的作用更加突显，成为改善民生福祉的重要力量。海洋、空间技术不断拓展人类活动疆域和发展空间，成为大国必争的技术高地和战略前沿。

"人工智能""物联网""创新金融""3D 打印""增强现实"技术和"大数据分析"成为全球的"创新热词"。但具体感受在国家之间也有微妙差别——美国认为"人工智能"会对未来产生最为重要的影响，欧洲普遍看好"智能电网"和"电气化运输方式"，而中国则更热衷于"物联网"和"大数据分析"。

人工智能目前包括图像识别、解决问题和逻辑推理能力，这些能力有时超过人类。人工智能技术催生出自动驾驶汽车、智能医疗以及智能芯片等应用。英伟达发布全球首款人工智能自动驾驶平台"Drive PX Pegasus"，旨在将全自动驾驶汽车尽早推向市场。美国麻省理工学院计算机科学与人工智能实验室（CSAIL）开发出人工智能诊断系统，使乳腺癌早期诊断准确率提升至 97%。我国华为公司发布全球首款人工智能手机芯片麒麟 970（Kirin970），搭配为人工智能运算专门设计的 NPU，支持语音识别、人脸识别、场景识别等多个人工智能场景的处理。人工智能，特别是与机器人技术相结合，还可能改变生产流程和业务，特别是在制造业。

2018 年，全球机器人基础与前沿技术发展迅猛，主要围绕人机协作、人工智能和仿生结构 3 个重点展开。美国卡内基梅隆大学开发出机器人触觉系统"Fingervision"，能使庞大机器人通过触觉感知物品以控制握力，促进人机交互朝更安全的方向发展。美国麻省理工学院开发出机器人语音控制系统，能使机器人听懂简明直白的命令，甚至理解给出命令的语境。日本本田公司推出的人形救灾机器人 E2-DR 能够直立行走和攀爬，在灾难救援领域具有很大应用潜力。

大数据分析通过提供实时信息流，可以帮助管理或解决关键的全球问题，实现新的科学突破，促进人类健康并改善决策。通过物联网，可以监控和管理连接物体和机器的状态和行为，还可以更有效地监控自然界、动物和人。这两项技术在医疗、农业、能源和水资源管理以及质量方面有重要的应用，并应用于监测评估可持续发展目标实现进展的发展指标。政府应考虑制定战略，以利用这些技术实现其发展目标。

3D 打印技术在医疗、航空航天、军事等领域应用显著。因为它可以更快、更便宜地小批量生产复杂的产品和零部件，并可以快速迭代成型新制成品。加拿大萨斯喀彻温大学开发出能修复心脏组织的生物 3D 打印贴片，能够有效促进受损心脏组织的再生长。俄罗斯发射首颗 3D 打印航天探测器 "Tomsk TPU-120"卫星。NASA 成功测试由金属合金制成的 3D 打印火箭发动机点火器原型，有望使未来火箭发动机的成本降低三分之一，制造时间缩短 50%。美国橡树岭国家实验室与海军颠覆性技术实验室合作开发出首个 3D 打印的潜艇艇体，耗时不到 4 周，成本降低 90%。除了可以减少运输零部件的需要从而减少碳排放外，3D 打印还可以在医疗、建筑和教育领域带来收益。

此外还有诸如生物技术的飞跃使人类医学可以进行非常特定的基因编辑，从而在某些条件下可以结合人工智能和大数据进行个性化治疗，还可以对动植物进行基因改造。纳米技术在供水(水净化)、能源(电池能量储存)、农业(精确管理农用化学品的释放)、信通技术(缩小电子元件尺寸)和药物(送药机制)等领域得到了重要应用。可再生能源技术在集中式电网系统无法进入的农村偏远地区实现了供电，而无人机则可能颠覆物资运送方式，实现精准农业，并代替人类完成危险任务。很快将有更多的发展中国家、企业和大学能够买得起小规模定制卫星，用于监测作物和环境损害。

这一系列的技术创新与商业模式、金融资本深度融合，持续催生新的经济增长点和就业创业空间。创业投资、贷款投资、担保投资、企业股权交易与并购、多层次资本市场等金融手段不断完善，众筹、余额贷款等民间金融工具层出不穷，新技术与新资本加速融合，推动新兴产业快速成长。商业模式创新改变产业组织、收入分配和需求模式，个性化、多样化、定制化的新兴消费需求成为主流，智能化、小型化、专业化的产业组织新特征日益明显，电子商务、电子金融、第三方支付平台、能源合同管理等正推动相关领域的变革，互联网开源软硬件技术平台等面向大众普及和开放，大幅降低创新创业的成本和门槛。

知识产权保护，特别是通过专利提供保护，是创新的一个重要问题。近年来，知识产权保护有所加强，一部分是因为自由贸易协定和双边投资协定中的"TRIPS-plus"条款（《与贸易有关的知识产权协定》的附加条款）。虽然专利保护旨在促进创新，但未必能带来更好的发展成果，因为大多数专利被外国公司而不是本国公司申请了，限制了本土创新的机会。创建低成本的研究活动通常更受重视，并且可能受到"小专利"制度的鼓励，小专利制度为技术含量较低的创新提供较不严格的保护。

在全球范围内加强知识产权保护旨在鼓励技术转让，特别是向最不发达国家转让技术，但只有在更广泛的自主创新体系框架下，结合产业政策和其他政策，以及适当的本地能力，才能达到这一目的。

新技术和新兴技术提供了跨越式发展的机会，即绕过国家在发展过程中历来经历的技术中间阶段。然而，大多数发展中国家能力有限，意味着这种机会主要体现为采用现有技术，例如移动电话在非洲国家的变革性影响，而不是开发新技术。虽然移动通信业的情况似乎难以复制，但通过发展分散式可再生能源系统，能源行业有可能实现跨越式发展。这可能为加速可持续发展提供了一种具有成本效益的手段。若辅以资金、投资和技术转让，创新政策可以促进这一进程，但仍需克服重大的技术、经济、资金和治理障碍，特别是在最不发达国家。

二、挑战与未来趋势

技术与就业的关系一直饱受争议。与先前的技术进步一样，前沿技术可能剥夺一些工作，同时创造出另一些工作。虽然对就业的净效应仍不明确，但随着中等技能水平的工作岗位减少，低技能和高技能非机械工作两极分化的迹象已经出现。还有迹象表明，净效应可能对女性最为不利。

对大多数发展中国家而言，前沿技术对就业的影响可能更多地取决于其经济可行性，而非技术可行性。对数字化和自动化的短期就业影响的担忧可能被夸大了，特别是，如果劳动和教育政策促进劳动力市场现有技能与新技术之间的互补，未必会有不利影响。技术的影响取决于一国的经济结构，因此不能认为国家层面的影响必然是负面的，而是需要对技术的净效应和市场力量进行科学的分析。因此，未来需要工人利用机器创造经济价值，而不是与机器为敌。

对生产力的影响也不确定，因为新兴技术决不会普遍采用。专家意见不一，一些专家认为生产力会长期下降，另一些专家则认为将出现分水岭，既会有采用新技术并达到生产力历史新高的"前沿"企业，也会有落后企业。然而，还存在以当前指标衡量新技术时代的生产力是否恰当的问题，导致对当前趋势的解读更加复杂。

大数据和物联网等新兴数字技术也引发了公民权利、隐私、数据所有权和网上安全等重要问题。因此，需要有关于数据收集、使用和访问的有效的体制框架和监管制度，以保护隐私和安全，平衡个人权利与集体权利，并允许私营部门进行创新。类似考虑也适用于对技术融合的担忧，即技术融合同时导致平台、商业利益和投资的集中，从而导致市场力量的集中。

虽然前沿技术的影响还不确定，但可以肯定的是，它们对可持续发展的几乎所有方面都可能产生深远的积极影响。前沿技术还有可能加剧现有的经济、社会和技术鸿沟，因为当前能力强大的国家可以利用新技术促进发展，其他国家则更加落后。

应用技术应对实现可持续发展目标的挑战需要加强当地能力、制定政策和创造有利环境，还需要前所未有的资源调动、伙伴关系和多边全球协作，以便资助与可持续发展目标有关的研发；建立网络；加强全球科学与政策联系平台；转让技术；支持发展中国家的能力发展。目前的国内和国际努力远不足以完成这项任务。

科技和创新能力方面持续存在的巨大差距、多重数字鸿沟和对科技和创新的投资不足，限制了可加速实现可持续发展目标的技术的发现、开发、传播和吸收。除了调动资源，还需要更快更广地实施政策，以加强促进可持续发展的创新体系，并传播前沿技术的经济、社会和环境效益。

能力决定了一国能否利用新技术和新兴技术带来的机会，发达国家与发展中国家的能力存在很大差距。发展中国家（除韩国、新加坡和中国）的研发支出，不论绝对值，还是占国内生产总值的比例，都远低于世界平均水平。基本上，这说明企业研发支出水平低：除上述三国外，企业研发占发展中国家研发的32%—38%，约为世界平均比例68%的一半。

虽然自2000年以来，大多数发展中地区的研究人员人数显著增长，但从人口比例来看，研究人员的全球分布极为不均，欧洲和北美比例特别高。2014年，全球每百万人中有1098名研究人员，但撒哈拉以南非洲每百万人中仅87.9人，最不发达国家仅63.4人。

科学、技术、工程和数学（理工科）毕业生的地域分布也很不平衡，2/3在亚洲，主要在印度（29.2%）和中国（26%），拉丁美洲仅5.2%，非洲还不到1%。这在一定程度上反映了亚洲理工科毕业生在高等教育中的比例远高于全球平均水平。

发展中国家从前沿技术中获益的最大挑战是学习、采用和传播知识和技术以促进可持续发展。成功取决于相关创新体系的有效性，发展中国家的创新体系较弱，更容易出现系统性失败和结构性缺陷。创新体系以企业为核心，但也包括研究和教育系统、政府、民间社会和消费者。创新体系及其有效性取决于这些不同参与者的能力，他们之间的联系以及他们创造的有利环境。

在刚刚形成创新体系的发展中国家，大多数参与者首先需要培养的基本能力是学习如何采纳、吸收和传播现有知识和技术。这是技术转让的一个基本前提，但技术转让不能取代建立本土创新潜力的努力，只能作为补充。

毕马威 ①2018 年度《全球科技创新报告》显示，美国仍然是技术创新中心，但其他地区正在崛起。但在创新方面，上海已一跃而上，成为除硅谷和旧金山外的排名第一城市，紧随其后的是东京、伦敦、纽约、北京、新加坡、首尔、班加罗尔、特拉维夫和柏林。

报告显示，大约 34% 的科技领导者认为美国引领技术创新，26% 的人认为中国是最大的创新国，印度、英国和日本的支持比例分别为 13%、6% 和 6%（总计不足 100%）。一年前，26% 的受访者选择了美国。"来自美国和中国的科技产业创新继续推动着经济价值，今年的调查凸显了这一点，"毕马威科技行业主管蒂姆·赞尼（Tim Zanni）指出，"只要看看关键平台公司在人工智能、物联网、机器人技术和其他技术上的投资，这些投资已经为我们社会中的企业和消费者参与带来很大的影响。"

"在全球范围内，创新已呈现去中心化趋势，一些城市取得了长足进步，而其他一些城市仍然面临着宏观经济和基础设施的挑战，"赞尼说，"许多因素影响着人们将一座城市视为创新中心的认知，包括有利的政府政策和激励措施、加速器、科技园区、企业投资、最先进的基础设施，而且在所有条件都具备的前提下，至少要有一些众所周知、广受欢迎的成功案例。"

科技界领袖还被问及未来四年内，除了硅谷、旧金山之外，还有哪三个城市将成为领先的技术创新中心？ 2017 年位于美国和中国的城市占据前十位，2018 年的十大城市有所不同。在美国，除了硅谷以外，被科技领袖提到的顶级城市是纽约、波士顿和芝加哥，后两个城市并列第二。

报告还提到，美国和全球的技术领导者们认为，收入增长取代了专利，成为衡量企业技术创新成功的首要指标，专利跌出前三位，市场占有率和投资回

---

① 毕马威，成立于 1897 年，总部位于荷兰阿姆斯特丹，是一家网络遍布全球的大型国际专业服务机构，以经营会计业务为中心，专门提供审计、税务和咨询等服务，为四大国际会计师事务所之一，有"银行家会计师"之称。

报率分别位列第二和第三。被问及什么样的职能或角色负责推动企业内的创新，被调查者首次谈到首席信息官，而非首席创新官。然而，中国的受访者最常谈及首席创新官。

在创新生命周期中，"发现"是"发展"的基石。学术研究和教育是创新开始的起点，但并不足以实现创新。新想法在商业中转化为成功的新服务和新产品，这一过程是由企业家精神和投资回报所驱动的。而专利申请是实现投资回报的有效途径。有分析显示，科学与学术研究通常比发明创造的出现要早若干年。

我们如今正处在一个科技创新爆发的时代，对于科技企业来说，现在不是害怕失败或是裹足不前的时候。若干前沿技术显示出实现可持续发展目标的巨大潜力。人工智能、机器人和物联网等前沿科技必将会影响全球的商业，那些不主动去抓住未来趋势的企业，必将会被淘汰。

第二节　科技创新与西方主要大国的崛起

科技创新包括"科学""技术"和"创新"这三层内容。科学是人类基于好奇心和求知欲，对自然界客观规律的探索和新知识的发现，如牛顿力学、相对论等；技术是改造世界的方法、手段和过程，表现为科学知识基础上的技术发明和持续升级，如从白炽灯、日光灯到半导体照明的发明、升级和演进；创新是把生产要素和生产条件的"新组合"引入生产体系，形成新产品，开拓新市场，培育新业态、新产业的过程，如智能手机、电动汽车、互联网的商业化过程。科技创新能力是一个国家持续发展之根，是一个民族兴旺发达的不竭动力，是决定大国崛起的基石，近代以来崛起的大国无不以科技创新能力为支撑。

从世界历史看，大国崛起呈现"科技强国—经济强国—政治强国"的历史规律。一个国家是否强大不仅取决于经济总量、领土幅员和人口规模，更取决于它的创新能力。近代以来，世界经济中心几度转移，其中有一条清晰的脉络，就是科技中心一直是支撑经济中心地位转移的强大力量。如果单靠经济规模或疆土领地的扩张，而没有强大的科技创新作为支撑，一个国家就无法成为强国。比如，葡萄牙、西班牙和荷兰相继掌握先进航海技术，经由地理大发现开辟了美洲航线、南亚航线和非洲航线，大量征服殖民地，成为 16、17 世纪的世界强国，但由于未能依靠科技创新建立制造业主导的经济结构，继而被其他国家超越。不同历史时期的一些国家抓住科技革命的重大机遇，实现迅速崛起，改写了当时的经济版图和世界格局。英国在第一次科技革命后，依靠完整的科技体系和持续创新能力，成为世界上第一个工业国家；德国在以内燃机和电气化为代表第二次科技革命后崛起成为欧洲工业强国；美国抓住以电子信息等为代表的第三次科技革命机遇成为世界头号强国；日本、"亚洲四小龙"等依靠科技创新实现赶超成为发达经济体。

第二次世界大战结束后，世界各国在不同的起点上采取了不同的发展模式。其中有些国家将科技创新作为基本战略，大力提高科技创新能力，大幅度增强了其国家竞争优势，发展成为创新型国家。当前世界上公认的新型国家有 20 个左右，包括瑞士、瑞典、日本、美国、韩国、英国、芬兰和德国等。这些国家在各自不同的起点上走出了各具特色的创新型国家建设的道路。

一、英国科技崛起之道

英国地处欧洲西海一隅，面积和人口仅相当于中国的一个中等省份，在很长的历史时期内，一直处于战乱，文明进程多次被外来入侵者所打断，到 13 世纪至 14 世纪之交，英格兰作为一个统一的民族才形成。此后，英国实施重商主义政策，积极发展海上贸易，先后打败了荷兰和西班牙，到 17 世纪成为海上强国。但这时的英国与许多国家一样，仍然处于农业社会，还不是世界霸主。

直到 18 世纪工业革命兴起，才将英国推上了世界霸主的地位。这次发源于英国以蒸汽机发明和广泛应用为标志的工业革命，促进了纺织、煤炭、冶金等近代机器工业的兴起和发展，推动了人类社会生产力的极大发展。英国由于引领了这次工业革命，生产效率大幅提高，从而快速地将其他国家抛到后面。英国以世界 1% 的人口，资助了全球 4.5% 的科学研究，产出了 8% 的高质量科学论文。

据统计，1850 年，英国占了全世界金属制品、棉织品和铁产量的一半，煤产量的 2/3，其他如造船业、铁路修筑都居世界首位。1860 年，英国工业品产量占世界工业品的 40%—50%，欧洲工业品的 55%—60%，对外贸易占世界贸易的比重由 10 年前的 20% 增至 40%。1870 年，英国工业占世界的比重达到 31.8%，美国为 23.3%，德国为 13.2%，法国为 10%。在强大的经济实力、科技实力和军事实力的支撑下，英国先后打败了法国等欧洲大陆强国，征服了远隔重洋的加拿大、印度等国家，在全世界建立了庞大的殖民体系，在全球范围内逐步形成以英国为核心的商业贸易圈，成为"日不落帝国"。

在 17 世纪至 19 世纪中期，英国是当时的世界科技创新中心，科学研究、技术发明和创新呈现出欣欣向荣的气象，不仅涌现出培根、达尔文等一批伟大的自然科学家和社会科学家，还涌现出以瓦特为代表的一批伟大的发明家和创业者，产生了蒸汽机、电报机、机动轮船、蒸汽机车等一批影响世界的伟大发明。

但从 19 世纪后期到 20 世纪初期，英国科技创新的领先优势逐步丧失，全球科技创新的中心开始向德国、美国转移。到 19 世纪 70 年代，当以电力为代表的第二次工业革命兴起的时候，技术发明和创造的主要国家已不是英国，而是后起的德国和美国。据统计，到 1913 年，英国占世界工业生产总值的比重为 14%，而德国为 15.7%，美国为 35.8%。加之在两次世界大战中英国国力的巨大消耗，使英国终于丧失了世界霸主的地位，让位于美国。

尽管在 19 世纪中后期和 20 世纪，英国在科学技术研究方面仍然取得了一些杰出成就，包括白炽电灯、电话、电磁波、雷达系统、青霉素、电视、喷气式发动机等一批重大技术发明，但这些成果没有实现大规模商业化应用。比如，美籍英国人贝尔（Alexander Graham Bell）于 1876 年首先发明了电话，但在美国率先实现了大规模商业化。青霉素由亚历山大·弗莱明（Alexander

Fleming）于 1928 年发明，但被大规模产业化、商业化运用是在美国。同样，雷达系统、喷气式发动机最初也是由英国人发明的，却都被美国人拿去实现了商业化应用。

从 1994 年起，英国政府首次公布创新白皮书《实现我们的潜能——科学、工程和技术战略》，新战略的主要内涵包括：重视研究与开发，注重基础研究和国际研究与开发；强调企业为技术创新的主体，大力扶持中小企业的技术创新；加强营造创新的环境建设，制定一系列有利于创新的制度、政策体系和法律法规，大力发展风险投资，解决企业技术创新的资金问题；大力推动形式多样的官产学研合作，促进科技成果的产业化；切实加强基础设施建设，完善中介服务体系、创新基础设施，大力发展科技和教育。

为了在全球创新经济领域取得成功，2011 年 12 月，英国政府出台了名为《以增长为目标的创新与研究战略》，提出政府要从 5 大方面采取措施驱动经济发展。在"创新与研究战略"的基础上，2012 年 9 月，英国政府又发布了《英国产业战略：行业分析报告》，指出政府要与产业界建立长久的战略伙伴关系，共同培育商业发展机会，刺激经济增长，创造就业。加强官产学研的沟通合作是产业战略机制协调的重点。基于该报告的行业分析结果，英国政府陆续发布了 11 个重点产业的发展战略规划，采取长期的、"政府一盘棋"的办法支持产业发展，为投资和增长增添信心。为了使科技更好地服务于经济发展，促进研究成果向生产力的转化，英国政府决定在 2011—2014 年的 4 年里，委托技术战略委员会，投资 2 亿多英镑打造 9 个技术与创新中心。2014 年 12 月 17 日，英国政府发布《我们的增长计划：科学和创新》战略文件，以卓越、敏捷、合作、地点和开放为原则，指出优先重点、人才培养、科研设施、一流研究、刺激创新和国际化这 6 项战略要素。

英国的创新战略至今已实施长达 10 年之久，虽然在其发展进程中，依然存在种种不足和难掩的缺憾，但毕竟为其经济发展注入了新的活力。21 世纪的知识经济，科学注定要承担无法替代的重要作用。

二、德国创新发展之路

德意志联邦共和国，面积相当于中国的四川省，8000多万人口。欧洲第一、全球第四大经济体，以"德国制造"享誉全球，近年来，在国际金融危机和欧洲债务危机的双重冲击下表现出色，德国再一次成为关注的焦点。

在从15世纪初到19世纪60年代长达300多年的时间里，德国的国土始终处于四分五裂的状态，一直是欧洲大陆的主战场，被称为欧洲走廊。面对欧洲列强的挤压、包围，经济学家李斯特提出的通过经济统一实现政治统一的路径，推动以普鲁士为核心的德意志经济快速发展：他提出"关税同盟"，即经济上达成统一，为进一步政治统一打下基础；1841年，又提出了影响特别深远的"幼稚工业保护论"，主张经济落后国家应实行贸易保护政策，以抵御外国竞争，促进国内生产力的成长。就这样，随着经济上一步步实现统一，通过"铁血宰相"俾斯麦的带领，在1871年德国实现了统一。

到了第二次工业革命，德国开始迈向强国之路。19世纪末，电力大规模应用，煤炭业和钢铁业飞速发展，为工业生产提供了大量的能源和材料。第二次工业革命对德国带来的一个影响是工厂逐步替代手工作坊，劳动者逐步离开乡村，以工厂和工业为核心形成了新的人口集聚，一个个新的工业中心城市出现。这其中最具代表性的就是德国的鲁尔区，埃森、多特蒙德、杜伊斯堡等城市成为德国的经济重镇。

统一后的德国紧紧抓住第二次工业革命的机遇，经济出现了飞跃性的发展，用30多年的时间超过了英国，成为欧洲第一、世界第二大经济强国。20世纪初，德国在总人口、国民生产总值、钢铁产量、煤产量、铁路里程等方面都超过英国。德国制造的产品也风靡世界，19世纪末20世纪初，德国的酸、碱等基本化学品产量均为世界第一，世界所用燃料4/5出自德国。1913年，德国的电气产品占全世界的34%，居各国之首，超过头号工业强国美国5个百分点。

早期的"德国制造"，都是"山寨"英国的产物，以至于英国当时对德国的这种行为愤恨之极。到 1887 年，英国国会通过了《商标法修正案》，要求所有进入英国的德国产品，其中不仅包括进入本土，也包括进入英国殖民地比如澳大利亚的产品，都必须标明"Made in Germany"（德国制造）。也就是说，"Made in Germany"（德国制造）这个品牌，一开始是山寨产品的标志。但是德国人用他们坚毅严谨的工匠精神，一步一步地往前走，用了不到 100 年的时间，把"德国制造"变成了一个享誉世界的金字招牌。

国家的统一为德国崛起提供了最重要的政治前提。但是，德国能够在短时间快速崛起，很大程度上得益于科技创新和人力资本因素的长期积累。自查理大帝（Charlemagne 或 Charles the Great，742—814）时代起，德国就非常重视教育和文化发展。1818—1846 年，普鲁士国民学校学生增加近一倍，适龄儿童入学率达82%，到19世纪60年代提高到97.5%，国民素质空前提高。同时，高等教育也迅速建立起来，1810 年，德国创立了柏林大学（现洪堡大学），成为现代大学制度的鼻祖。它并不是德国最古老的大学，为什么会有"现代大学之母"的美誉呢？因为它开了现代大学教育的先河。第一，它倡导教育向所有人普及。以前的大学都是精英大学，必须是富贵人家的孩子才有权利上大学，而洪堡大学开创了现代大学的先例，大学向所有人开放。第二，它主张大学教师一定要搞科研，把科研成果变成教学内容。

从 1847 年到 1881 年，德国新建大学超过 6000 所，其中包括一些从事职业教育的大学。那时，德国被公认为世界科学中心，后来很多美国人来到德国留学，回去之后又开创出新的现代大学模式。德国人又反过来向美国人学习，把理论和实践相结合。因为基础科学力量雄厚，所以德国的应用科学发展才会如此迅速。用了 50 年左右的时间，德国工业就取得了跳跃式的发展。

对教育和科研的重视与大量投入很快使德国站在了世界科学技术发展的前沿。从 1864 年到 1869 年的 5 年间，世界生理学的 100 项重大发现中，德国占了 89 项。1855 年到 1870 年的 15 年间，德国取得了 136 项重大发明，而当时英法两国合起来才 91 项。世界上第一台大功率发电机、第一台电动机、第一台四冲程煤气内燃机、第一台汽车，都诞生在德国。正是超乎寻常的创新能力，使德国在很短的时间内迅速崛起。同时，德国涌现出一大批科学家和技术发明家，如蔡斯、西门子、科赫、伦琴、雅可比、欧姆、李比希、爱因斯坦、普朗克、玻恩等。从 19 世纪中后期到 20 世纪初期的这段时间，德国耀眼的科技创新光芒，让全世界为之瞩目。

两次世界大战使德国经济基础遭受毁灭性打击，但二战后德国经济又在战败的废墟上迅速重新崛起，成为具有很强竞争力的制造业大国强国和欧洲最大最强的经济体。据统计，1950—1960 年，德国国民经济劳动生产率年均增长 5.3%，工业生产年均增长率高达 11.4%，工业总产值从 487 亿马克增加到 1647 亿马克，增长 2.4 倍，国民生产总值从 233 亿美元增加到 726 亿美元，增长 2.1 倍，并先后于 1959 年和 1960 年超过法国和英国，成为世界第二经济大国。

德国制造的产品大量走向世界，在 20 世纪 70—80 年代，德国的机床、汽车、照相机等机械产品已大批出口；80 年代以后，"德国制造"的机械设备、化学制品、电气和电子工程设备等大量出口到美国以及中国、印度和巴西等新兴市场，所生产的汽车占世界汽车市场的份额达到 17%。"德国制造"在世界市场上成为"质量和信誉"的代名词。

德国当前虽然仍旧处在世界领先的地位，但是德国制造业也在面临着产业转型和国际竞争的压力。德国是世界领先的制造和出口大国，高效的创新体系对保持强大的国际竞争力至关重要。德国拥有一套结构完整、分工明确、协调一致的科技创新体系：由德国政府部门承担立法、规划、管理监督等职能，由高等院校、国立和非营利性科研组织、企业研究机构共同承担科技研究和开发，由中介组织提供技术转移和与研究和创新相关的服务。为此，德国出台国家科技发展战略，鼓励以企业为主体的合作创新，同时营造良好的创新环境，以确保其创新强国地位。

德国基本法（《波恩宪法》）规定："科技和经济以主观能动为主，国家干预为辅。"因此，德国政策决策与管理层由联邦与各州的议会及政府构成，负责制定、执行与教育、技术和创新相关的政策及实施细则，并负责创新外部环境的建设。德国政府 2006 年推出"高技术战略",2014 年推出的最新版本又称"新高技术战略"。在国家科技战略指引下,德国 2015 年研发投入占国民生产总值约 3%,远高于欧盟当年平均水平 2.03%。德国计划将这一比例维持到 2020 年,并在 2025 年实现占比 3.5%。

德国高校在国家科研与创新体系中的地位举足轻重,是德国基础研究活动的大本营。为促进高校科研成果转化,德国联邦和州政府 2016 年启动"创新高校"项目,将高校"成果转化与创新"提升到和教学、科研同样重要的位置。

在德国,非营利性科研组织属于官办性质的独立科研机构,是德国最重要的基础和前沿领域研究的科研力量,是国家长期战略性重点基础研究项目的主要承担者。据统计,在这些由国家资助的科研组织中的工作人员大约占联邦、州政府共同资助及联邦政府单独资助的科研人员总数的 70%。

德国创新的主体是企业。为更好地推动有"德国经济支柱"之称中小企业创新,德国政府推出了一系列针对中小企业的支持项目,帮助它们迎接数字化、全球化和价值链重塑带来的机遇和挑战。产学研合作是德国科技创新体系中的一大亮点。为进一步加强相关合作,德国政府以竞赛形式在国内先后选出15 个尖端产业集群。每个集群内的企业、高校和科研院所等将围绕该地区确定的核心产业开展合作创新,政府总计为此投入 6 亿欧元。

德国的中介机构种类众多,业务范围覆盖较广,主要包括:对政府资助的科技项目的立项进行评估和监督管理,为企业的创立和发展提供信息咨询和职业培训服务,以及从知识和技术的供给方向需求方进行技术转移等。

OECD[①](经合组织)预计,传统工业国家在全球经济总量中的份额将大幅下降,而新兴国家(非 OECD 国家)的份额将从 2012 年的 40% 增长到 2060 年的 60%。对发达国家而言,技术进步将有效拉动增长。增长潜力的提升在于提高生产率,它是以产业和社会的投资与创新为基础的。未来的生产力

---

① OECD(Organization for Economic Co-operation and Development),经济合作与发展组织,简称经合组织,1961 年 9 月成立,以代替欧洲经济合作组织。是全球 35 个市场经济国家组成的政府间国际组织,总部设在巴黎米埃特堡。

将由知识驱动，且取决于劳动要素、资本和知识的有机结合。德国将向知识经济转型，知识的商用化将越来越重要。未来 15 年，德国经济必将加速发展，国家将迈向拥有现代服务业、新的工业增加值和高度创新的知识社会，经济增长将主要来自技术进步和日益的知识密集。到 2030 年，德国将稳步转型为工业化知识社会。

三、美国科研发展之途

美国是一个典型的具有创新精神的国家。从建国到现在，无数美国人都在为实现所谓的美国梦想而奋斗，那就是不断创新，为开拓新的边疆，为创造更美好的生活而奋斗。

北美殖民地的科学来源于欧洲，在与欧洲科学交流的过程，美洲科学开始成长。在 18 世纪，本杰明·富兰克林（Benjamin Franklin）对电荷的研究，使他真正成为科学家，赢得世界的承认。美国获取独立后，美国科学的精神开始强调本土化，从欧洲科学中独立出来，1907 年美国诞生了第一位诺贝尔奖获得者——物理学家迈克尔逊，标志着美国科学走上自立。到 20 世纪 30 年代，美国科学技术在某些领域已经具有优势，例如物理学已开始取得世界性声誉，出现了密利根、康普顿等一批世界级的科学家。

19 世纪中期，科学在美国大学中开始受到重视。到 1920 年，美国的研究型大学现代形态已经成型，在 20 世纪前 40 年占据美国高等教育的主导地位，并且在 20 世纪后来的岁月保持和光大，不仅成为科学和教育发展的主导力量，而且极大地影响了美国的经济和社会发展。20 世纪上半叶的，新的工程学科围绕新兴产业的发展在大学里体制化，使大学与新兴产业发展联系在一起。

工业研究实验室开始于 19 世纪末期德国的化学工业。工业研究实验室是按企业的经营战略、在企业内部建立起的研究与发展（Research and Development，R&D）机构，目的是从事与企业发展相关的 R&D 活动。工业研究实验室的建立，标志着工业技术的发明摆脱了完全依赖于个体发明家的局面，开始了一个新的时期，从而使创新成为一个可以自我持续发展的系统。到 20 世纪中期，美国在化学、橡胶和石油、电学等工业领域建立了大批研究室，如著名的杜邦、AT&T、通用电气等。到 1930—1940 年，工业研究实验室已经成为美国的创新主体。

美国形成了以大学和工业研究实验室为主体的科技创新体系，这一体系以市场竞争机制为基础，积极响应经济发展和社会的发展需要，具有高度的灵活性，体系内部有着自然的联系和充分的流动性，强调自下而上的首创精神，为后来美国科学技术的更大发展奠定了基础。

第二次世界大战对美国的科学技术发展产生了深远的影响。在二战以前，美国联邦政府基本上不承担支持科学发展的职责。战争期间，联邦政府与科学形成一种新的合作关系。战后，联邦政府成为支持科学技术的主要角色，在随后的 10 多年间支持建立了国家现代科学技术体系，使美国的科学技术成为世界的领先者。

在冷战的背景下，以维护国家利益和国家安全为主要目标，美国对科学技术的大力和持续的支持，创造了一个充满竞争的高效的科技创新体系，美国达到世界科学技术的高峰。政府的政策加强和扩大了战前科学技术体系大学与产业界内部已有的联系，并且创造了新的国立科研机构。通过支持科学技术面向国家发展长期服务，政府、大学与工业界形成很好的合伙关系。

20 世纪 80 年代，美国先后颁布"联邦技术转移法案""12591 号行政命令"和"国家技术转让竞争法"，为联邦实验室向企业实施技术转让和商业化提供了系统化的法律依据。事实上，从 1980 年的拜杜法案开始，美国政府几乎每平均两年就出台一个推动创新的法案，为整个国家的官产学研体系、军民融合等提供了强有力的法治体系。

20 世纪 90 年代初，冷战结束，全球政治、经济格局发生了重大变化。美国科技领先的地位日益受到日本和西欧等国强有力的挑战。美国开始注重国家创新体系及创新网络的构建：加强政府对科技活动统一指导和参与；加强政府与企业的合作，鼓励产业界增加 R&D 投资；积极推动实用的基础研究计划，加速军转民项目的实施。重视教育，加大对大学 R&D 的投资；注重培养创新的文化。

进入 21 世纪，世界各国之间在竞争日益激烈的同时联系也愈加紧密，创新本身也在发生变化。面对创新领先地位受到越来越激烈竞争的挑战，美国勾画出 21 世纪的创新蓝图：立足本国与面向世界、加速新学科的发展、优化创新的"乐土"、支持开放与重视创新回报、保持和加强美国的创新生态系统。

四、日本改革发展之径

日本位于太平洋西岸，是一个与亚洲大陆隔海相望的岛国。自然资源匮乏，在很长的历史时期内，日本一直是一个贫穷、弱小、落后的封建小国。17 世纪的江户幕府政府施行闭关锁国政策，19 世纪中叶，欧美列强用坚船利炮打开日本的大门，迫使其开放港口，并签署通商条约。1868 年，封建幕府被推翻，明治天皇上台，拉开了日本走向近代化并开始崛起的帷幕。

明治政府执政后，锐意改革维新，大力推行"脱亚入欧"战略。在明治天皇在位的近 50 年里，日本国内生产总值（GDP）增长了 1.6 倍，超过了英国的增速。期间，日本不仅建立了全国的铁路网、电报网，丝织业、棉纺织业、铁路车辆与机车、造船业以及电气机械等产业也快速发展起来，并且拥有亚洲最先进、最强大的军工企业和军事力量。对外贸易结构也从明治初期以出口生丝、茶叶、海产品、矿产品、煤炭等资源型产品为主，到明治末期转变为出口棉纱、棉布等轻工业产品为主，进口则由成衣棉纱等轻工制成品为主转变为机械、棉花等资本品和原料为主。

在"脱亚入欧"的总方针指导下，不遗余力地引进西方技术。日本中央政府专门设立工部省，大力推行"殖产兴业"计划，主要举措是在各官营产业中广泛引进、采用西方先进技术设备和生产工艺，大量引进、译介西方科技信息情报资料（图书、文献和图片），聘用外国工程师、技术人员，派遣留学生到欧美学习以及引入外国直接投资等。日本政府经济部门和私营企业还与欧美企业缔结许可证生产合同、技术协作合同等，并通过反求工程（即倒序制造）快速消化吸收西方先进技术，成功实现了技术转移和本土化。同时，着力夯实智力基础，培育人力资本，包括颁布《学制令》，自 1871 年开始实行强制性初等教育，仿照西式教育构建国民基础教育体系；创办帝国工程学院（亦称工部大学，后与东京大学合并），并在京都大学、东北大学和九州大学设立工程系，积极培养日本的工程师和技术人员，使其能够接管由西方专家管理的工厂、矿山和铁路，实现技师的"进口替代"。

二战后，日本经济濒临崩溃的边缘，为了尽快摆脱经济困境，在美国的监护和扶持下，再次通过大量引进国外先进技术，将引进来的产品进行山寨，从日常消费品到汽车、通信领域，山寨商品数不胜数。不久之后，日本陷入山寨风波，"Made in Japan"被看作假冒伪劣的代名词。后来日本开始转变思维，买来竞争产品进行拆解、研究，施行"逆向工程"。在"逆向工程"的影响下，日本告别了高成本、低效率的生产模式，通过大力引进先进技术来积极谋求重化工领域的设施更新，而电力、钢铁和海运领域的高级技术模仿也成为当时的发展主流。如此一来，日本实现了从大规模生产、自动化技术引进、机械自动化到高技术、大规模生产体系全面建立的逐步跨越。到 20 世纪 60 年代末，也就是明治维新 100 年后，日本经济总量超越德国，成为仅次于美国的世界第二经济大国。

此后，日本经济又延续了十几年的快速增长，产业结构由"重化工业化"向"技术密集化"升级。20 世纪 80 年代，日本当局认为"技术引进"依然受制于人，只有提高自主创新能力才能立于不败之地。1980 年，日本科学技术厅公布《科技白皮书》，正式提出"科技立国"战略。这一时期，日本开始将发展重心向知识密集型产业倾斜，比如原子能产业、电子信息产业、计算机产业与飞机制造业等。与此同时，日本还注重强化重点实验室未商品化产品，寻求产业集约式发展。随着"科技立国"战略的深入贯彻，日本的高精尖产业自主研发能力也得到进一步提升。

20 世纪 80 年代末，日本经济受到泡沫经济的影响出现了大萧条，国际上的科技竞争反而更加激烈。在内忧外患的情况下，日本政府提出了"科技创新立国"的口号。新战略在原来的基础上加了"创新"，看起来和"科技立国"
差别不大，却显示了日本彻底摆脱"模仿与改良"的决心。在此期间，日本无
论是在科技研发人员数量、论文发表数量还是专利申请数量上，均取得了重要
突破，而纳米技术、生物医药、电子信息等高精尖领域更是得到了长足发展。
至此，日本已然跃居全球为数不多的技术发达国家行列之中。

1995 年 11 月，日本颁布了《科学技术基本法》，成为日本科学技术发展
历史上的一个重要转折点。《科学技术基本法》明确提出要将"科技创新立国"
作为日本的基本国策。明确了在研发的不同阶段研究基金制度的建立，以及产
学官合作和知识产权保护的问题。强调创建世界一流的高水平的研究生院，积
极促进本国科研人员参与国际 R&D 活动和国际研究项目。提出了"科技创新
立国"的五大发展战略：人才战略、基础研究战略、技术创新战略、支柱技术
战略和国际合作作战略。

2006 年 10 月，日本制定了创新立国的政策路线图——《创新 25 战略》。
它是有关科学和技术在 2025 年对日本经济发展做出贡献的愿景。2007 年根据《创
新 25 战略》这一战略方针长期推进各项创新政策，日本政府在内阁建立以总理
大臣为首的"创新推进本部"，负责制定推进创新的基本计划和具体政策措施。

时至今日，日本主要制造业的技术水平和国际竞争力仍处世界一流。战后
日本经济迅速崛起的原因是多方面的，但根本还是将其善于学习、惯于"拿来
主义"的传统，在新的时代条件下更充分地演化为通过引进技术的消化吸收再
创新，形成强大的科技创新能力。

第四章　创新推动加快现代化经济体系模型建设

第一节　创新在现代化经济体系模型中的决定性作用

一、新常态下的现代化经济体系模型

（一）建立现代化经济体系模型的重要性

改革开放 40 多年来，经济体制改革一直发挥着"逢山开路、遇水搭桥"的先行军作用。我国经济发展取得的历史性成就、发生的历史性变革，很大程度上就是我们始终坚持经济体制改革的结果。特别是党的十八大以来，作为全面深化改革的重点，经济体制改革走向深入，在财税体制、金融体制、外贸体制、国企国资等领域，出台实施了一系列重大改革措施，并获得突破性进展，推动国民经济持续稳中有进、稳中向好发展。

经济体制改革，实质上就是经济领域的体制机制创新。创新是引领发展的第一动力，从这点上讲，体制机制创新的重要性不言而喻。我国经济发展充满强大的韧性，其原因除了经济本身蕴含的巨大发展潜力，更重要的是我们总能通过体制机制创新，在经济发展的关键时刻做出恰当的适应性改变，从而不断扩大经济发展的潜力。正是如此，当我国经济发展进入了新常态并已由高速增

长转向高质量发展阶段时，继续发挥体制机制创新的先导作用，为建设现代化经济体系保驾护航才意义非凡。

打造推动建设现代化经济体系的产业体系、市场体系、收入分配体系、城乡区域发展体系、绿色发展体系和全面开放体系，无一不需要依靠经济体制改革的作用。也就是，紧紧围绕建设现代化经济体系这一主题，以体制机制创新来不断完善经济体制，既促进每个体系自身的良性发展，又将各个体系有机串联起来，与经济体制一起，作为一个统一整体，一体建设、一体推进。

在建设现代化经济体系中，体制机制创新的目标是建设充分发挥市场作用、更好发挥政府作用的经济体制。要实现这一目标，具体来看，就是要通过体制机制创新，从实现市场机制有效、微观主体有活力、宏观调控有度三个方面去落实。

市场机制有效，就是要始终坚持使市场在资源配置中起决定性作用。以此为出发点和落脚点，尊重市场规律，各项经济改革措施都应以充分发挥市场机制的作用为根本，并以市场机制的作用是否得到有效发挥作为衡量改革成效的依据。通过继续深化简政放权、放管结合、优化服务改革，进一步增强经营管理自主权，大幅减少政府不必要的干预，放手让市场机制有效发挥作用。

微观主体有活力，就是要充分调动各类微观主体创业、兴业、乐业的积极性。在推动国有资本做强做优做大、进一步推进国企国资改革的同时，更要大力支持民营企业发展，依法全面保护各类产权，破除歧视性限制和各种隐性障碍，激发创新创业活力，构建公平、公正、法治的营商环境。与此同时，推进基本公共服务均等化，不断提高保障和改善民生水平，进一步增强人民群众的获得感、幸福感，对于提高微观主体活力也具有积极意义。

宏观调控有度，就是要坚持稳中求进工作总基调，创新和完善宏观调控方式方法。统筹财政、货币、产业、区域等经济政策，加强诸项政策间的协调从而形成政策合力，促进经济社会持续健康发展。由此，防范化解以金融风险为重点的重大风险，强化实体经济吸引力和竞争力，保持经济运行在合理区间。从而，为转变经济发展方式、优化经济结构、转换经济增长动力创造有利条件，为建设现代化经济体系并推动高质量发展奠定坚实基础。

中国经济已由高速增长阶段转向高质量发展阶段，正处在转变发展方式、优化经济结构、转换增长动力的攻关期，建设现代化经济体系是跨越关口的迫切要求。各地区各部门按坚持稳中求进工作总基调，坚定不移贯彻新发展理念，坚持以提高发展质量和效益为中心，统筹推进"五位一体"总体布局和协调推进"四个全面"战略布局，经济运行稳中有进、稳中向好、好于预期，经济发展向中高端水平不断迈进。供给侧结构性改革扎实推进，发展质量效益明显改善。户籍制度改革和居住证制度全面推进，农业转移人口市民化进程加快，农业转移人口与城镇居民的基本公共服务均等化水平提高，新型城镇化质量显著提升。

各地区各部门着力夯实基础产业，加大基础设施建设力度，拓展基础设施建设空间，优化基础设施建设布局，一批关系国计民生的重大工程建成投产，保民生、兜底线、补短板、增后劲的效应逐步显现，基础产业和基础设施保障能力显著提高。农业水利基础进一步巩固，随着一系列强农惠民政策落实，农业综合生产能力不断提高，确保了国家粮食安全和重要农产品有效供给。综合运输网络建设加快推进，横贯东西、纵贯南北、内畅外通的交通运输大通道逐步形成，通达和通畅程度不断提高。能源供给能力也在不断增强。

新旧动能有序转换，科技创新不断取得重大突破。国家对科技创新的支持力度加大，研发投入快速增加。研发经费投入总量目前仅次于美国，居世界第二位。一批具有标志性意义的重大科技成果涌现。首艘国产航母001A下水、C919、探月工程、可燃冰稳定试采成功、"海水稻"项目进行测产、"慧眼"成功发射、造岛神器"天鲲号"下水、核技术处理工业废水等成果带动了劳动生产率稳步提高。创新型国家建设取得重要进展，中国在全球创新指数排名居第22位，在中等收入国家中排名首位，大幅领先其他金砖国家。

"大众创业、万众创新"蔚然成风。随着商事制度改革和"放管服"改革的持续深化，集众智汇众力的乘数效应不断显现。创新驱动发展战略深入人心，各地区各部门坚持走中国特色自主创新道路，培育壮大新动能，加快发展新产业，持续推进大众创业、万众创新，全社会的创新活力和创造潜能得到激发，新的经济增长点不断涌现，发明专利申请量和授权量居世界首位，有效发明专利保有量居世界第三。科技成果转化量质齐升。

新产业新业态新模式层出不穷，加快成长。"互联网+"行动计划深入推进。网络购物快速增长，带动了快递业务迅猛扩张。在信息消费时代，最便捷的服务手段就是电子商务，从而带动电商渠道销售服务快速增长。特别是线上餐饮、线上订票、在线教育、网络约车等服务发展态势良好。随着人工智能、互联网、云计算以及大数据技术日趋成熟，这些技术已经应用到传统家具、家电和汽车类等耐用消费品领域，创新型耐用消费品增长空间巨大。在创新型产品和创新型服务的带动下，中高端消费在中等收入群体中渗透率也越来越高，从而进一步提升我国消费规模的量级。平台经济、分享经济、协同经济等新模式广泛渗透，线上线下融合、跨境电商、智慧家庭、智能交流等新业态方兴未艾。

发展成果更多惠及全体人民。各地区各部门坚持民生优先，千方百计增加居民收入，推动实现经济发展和民生改善良性循环，人民生活不断提升，在共建共享发展中有了更多获得感。社会保障水平逐年提高，可转移、可接续的社会保障体系正在形成，社会保障的公平性进一步增强。教育、医疗卫生、文化和安全等各项民生事业均取得积极进展。公共卫生、疾病防控、医疗卫生服务能力逐步提升，生育服务管理、中医药等工作得到加强，综合监督水平不断提升，城乡居民健康水平持续提高。

（二）构建中国现代化经济体系机制

"经过改革开放近40年的发展，尤其是党的十八大以来，我国经济社会发展取得了举世瞩目的成就。我国社会的主要矛盾已经由人民日益增长的物质文化需要同落后的社会生产之间的矛盾转化为人民日益增长的美好生活需要和不平衡不充分的发展之间的矛盾。"中国社科院财经战略研究院副院长夏杰长表示，我国社会主要矛盾的变化，是中国特色社会主义进入新时代的一个重要标志，但我国仍处于并将长期处于社会主义初级阶段的基本国情没有变。要破解这一矛盾，就必须更高水平发展生产力、更大力度调整和完善生产关系、积极推进现代化经济。这是党提出建设现代化经济体系战略目标最主要的原因。在主要矛盾已经转化的背景下，党的十九大报告提出建设现代化经济体系，可谓是水到渠成、意义深远。

中国宏观经济研究院常务副院长王昌林对现代化经济体系做了如下阐述，现代化经济体系由"现代化"和"经济体系"两个关键词共同组成。现代化是反映人类社会文明从传统社会向现代社会转型程度的综合指标，主要有两层含义：从过程看，指通过不断变革满足现代需要；从结果看，指成为技术先进的，且通常指达到世界先进水平。经济体系是由社会经济活动各个环节、各个层面、各个领域组成的彼此依存、相互影响、共同发展的系统。它包括经济社会活动的生产、流通、分配和消费等各个环节，供给、需求、市场体系和宏观调控等各个层面，以及产业、区域等各个领域。经济体系一般包括四个维度：一是"经济活动行为主体和要素"，包括企业、大学、科研机构、政府等，以及劳动力、资金、土地、技术等要素的数量和质量；二是"结构"，是指这些经济活动行为主体和要素是按照什么比例进行配置的，不同的组合决定了系统不同的运行效率；三是"机制"，主要是指这些经济活动行为主体和要素的运行机制，包括协调机制、动力机制等，它决定了要素资源能否有效配置和有序流动；四是"环境"，主要包括公平竞争的市场环境、营商和法制环境、政策环境等。

因此，可以概括为，现代化经济体系是由社会经济活动的各个环节、各个层面、各个领域构成的，能够较好满足现代需要的有机统一整体。它既是一个目标，也是一个不断变革的过程。从我国来看，现代化经济体系就是能够很好地满足人民日益增长的美好生活需要的经济体系，是充分体现新发展理念的经济体系。

现代化经济体系，要求我们的经济要转型升级，包括经济发展的格局将从高速增长转向高质量的发展，主要的特征是转变发展方式、优化经济结构、转换增长动力。对此，国务院参事、中国与全球化智库理事长（CCG）王辉耀将现代化经济体系的归纳为六个特征：一是更高效益的经济水平和经济增速。二是更高质量的经济增长方式。三是更平衡的区域和城乡发展格局。四是更完善的市场经济体制。五是更全面的对外开放。六是更完善的现代化产业体系、空间布局结构和协调程度。

从具体的操作手段上，建设现代化经济体系，王辉耀和中国财政科学院宏观经济研究中心主任石英华表示可从以下几方面发力：第一，以实体经济为经济发展的着力点，推动制造业、基础设施产业升级。第二，要完善区域发展机制，促进东西部、城乡区域协调、协同、共同发展。第三，要加快科技创新的体制机制和人才机制建设。第四，进一步提升中国企业"走出去"质量，全面提高开放型经济水平。第五，建设更优的体制环境，实现市场在资源配置中起决定性作用与更好发挥政府作用。

建设现代化经济体系是紧扣新时代我国社会主要矛盾转化、落实中国特色社会主义经济建设布局的内在要求，是决胜全面建成小康社会、开启全面建设社会主义现代化国家新征程的基本途径，也是适应我国经济由高速增长阶段转向高质量发展阶段，转变经济发展方式、转换发展动能和全面均衡发展的迫切需要。

建设现代化经济体系是开启全面建设社会主义现代化国家新征程的重大任务。上个世纪 80 年代，党中央提出我国社会主义现代化建设"三步走"的战略目标。党的十八大强调实现"两个一百年"奋斗目标。党的十九大把握中国特色社会主义新时代发展大势，提出决胜全面建成小康社会、开启全面建设社会主义现代化国家新征程的战略目标：到 2020 年，全面建成小康社会；到 2035 年，基本实现社会主义现代化；到本世纪中叶，把我国建成富强民主文明和谐美丽的社会主义现代化强国。实现宏伟愿景，必须牢牢扭住经济建设这个中心，坚定不移把发展作为党执政兴国的第一要务，加快形成先进的生产力，构建雄厚的经济基础；加快建设现代化经济体系，推动新型工业化、信息化、城镇化、农业现代化同步发展，显著提高发展质量，不断壮大我国经济实力和综合国力。

建设现代化经济体系是适应我国经济已由高速增长阶段转向高质量发展阶段的必然要求。我国改革已进入深水区、攻坚期，全面建成小康社会进入决胜期，国民经济正处在转变发展方式、优化经济结构、转换增长动力的攻关期。

只有实现高质量发展，才能推动经济建设再上新台阶。建设现代化经济体系，是我国发展的战略目标，更是我们跨越关口的迫切要求。必须坚定不移推进供给侧结构性改革，实现供需动态平衡，大力推动科技创新和体制创新，爬坡过坎，攻坚克难，努力实现更高质量、更有效率、更加公平、更可持续的发展。只有实现我国经济高质量发展，才能在激烈的国际竞争中赢得主动。

建设现代化经济体系是紧扣我国社会主要矛盾转化推进经济建设的客观要求。改革开放极大地解放和发展了我国社会生产力。但是，发展中不平衡不协调不可持续问题十分突出，我国人均国内生产总值和人均国民总收入仍低于世界平均水平。持续推进现代化经济体系建设必须坚持创新、协调、绿色、开放、共享的发展理念，统筹推进"五位一体"总体布局，协调推进"四个全面"战略布局，推动城乡、区域、经济社会协调发展，处理好经济发展和环境保护的关系，实现国内发展和对外开放良性互动。

二、推动中国产业创新体系改革

产业创新是对旧产业结构的创造性破坏。创新理论的奠基人熊彼特把创新比作生物遗传上的突变，"这类似于生物学上的突变理论，即不断从体系内部革新经济结构，不断地破坏旧的并创造新的结构的'产业突变'构成一种'创造性的破坏过程'"。按照熊彼特的理论，我们可以把产业创新看作是产业突变的过程。那么产业突变的动力又来自何处呢？任何一个时代的产业结构都是一定需求结构、技术水平和资源结构的综合反映，并在这些因素变动的影响下不断演变。因此，产业突变的动力也来源于产业演进的动力系统中，是这些力的相互作用诱发并推动了产业创新。

需求是产业创新的思想来源和动力源泉。一个产业必定为社会提供一种或一类产品或服务。正是由于这些产品和服务符合人们的消费习惯，符合人们的消费需求，这些产业才能成长壮大。也是由于人们对某些产品或服务的需求不断减少，才导致这些产业的萎缩和衰退。需求是决定产业成长的基本条件是没有异议的，因此我们也可以得出同样的结论：需求是产业创新的根本动力，任何新产业的诞生或旧产业的改造都是需求的产物。

技术创新是产业创新的发动机。从总体上看，科技突破是产业创新思想第一位的外部来源，科技突破不仅仅指科学技术上的发明、发现，它的内涵扩展到能用于生产的科研成果的问世。科技突破和技术创新的高级形式是技术革命，产业创新的高级形式是产业革命。产业生命周期与技术生命周期具有相似性。荷兰经济学家范·杜因[①]在其所著的《经济长波与创新》一书指出，产品的生命周期存在于技术的发展过程中，技术的创新、扩散和更迭都会反映在产业的发展变化之中。以燃料产业为例，燃料产业经历了由木材—煤—天然气、石油—核裂变燃料—太阳能等的重大转变，每一次转变都是技术创新的产物。事实表明，较低级的技术在进入生命周期的成熟阶段后，后一时期产生的新技术迅速成长，取代前项技术，成为产业的核心技术，产业技术水平在传统技术与新技术的交替中不断上升到新的层次，通过多次的产业创新后产业也向高级化和知识化发展。技术创新直接推动产业更迭和产业演进已是众所周知的事实了。当然，技术创新就其本身而言并不重要。而且有的技术扩散困难或难以产业化。但是，如果技术创新显著地影响了企业的竞争优势或产业结构，或者能替代原有技术时，则对产业创新有较大的影响，会诱发产业创新。

企业家创新精神是产业创新的不竭动力。产业创新是企业家创新的最高层次，大凡对历史有重大影响的企业家都是全新产业的开拓者。大多数新兴产业的诞生基本上是由少数几个具有创新精神的企业家所为。《竞争大未来》[②]（*Competing for the Future*）一书曾言，"凡是享受过美国中产阶级生活方式的物质成就者，都不得不承认他或她领受到这些产业先驱极大的恩惠"。从企业家成长模式来考察，企业家经历了业主型企业家、发明家型企业家、经理型企

---

① 雅各布·范·杜因，荷兰戴尔福特管理研究生院经济学教授，20世纪70—80年代提出了用创新生命周期解释长期波动的长波理论，经济学界称之为杜因长波理论。

② 加里·哈默尔（Gary Hamel，1954—　）和普拉哈拉德（C.K. Prahalad，1941—2010）合著，两人同是核心能力学说的鼻祖。

业家、专家型企业家四个阶段。不同类型的企业家拥有的共同特征就是产业创新能力。产业革命本质上是企业家革命，企业家是产业革命的灵魂。企业家以创造利润为目标，而利润是产业创新的回报。企业家的创新精神是产业创新的不竭动力。

产业内企业的竞争压力也会变成产业创新的动力。每一个企业都是用来进行设计、生产、营销、交货以及对产品起辅助作用的各种活动的集合。不同的企业都在产业价值链的各环节上竞争。同一产业的价值链基本相同。在激烈的市场竞争中，每一个企业只有拥有区别于其他企业的优势才能生存。企业的竞争优势的基本来源是通过对基本价值链（基本活动和辅助活动）的某个或多个环节的创新。现在的共识是：竞争是市场经济的灵魂，是经济发展的不竭动力。可以说，没有竞争就没有今天的经济成就。竞争虽然有不利的一面，但垄断绝对是市场经济的敌人，是万恶之源。这也正是西方国家普遍禁止垄断行为的缘故。如美国反垄断法的首要命题之一就是：产业集中度过高会产生明示或默示共谋。回顾现代经济发展史就可以得出：即竞争是产业生活的基本特征，也是产业创新的直接推动力。

产业创新体系指的是以产业链条上各企业为创新主体，构建企业之间以及企业和高校、科研机构、用户和供应商、金融机构、政府之间的联系网络，实现自主技术创新和产业升级。产业创新体系的实质是联系，即把企业和其他各次要参与者的创新活动联系起来，以技术创新为核心，形成集成创新能力，使创新活动个体的创新成本降低，效益最大化，由此推动产业内新技术或新知识的产生、流动、更新和转化，促进企业创新能力的形成和产业竞争力的提高。

产业创新体系由三个部分构成。第一部分是产业创新体系的主体，包括主要参与者——企业，次要参与者——高校、科研机构、中介服务机构、金融机构、用户和供应商、政府。第二部分是产业创新体系的资源要素，包括高校和科研机构提供的知识资源、技术资源，政府为促进产业创新提供必要的科技基础设施建设，中介服务机构提供的技术市场、咨询和创业中心等服务，这些都是实现产业创新所必不可少的资源。第三部分是产业创新体系的对象要素，主要指通过产业创新体系实现的技术创新、组织创新和管理创新，产业创新体系的主要功能就是通过产业内企业之间以及企业和其他次要参与者之间的信息交流、知识共享与传播、人才流动、设施共享，促进产业内企业实现技术创新、组织创新和管理创新。第四部分是产业创新体系的运行机制。这是一整套规范产业创新体系主、次要参与者行为的规则和惯例，既包括政府为了促进产业创新体系的形成和完善而给予的必要法制调控和政策引导，也包括行业协会提供的一些标准和规则，以及产业创新体系自身在形成和发展过程中产生的相关机制，约束相关参与主体的行为，促进产业创新体系协作能力和服务功能的提高。

中国产业部门的创新走过了一条"从追赶到引领"的道路。始于1978年的经济体制改革开创了中国40多年举世瞩目的经济增长"奇迹"，"中国制造"享誉全球，实现了工业结构由门类单一到逐步齐全、由低端制造向中高端制造的跨越。产业规模快速扩张的同时，我国制造业部门的国际竞争力也不断提升。我国制造业在全球价值链分工中已经具备较高的增加值获取能力，制造业出口中不仅隐含大量的国内增加值，同时出口中隐含的国内增加值比重也高于世界平均水平及主要新兴经济体。

当前，新一轮世界科技革命和产业变革孕育兴起，其主要特点是重大颠覆性技术不断涌现，科技成果转化速度加快，产业组织形式和产业链条更具垄断性。我们必须在创新中寻找出路，把创新摆在第一位，才能突破经济发展的瓶颈，才能切中科技强国的肯綮。要推动以科技创新为核心的全面创新，坚持需求导向和产业化方向，坚持企业在创新中的主体地位，发挥市场在资源配置中的决定性作用和社会主义制度优势，增强科技进步对经济增长的贡献度，形成新的增长动力源泉，根本解决我国创新能力不强这一"阿喀琉斯之踵"。

中国产业创新的核心目标是通过技术和市场的"双重追赶"实现创新升级，主要体现为三个方面。一是为了获取生产制造能力，并整合利用资金、土地、人才等资源实现产业进入。由于改革开放之前国内科技资源与产业部门的脱节严重，产业部门早期主要目标就是技术获取和技术学习，满足不断扩张的市场需求。二是为了做大做强一些关键产业，构建完整的现代产业体系，并逐步在若干产业中取得本土乃至全球竞争优势。我国很多行业经历了从无到有、从小到大、从加工制造到研发设计、品牌国际化的成长过程。三是为了积累产业技术创新能力，实现从落后到追赶再到跨越的产业升级，并积极发展新兴产业。通过引进生产能力、模仿制造和消化吸收先进技术，多数制造业企业已形成了自主研发和市场开发能力，并利用成本创新、集成创新等方式逐步提升了本土企业在全球价值链中的地位。

三、着力提高国家创新体系效率

（一）全面深化改革，四梁八柱性改革框架基本确立

改革开放是党在新的时代条件下带领全国各族人民进行的新的伟大革命，是当代中国最鲜明的特色。党的十八届三中全会以来，以习近平同志为核心的党中央带领中国人民，经过三年的努力，主要领域"四梁八柱"性改革全面铺开，完善了现代市场经济的基础性制度、取得了改革开放的新突破，开创了中国特色社会主义道路的新里程。

主要领域"四梁八柱"性改革基本出台，是新时期全面深化改革的新突破。主要领域"四梁八柱"性改革基本出台，如期搭建起了全面深化改革的主体框架。"四梁八柱"来源于一种中国古代传统的建筑结构，靠四根梁和八根柱子支撑着整个建筑，四梁、八柱代表了建筑的主要结构。党的十八届三中全会以来，全面深化改革的大格局、大脉络日益清晰，经济体制、政治体制、文化体制、社会体制、生态文明体制和党的建设制度改革全面发力。经过几年的努力，国有企业、财税金融、科技创新、土地制度、对外开放、文化教育、司法公开、环境保护、养老就业、医药卫生、党建纪检等主要领域"四梁八柱"性改革全面铺开，标志性、支柱性改革基本出台，把改革进一步推向深入。

重要领域和关键环节改革不断深入，全面深化改革取得新突破。全面深化改革是一项宏大的系统工程，需要坚持抓整体和重点相结合、渐进推动和重点

突破相衔接。习近平同志指出，如果把全面深化改革比作建造大厦的话，这三年是夯基垒台、选材备料、立柱架梁的三年。

为了夯实全面深化改革大厦的基础，随着实践的进展，改革重心从涉及范围大、推进力度强的"普遍撒网"，转变到有重点、有层次、有缓急的具体领域逐一攻破的"提质增效"。为了全面深化改革大厦的立柱架梁，在 2016 年初，加强了对各领域改革的全面评估，坚持问题导向，把各领域具有支撑作用的改革明确标注加粗，排出优先序，重点推出。到 2016 年底，主要领域"四梁八柱"性改革基本出台，全面深化改革取得新的突破。

建立社会主义市场经济体制是我国经济体制的根本性创新，需要不断完善现代市场经济的基础性制度。新中国成立以后，我们建立起了高度集中的计划经济体制，集中了全国的人力、物力、财力，在较短的时间内迅速建立起了比较完整的工业体系和国民经济体系。随着社会主义国民经济的日益巩固和发展，高度集中的计划经济体制不能适应生产力发展的需要。1978 年，党的十一届三中全会拉开了经济体制改革的大幕。1992 年，党的十四大提出建立社会主义市场经济体制。社会主义市场经济体制的建立，是对传统计划经济体制的根本性变革，需要注入市场经济的基本属性。主要包括：市场主体的独立性平等性、市场配置资源的决定性、市场体系的统一开放性、政府宏观调控体的间接性和相应法律法规的系统性等。全面深化改革，就是要完善现代市场经济的基础性制度，凸显经济的市场属性，促使社会主义市场经济顺利运行。

党的十八届三中全会通过了《中共中央关于全面深化改革若干重大问题的决定》，明确全面深化改革的重点是经济体制改革，经济体制改革的核心问题是处理好政府和市场的关系，使市场在资源配置中起决定性作用和更好发挥政府作用。经济体制改革围绕使市场在资源配置中起决定性作用，在坚持和完善基本经济制度，加快完善现代市场体系、宏观调控体系、开放型经济体系等方面改革全面铺开，抓住关键性改革，做好立柱架梁工作。如为解决市场体系不完善、政府干预过多和监管不到位问题，下力气厘清边界：中央政府定价项目减八成，地方政府定价项目减一半，价格改革大刀阔斧；晒权力清单，推政务公开，法治政府建设蹄疾步稳；对外商投资实行准入前国民待遇加负面清单管理模式，上海自贸区经验在全国复制推广等。主要领域"四梁八柱"性改革全面铺开，促使现代市场经济的基础性制度不断完善。

全面深化改革的总目标是完善和发展中国特色社会主义制度，推进国家治理体系和治理能力现代化。中国共产党把马克思主义的普遍真理与本国的具体实践相结合，积极探索在生产力发展水平相对落后的国家，如何建立社会主义制度。这是一场前无古人的事业。马克思主义认为生产力决定生产关系，经济基础决定上层建筑。社会主义社会是人类社会发展的一个更高层次的阶段，需要建立在更高的生产力发展水平之上。中国共产党领导人民革命、建设、改革，其目的都是为了解放生产力、发展生产力。中国特色社会主义道路的进程，就是不断改革生产关系、上层建筑中那些不适应生产力发展的部分，促进生产力发展的实践进程。在新的历史时期，以习近平同志为核心的党中央为了进一步完善和发展中国特色社会主义制度，推进国家治理体系和治理能力现代化，开启了全面深化改革的伟大征程。

七年来，在以习近平同志为核心的党中央坚强领导下，全国上下以踏石留印、抓铁有痕的劲头全面深化改革，主要领域"四梁八柱"性改革全面铺开，一些重点领域和关键环节改革取得突破，社会主义市场经济体制进一步完善，为发展提供了体制机制保障。

"放管服"改革取得实质性进展。推动简政放权、放管结合、优化服务，市场在资源配置中的决定性作用和政府有效作用得到更好发挥。2013年以来，国务院共取消和下放618项行政审批等事项，提前完成本届政府减少行政审批事项1/3的目标，彻底终结了非行政许可审批。商事制度改革不断深化，"五证合一、一照一码"推进实施，"双随机、一公开"全面推行。外商投资负面清单管理模式不断完善，在上海、广东、天津、福建开展市场准入负面清单制度试点。

关键领域改革向纵深推进。财税金融体制改革稳步推进，全面放开贷款利率管制，取消存款利率浮动上限，汇率双向浮动弹性增强，存款保险制度正式实施，沪港通、深港通开通。国企改革不断深化，公司制股份制改革步伐加快，大多数央企建立了规范的董事会制度，央企子企业公司制改制面超过90%。投融资体制改革全面展开，政府和社会资本合作（PPP）项目落地加快。成品油价格调控机制不断完善，液化石油气出厂价格全面放开。90%左右的城市已推广居民阶梯水电气价。医疗服务价格改革不断推进，公立医院医药价格改革在县级全覆盖、在9个省的城市全面实施。机关事业单位养老保险制度稳步推进，户籍制度改革加快，建立了城乡统一的户口登记制度。全面推行河长制。

（二）不断推进全面创新

创新是引领发展的第一动力，也是更好引领新常态的根本之策。抓住了创新，就抓住了牵动经济社会发展全局的"牛鼻子"。树立创新发展理念，就必须把创新摆在国家发展全局的核心位置，推动以科技创新为核心的全面创新，形成新的增长动力源泉。

创新是一个丰富的系统集成的全面创新的过程。唯有不断推进理论创新、制度创新、科技创新、文化创新等各方面创新，才能真正树立并落实创新发展新理念，培育经济发展新常态下的新动力。

一是要推进理论创新。解放思想是解放和发展社会生产力、解放和增强社会活力的"总开关"。思想观念的解放是认识和行为的来源和先导。当前，中国经济已经进入新常态，不能用"旧常态"的思想继续引导新常态的实践和发展，也不能用"旧常态"的观念来判断、甚至制约新常态的改革发展与创新实践。经济新常态下的创新发展，首先要坚持继续推动思想解放，坚持实事求是，以思想创新引领实践创新。

二是要推进制度创新。创新驱动发展，改革驱动创新。各种体制机制和制度的创新，是创新的内在动力。如果把科技创新比作我国发展的新引擎，那么改革就是点燃这个新引擎必不可少的点火系。我们要采取更加有效的措施，把市场和政府在配置创新资源中的优势都发挥出来，让机构、人才、装置、资金、项目都充分活跃起来，构建良好的创新生态，形成推动科技创新发展的强大动力，把创新驱动的新引擎全速发动起来。

三是要推进科技创新。充分发挥科技创新在全面创新中的引领作用，全面提高科技创新能力，筑牢国家核心竞争力的基石。只有通过科技创新，才可以提高技术进步效率和劳动生产率，进而提升全要素生产效率，形成经济增长的内在源泉。同时，科技创新可以发挥积极的外部性和强大的技术扩散效应，并与劳动力、资本、土地等要素内生化形成收益递增型的新经济增长趋势。当前，在经济新常态下，要加快建设具有全球影响力的科技创新中心，加快人力资本投资与教育模式创新，加快跟踪全球科技技术前沿和创新制高点，推动新要素创新、新技术创新、新产品创新、新流程工艺创新，提升我国在全球价值链分工中的地位。

四是要推进文化创新。经济新常态下，我们亟待推动文化创新，真正形成促进创新发展的文化环境，形成有利于大众创业、万众创新的文化氛围。

四、企业家精神是产业创新的不竭动力

从人类发展的历史看，大国的崛起，一定是公司的崛起；公司的崛起，一定是企业家精神的崛起；企业家精神的崛起，一定是全方位多层次的创新的崛起。重视企业家精神，是党中央治国理政新理念新思想新战略的具体体现，是顺应发展规律和发展大势的理性选择，是全球化、智能化时代新的政策逻辑起点。

"企业家"这一概念由经济学家理查德·坎蒂隆[①]在1800年首次提出。即：企业家使经济资源的效率由低转高；"企业家精神"则是企业家特殊技能（包括精神和技巧）的集合。或者说，"企业家精神"指企业家组织建立和经营管理企业的综合才能的表述方式，它是一种重要而特殊的无形生产要素。企业家

---

① 理查德·坎蒂隆（Richard Cantillon, 1680—1734），爱尔兰裔法国经济学家和金融家，撰写了现代经济学最早的著作《商业性质概论》。

精神就是企业家所具有的才干和能力，将其上升到精神层面，并综合企业家的各种素质和人格，便发展为企业家精神。在企业家发挥着日益重要作用的当今社会，企业家精神更是为越来越多的人所关注。

熊彼特在《经济发展理论》《资本主义、社会主义与民主》中独到地把企业家看成是"革新者"，强调与日常工作和单纯的管理不同的"创新"是企业家的真正职能和必须具备的素质，认为创新是企业家的特质。按熊彼特的创新模式，经理并不都能有资格被称为企业家，只有对经济环境作出创造性的反应以推进生产增长的经理才能被称为企业家。因此，企业家既不同于发明家，也不同于一般的企业经营管理者，是富有冒险精神的创新者创业者，创新创业是企业家的天职。熊彼特强调和重视"企业家"在资本主义经济发展过程中的独特作用，把"企业家"看作是资本主义的"灵魂"，是"创新"、生产要素"新组合"以及经济发展的主要组织者和推动者。企业家精神是企业家为了证明自己出类拔萃的才能而竭力争取事业成功的非物质的精神力量，支配着企业家的创新活动。

创新是企业家精神的灵魂。创新是企业家最核心的精神特质，创新是企业持续发展的根本。任何一家企业的成功，都是企业家不断创新的成果，因此创新是企业家活动的典型特征，也涵盖了从产品创新到技术创新、市场创新、管理创新、组织形式创新、商业模式创新等各种领域，企业家没有创新进取精神，企业就会停滞不前，而在市场中，不前进就必被淘汰。企业家的创新精神，就是优化资源要素的配置，提高资源的产出效率，通过改变产品和服务，为市场提供价值和满意度。创新是企业家特有的工具，他们凭借创新，将变化看作是开创另一家企业或服务的机遇，企业家必须有目的地寻找创新的来源。

企业家精神，实际上就是一种创新创业精神。支持企业家创业，激发和保护企业家精神，发挥企业家积极作用，是我国改革开放以来一直坚持的一个方向。我国改革开放以后最早涌现的一些优秀企业家，都是在计划经济的旧体制中冲杀出来的，他们对于推动经济发展，特别是对于我国建立社会主义市场经济体系，发挥了重要的作用。改革开放为他们提供了有利的环境，但他们之所以能成功，关键还在于他们自身所具备的创新创业的勇气和精神，在这种精神的砥砺之下，他们才能克服各种困难脱颖而出。企业家的创新精神与时代脉搏互动，一直在推动着经济社会转型与发展，在新的时代背景下，需要建立起与之适应的现代化经济体系，就需要更多的优秀企业家发挥砥柱中流的作用。

激发和保护企业家精神，已经成为党和政府的一个重要决策。2017年9月，中共中央、国务院公布《关于营造企业家健康成长环境弘扬优秀企业家精神更好发挥企业家作用的意见》，提出要营造企业家成长的"三个环境"：营造依法保护企业家合法权益的法治环境、营造促进公平竞争诚信经营的市场环境、营造尊重和激励企业家干事创业的社会氛围。提出弘扬"三种企业家精神"：爱国敬业遵纪守法艰苦奋斗的精神、创新发展专注品质追求卓越的精神、履行责任敢于担当服务社会的精神。

这是中央首次发文明确企业家精神的地位和价值，具有划时代的意义，对于夯实民族复兴中国梦的微观基础极为重要。表明在中国经济发展进入新常态的关键时刻，充分发挥企业家的积极作用，已经在国家层面受到高度重视。

之后的党的十九大报告中提出，要激发和保护企业家精神，鼓励更多社会主体投身创新创业。这是在我国进入中国特色社会主义新时代以后，党中央在建设现代化经济体系的部署中作出的一个重要决策。在深化供给侧结构性的改革中，通过引领更多社会主体创新创业，让更多的优秀企业家涌现出来，成为我国决胜全面建成小康社会、全面建设社会主义现代化强国的一支重要力量。

党的十八大以后，党中央加大了反腐和整顿党风社会风气的力度，不正常的官商关系有了很大的改变。各地采取多种措施推动构建"亲""清"新型政商关系，目前"清"的理念不断深入人心，"亲"的氛围不断增强，政商交往的新风尚、新气象正在形成。但是，构建"亲""清"新型政商关系受经济、政治、文化、社会等因素影响，目前基础仍不牢固，权力寻租的土壤没有彻底铲除，资本逐利的本性不会改变，不能腐的体制机制还没有完全建立，构建"亲""清"新型政商关系是一项长期艰巨的任务。因此，我们在经济活动中，企业家一方和官员一方都要突出一个"依法办事"的意识，企业家做守法的企业家，官员做依法办事的官员，齐心协力为决胜全面建成小康社会、争取新时代中国特色社会主义的新胜利做出新贡献。

此外还有弘扬企业家精益求精的工匠精神、诚信经营的公平竞争精神、提升质量的追求卓越精神、服务社会的勇于担当精神等，使他们成为无愧于新时代的中国企业家。而作为政府一方及整个社会，也要为营造依法保护企业家合法权益的法治环境做努力，依法保护企业家财产权，依法保护企业家创新权益，依法保护企业家自主经营权，使得中国涌现出更多的优秀企业家，喷涌经济发展的源泉，为我们的经济建设和改革开放注入强劲推动力量。

全球化时代，更加需要企业家的创新想象力，更加需要企业家的全球化创新实践。开放合作的根源是自身能力有限，开放合作的目的是为了弥补自身不足，获取共同利益，寻求长远发展。合作的本质是各方通过资源与能力的交换和协调实现协同效应，最终达到参与各方都受益的结果。

全球化意识至关重要。企业家的使命，就是要为世界提供更好的产品和服务。全球化时代，互联网时代，更需要企业家胸怀天下，以全球化的视野提供更好的产品和服务。全产业链的互联网电商平台和全球化的物流体系，意味着"一切皆有可能"。能够生存和发展不断创新前行的企业，都是最愿意改变自我的企业，往往能够更早发现新变化并做好准备去应对。全球化的技术前沿追寻至关重要，追寻全球最好的行业技术，是真正的企业家精神，重视未来，重视长期；全球化的创新行动至关重要，面对当前世界经济错综复杂的挑战，创新需跨多个学科，任何一个参与者都不可能独自应对；全球化的范式转型至关重要，智能转型取得较好进展的企业，能够组织起全产业链资源来面对全球（或跨区域）资源配置能力的竞争。

弘扬企业家精神，是增添社会的正能量。这种社会责任感既包含最基本的诚信，公平竞争，为社会提供优质的产品和服务，也应包含更深一层的引领行业精神，建立良好的企业形象，创立并提升民族品牌的国际竞争力，以及财富回报社会等。这是企业家在自身取得成功后的一种精神升华，古语说"达则兼济天下"，这就是对现代企业家社会责任精神的最好注解。

第二节　创新能力与国家竞争力

一、国家创新能力

21 世纪以来，伴随着知识经济的兴起以及经济全球化的大势所趋，国家之间的竞争越来越取决于创新能力水平的高低，走创新型国家之路已经成为世界各国的共同选择。随着全球经济的发展，创新越来越成为提升国家和区域竞争力、推进可持续发展的动力和源泉，创新不断刺激新的经济增长点，国家在全球价值链中的竞争本质上就是创新能力的竞争。厘清国家在全球价值链中的位置与其创新能力之间的关系，对提升国家创新能力，提高在全球价值链中的位置，增强国家竞争力有重要的意义和作用。

创新能力是衡量一个国家或地区竞争力的关键因素。调查某一国家(地区)创新能力和竞争力的现状及潜力，建立一套测度指标体系和评价方法，全面评估该国的创新状况，并对不同国家（地区）创新能力差异进行比较，进而为政府决策以及国家（地区）创新体系建设提供依据，具有重要的现实意义。因此，对创新能力的评价成为各个国家（地区）制定创新战略和政策的重要参考和依据。

目前，对于国际创新能力的评估主要通过各类指标完成。康奈尔大学、欧洲工商管理学院（INSEAD）与世界知识产权组织（WIPO）所构建的全球创新指数（GII）是目前公认的较为权威的评价体系，且已经连续公布了 10 个年度研究报告，研究对象选择全面，包括根据 82 项指标得出的数据、排名和创新水平优劣势情况。此外，其研究指标设计也比较全面，与其他评价指标的数量和涵盖范围相比有明显优势。通过定性比较和定量分析的方法评测各个国家（地区）的创新能力水平，并试图发现形成国家创新能力差异的关键因素，这在一定程度上解释了国际范围内创新资源、创新活力的整体分布情况，为创新政策的研究者和制定者们提供了理论和实证参考。

2018 年全球创新指数的主题为"世界能源，创新为要"，研究了在全球能源需求不断上升的情况下，在气候友好型绿色技术方面拓宽创新性工作的必要性。以包括知识产权申报率、移动应用开发、教育支出以及科技出版物等在内的 80 项指标为分析依据，对 126 个经济体创新情况进行了排名。关于清洁能源创新状况的结论包括：整个能源价值链都需要新的技术进步，公共政策将在指导向清洁能源的过渡方面发挥核心作用。预测表明，到 2040 年，世界对能源的需求要比现在高出多达 30%，而面临气候变化，依靠扩大能源供应的传统做法是不可持续的。全球创新指数关于清洁能源创新状况的结论包括：整个能源价值链都需要新的技术进步，公共政策将在指导向清洁能源的过渡方面发挥核心作用。

在 2018 年发布的全球创新指数（GII）排行榜上，跻身 2018 年全球创新指数前十名的国家是：瑞士、荷兰、瑞典、英国、新加坡、美国、芬兰、丹麦、德国和爱尔兰。以瑞士为首的发达经济体在全球创新指数中仍然占据主导地位。排名前 20 位的创新经济体中，有 11 个来自欧洲，前三名被欧洲国家包揽。这些国家在创新投入与创新产出上占有明显优势，这也使得这类经济体在全球创新阵营中的领先优势十分突出。

尽管美国在 2018 年全球创新指数中跌至第六，但它仍是创新强国，催生了大量在世界上处于领先地位的高科技公司和改变生活的创新。根据报告，在核心创新投入和产出方面，美国依然排名首位，这包括研发方面的投资。美国在研究人员数量、专利数量和科技出版物数量等方面仅次于中国，排名第二。

当前，全球创新活动日趋活跃，创新呈现新格局。创新活动对技术的要求不断提高，亚洲国家在新技术方面不断赶超，全球创新版图呈现扩张趋势。报告显示，一些中低收入经济体的创新能力在上升。亚洲地区名列前茅的有第 12 名韩国、第 13 名日本和第 14 名的中国香港。中国排名第 17 位，超过了加拿大、挪威和澳大利亚等发达经济体，成为首个、也是唯一进入前 20 名的中等收入经济体。印度尼西亚、马来西亚、泰国和越南等国家排名持续上升，同中国、日本、新加坡、韩国等亚洲创新大国的差距正在缩小。在中低收入经济体中，印度在全球创新指数排名上升到 57 位，它已连续第八年在创新方面取得了优于其人均 GDP 的表现。康奈尔大学商学院教授苏米特拉·杜塔（Soumitra Dutta）称，相当数量的新兴经济体正在对世界创新格局产生实实在在的影响和改变。

二、国际竞争力

在全球化时代，国际竞争力已经成为世界经济的热点问题之一。由于国际竞争力主体的多元性、结构的复杂性和空间的广泛性，关于国际竞争力的概念仍存在不少争议，对其内涵也有不同的理解和诠释。

早在 1985 年，世界经济论坛① （WEF） 就首次提出了国际竞争力的概念，认为国际竞争力是"一国企业能够提供比国内外竞争对手更优质量和更低成本的产品与服务的能力"。2003 年，瑞士国际管理发展学院②（IMD） 认为，国际竞争力是"一国创造与保持一个能够使企业持续产出更多价值、人民拥有更多财富的环境的能力"。经济合作与发展组织（OECD）把国际竞争力定义为"一国能够在自由公正的市场条件下生产产品和服务，而这些产品和服务既能达到国际市场的检验标准，又能使该国人民的实际收入保持不变并有所提高的能力"。美国竞争力政策委员会对国际竞争力的定义与经济合作与发展组织相似，认为"国际竞争力是指一国既能提供满足国际市场检验标准的产品和服务，又能长期持续地提高国民生活水平的能力"。

---

① 世界经济论坛（World Economic Forum，WEF）是以研究和探讨世界经济领域存在的问题、促进国际经济合作与交流为宗旨的非官方国际性机构，总部设在瑞士日内瓦。由于在瑞士小镇达沃斯首次举办，所以日后也称其为"达沃斯论坛"。
② 瑞士国际管理发展学院(International Institute for Management Development,IMD)，欧洲第一、全球第三的顶尖商业管理学院，坐落于瑞士西部城市洛桑，亦称为洛桑国际管理发展学院。

从国际竞争力概念的演进看，早期的国际竞争力概念实际上是指企业的国际竞争力。之后，国际竞争力概念从微观层次向中观层次乃至宏观层次发展，国际竞争力逐渐成为一个多层次和综合性的概念。

随着冷战结束和世界经济一体化，科学和技术的竞争发生了巨大的变化，全球经济竞争愈演愈烈，经济实力和创新能力成为国家竞争力的关键所在，世界经济正转向以基于知识经济为主导的新模式，知识和技术对经济增长的贡献已经大大超过资金、劳力和自然资源的贡献之和，成为最主要的经济要素，经济的增长比以前任何时候都更加依靠技术的进步。为了迎接全球经济竞争日益加剧和研究与开发国际化带来的挑战，美、欧等国纷纷完善和加强国家创新体系，通过增强创新能力来加速经济增长，国家创新能力被提到了前所未有的重要地位。

当前，全球分工的显著特征就是产品内分工，产品生产的不同环节被划分到不同国家，逐渐形成包括产品的设计研发、生产制造以及产品营销等环节的全球化生产网络。在这一过程中，全球价值链逐渐形成，具有较强科技实力的国家处于价值链的上游位置，科技实力较弱的国家则处于价值链的下游位置，造成这一差异的根本原因在于国家创新能力的差异所带来的增加值获取能力的不同。

随着创新驱动发展的深入推进，生产要素的流动不断加速，激烈的竞争会倒逼产业提高效率、实现转型，进而激励高技术产业的产生。伴随着产业的转型发展，国家在全球价值链中的角色也会发展转变，产业逐渐由生产制造环节向研发设计和市场推广等环节发展，从而推动国家在全球价值链中位置的提升。

2017年9月世界经济论坛（WEF）发布了《2017—2018年全球竞争力报告》。报告指出，国际金融危机十年后，生产率增长缓慢持续困扰全球经济，并未见到各国有力提高竞争力的改革措施，经济复苏前景不容乐观。此份年度报告是衡量全球各经济体促进生产力发展和经济繁荣程度的重要参考指标。报告对全球137个经济体进行指数排名，结果显示：瑞士连续九年成为全球最具竞争力的经济体，美国、新加坡紧随其后。排在榜单第四至十位的分别为：荷兰、德国、中国香港、瑞典、英国、日本和芬兰。中国排位比上年上升一位，全球排名第 27 位。

三、国际竞争力下的中美战略性贸易摩擦

国家创新体系和创新能力代表着国家的整体竞争力水平。近几年来，随着中国经济总量的逐步壮大，美中双方在多个领域的分歧甚至对立，出现摩擦的频率越来越高。为了赢得选举，特朗普大谈在过去 15 年里，美国薪水与岗位之间的联系，还有美国对中国急剧增长的贸易逆差。但是同时，特朗普更担心的是中国会威胁美国在未来创新经济领域的统治地位。这无论在高端制造业上还是核心竞争力上，中国都是首要目标。

中美贸易的不平衡一直存在，而且日益加剧，它是引起贸易冲突的主要原因之一。中美贸易格局目前是中国货物贸易顺差、服务贸易逆差，这反映了中美比较优势。根据中方统计，2017 年中国对美货物贸易顺差 2758 亿美元，占中国货物贸易顺差的 65.3%；而据美方统计，2017 年美国对华货物贸易逆差 3752 亿美元，占美国货物贸易逆差的 46.3%，高于排第二位至第九位的八个国家之和（44%）。长期的美中贸易不平衡，自然难以让美国继续容忍。2018 年 4 月，民调显示 71% 的美国受访者认为美国应该采取措施修正美国对中国 3750 亿美元的逆差。

但在经济全球化背景下，中国逐渐成为世界工厂，以加工组装方式向全球输出商品，虽然中国的利益只是加工组装的增加值，但当前贸易统计方法把出口商品全额计入。根据中国商务部 2017 年 5 月《关于中美经贸关系的研究报告》，在全球价值链中，贸易顺差反映在中国，但利益顺差在美国，总体上双方互利共赢。据中方统计，中国货物贸易顺差的 59% 来自外资企业，61% 来自加工贸易。中国从加工贸易中只赚取少量加工费，而美国从设计、零部件供应、营销等环节获益巨大。

税改、贸易保护是特朗普竞选承诺的重要组成部分。特朗普在竞选第45届美国总统时就曾提出，当选后将对所有来自中国的进口商品征税45%。特朗普当选美国总统前，由于美国制造业的外迁和外包，在过去20多年，美国中产阶级、蓝领工人收入几无增长，沉沦为社会的边缘，变为"沉默的大多数"和失败者，美国国内数州失业情况严重，成为难堪的"铁锈区"。制造业早已不是美国经济的支撑，但过度服务化的经济也正是当前美国社会严重分裂的根源。奥巴马时期，美国就开始了高端制造业回归，特朗普着手对美国经济发展模式进行调整，根本目的还是美国复兴。在2016年当选总统开始推进税改后，2018年特朗普把贸易保护作为重要议题，此次挑起中美贸易战，直接目的在于以中美贸易严重失衡迫使中国进一步对美开放市场，深层次目的在于试图重演20世纪80年代美日贸易战以遏制中国复兴。

中美知识产权的争议是引起贸易冲突的另一个最主要原因之一。据美国知识产权盗窃问题委员会2017年的一份报告，美国每年因知识产权被窃取而遭受的经济损失高达2250亿至6000亿美元。美国认为中国的一些产品盗用其他国家的技术和专利。2017年美国海关数据显示，截获的侵犯知识产权的假货中，有48%来自中国，39%来自中国香港。在20世纪90年代，美国曾三次根据针对知识产权的"特别301"条款，启动对中国的调查。

从上世纪90年代初开始，中美贸易摩擦逐步经历了从产品到产业、从产业到汇率，再从汇率到国家治理体制几个阶段。此次"301调查"看似针对的是中国高新科技产业和高新制造业的产业维度摩擦，但由于上述产业的战略重要性以及中美双方的产业政策护持，本次贸易摩擦背后是中美经济增长方式和国家管理模式的摩擦，是中美核心竞争力之争。不管怎样，冲突的关键其实不仅仅在于贸易，而是关于谁将在21世纪领导全球创新变革。钢铁、大豆、太阳能板也不是争夺的关键，真正重要的是电动汽车、自动驾驶汽车和人工智能。

特朗普政府对华贸易战，显然不只是要解决贸易逆差问题，而是要通过经济对立形成对中国经济遏制的绝对优势，尤其要遏制中国在关键科技与技术创新领域的发展潜力，逐渐消耗中国在经济上的国力。中国高铁的总长度已经超过了世界上其他国家之和，中国的移动端支付是美国的50倍。2017年，在中国卖出的电动汽车比世界上其他国家卖掉的总和还多，中国使用的工业机器人是美国的两倍多。苹果、亚马逊、谷歌、微软一直盘踞全球企业市值排行Top10，阿里巴巴和腾讯也挤进了10强，而且排名在不断上升。在2012—2016年，高盛公司预计美国的人工智能投资额为180亿美元，而中国仅为20亿美元，那时候美国明显占优势。然而截至2020年，中国准备在人工智能上投资1500亿美元，中国将明显占优势。这也正是特朗普政府真正担心的。如果仔细分析他有关"贸易战"的推特，很明显可以看出特朗普的关注点在于在中国和创新的未来。美国贸易代表办公室发表了关于影响新关税的因素报告，标题为："中国技术转移、知识产权、创新有关的行为、政策和做法"，根本没有提到钢铁或者制造就业机会。

中国对美国地位的挑战以及由此引发的美国对华政策转型已经成为美国政策界的共识。美国试图重演20世纪80年代美日贸易战以遏制中国复兴。2017年中国GDP达12万亿美元，相当于美国的63%，并且中国经济增长率6.9%、远高于美国的2.3%。如果按照6%左右的GDP增速再增长十年左右，即大约在2027年前后，中国有望取代美国、成为世界第一大经济体，重回世界之巅。在此背景下，美国一直试图遏制中国复兴。

纵观美国崛起的100年，通过经济贸易战的方式捍卫霸主地位，是其一贯作风。"大萧条"时代，美国曾与欧洲以相互提高进口商品关税的方式，爆发贸易战。上世纪40年代，美国与苏联爆发冷战，主战场依然是贸易上的遏制与攻击；70年代至90年代，美国又与日本爆发了激烈的贸易摩擦。所以，就历史经验而言，美国对正处崛起阶段的中国发动贸易战和全面遏制，是一个大概率事件。

美国在经济、军事、软实力等方面仍保持优势，与中国的竞争最关键的领域就是高新科技领域的竞争。在处理中美之间的贸易摩擦，中国一向本着做大蛋糕、互利共赢的原则处理对美经贸关系。但是，目前看来中美两国产业结构趋近，中国在高新技术与高端制造业等领域对美国逐渐构成实质性竞争，贸易产业领域的矛盾进一步深化为了战略层面上两个国家核心竞争力的竞争。贸易战不是目的，与西方的全面对立更不是中国利益所在。需要清醒地看到，尽管中国在科研上的投入越来越多，中美之间的科技实力差距仍然巨大，尤其是在原创性和前沿领域。

从 2017 年 8 月 18 日美国宣布正式对中国发起"301 调查"，到 2018 年 3 月 22 日特朗普政府宣布对中国 500 亿美元商品加征关税，美中贸易摩擦开始升级。此后，中方也出台了反制措施，外交部、商务部和驻美使馆同时表态，决心和美国打一场"同等规模、同等程度和同等力度"的贸易战，并"奉陪到底"。但是目前，中美两国总贸易量已超过世界贸易总量的 20%，两国共生产了世界可贸易部门产品的 40%。所以，中美贸易战的开始，也将意味着一场全球贸易战的开始。中美贸易摩擦将对世界经济产生不良影响：引起全球股市动荡，在特朗普宣布决定后，美国和中国的股市暴跌达 2%—3%；世界经济格局的改变，由于中美双方进出口通路的不畅和阻塞，两国需寻求另外的途径保持他们的需要和出口。其他国家也可以借此发展它们的工业，并且开拓中美两国的市场；参与中美两国的生产链的国家和地区经济也受到冲击而下滑；世界上最大的两个经济大国的贸易战将导致世界经济发展速度的变缓。

第五章　全球化下的创新机制变革

第一节　创新机制顺应全球竞争力发展潮流

一、创新驱动提升竞争力

党的十九大报告指出："实现'两个一百年'奋斗目标、实现中华民族伟大复兴的中国梦，不断提高人民生活水平，必须坚定不移把发展作为党执政兴国的第一要务，坚持解放和发展社会生产力，坚持社会主义市场经济改革方向，推动经济持续健康发展。"按照党中央的决策部署，把加快建设创新型国家作为现代化建设全局的战略举措，坚定实施创新驱动发展战略，强化创新第一动力的地位和作用，突出以科技创新引领全面创新，具有重大而深远的意义。

当前，我国社会主要矛盾已经转化为人民日益增长的美好生活需要和不平衡不充分的发展之间的矛盾。特别是经济发展大而不强、大而不优，要素驱动力明显减弱，新动能还未全面接续，经济社会发展对科技创新的需求从未像今天这样迫切。只有加快建设创新型国家，在经济社会发展的全过程充分践行创新、协调、绿色、开放、共享的发展理念，才能加速向主要依靠知识积累、技术进步和劳动力素质提升的内涵式发展转变，在我国发展的内生动力和活力上实现一个根本性变化，为解决社会主要矛盾开拓更广阔的空间。

我国经济发展长期以来主要依靠资源、资本、劳动力等要素投入支撑经济增长和规模扩张的方式已不可持续，为了在竞争中赢得主动，依靠科技创新转换发展动力，提升国家的综合国力和核心竞争力，适应和引领中国经济发展新常态，建设创新型国家和世界科技强国，是我国发展的迫切要求和必由之路。

走出中国特色自主创新道路，推动科学技术的跨越式发展。要把增强自主创新能力作为国家战略，贯穿到现代化建设各个方面，激发全民族创新精神，培养高水平创新人才，形成有利于自主创新的体制机制，大力推进理论创新、制度创新、科技创新，不断巩固和发展中国特色社会主义伟大事业。

自主创新、重点跨越、支撑发展、引领未来是中国共产党提出的建设创新型国家的指导方针。自主创新是我国科技发展的战略基点；重点跨越，坚持有所为、有所不为，是加快我国科技发展的有效途径；支撑发展，从现实紧迫需求出发，是我国科技发展的现实要求；引领未来，就是着眼长远，超前部署前沿技术和基础研究，是我国科技发展的长期根本任务。

（一）加强自主创新是我国科技发展的战略基点

重大科技创新成果是国之重器、国之利器，必须牢牢掌握在自己手上，必须依靠自力更生、自主创新。作为一个发展中国家，我们需要充分利用当今日益开放的国际环境，广泛学习和借鉴各国的先进技术，但引进技术不等于引进技术创新能力，况且真正的核心技术也是买不来的。我们必须始终把自主创新作为科技进步的基点。我们要通过自主创新，不断提高我国的国际竞争力，解决自身面临的重大科学技术问题。我们讲自主创新，一是要加强原始性创新，努力获得更多的科学发现和技术发明；二是要加强集成创新，使各种相关技术有机融合，形成具有市场竞争力的产品和产业；三是要在引进国外先进技术的基础上，积极促进消化吸收和再创新。

我国科技总体正处于从跟踪模仿为主转向"跟跑、并跑和领跑"并行的重要转型过渡期。实施创新驱动发展战略的根本在于增强自主创新能力。核心技术靠化缘是要不来的，只有自主创新，把核心技术掌握在自己手里，才能抢占市场竞争的制高点、掌握国家间博弈的主动权。要紧紧围绕经济竞争力的关键、消费升级的方向、供给侧的短板、社会发展瓶颈制约等问题，统筹部署产业链、创新链、资金链，全面提高自主创新能力，突破关系国计民生和经济命脉的重大关键科技问题。

我国总体进入工业化后期，支撑我国实体经济 40 多年快速发展的传统要素优势正逐步减弱，要素价格持续上升。与此同时也要看到，我国已进入到数字经济时代。数字经济有数字产业化和产业数字化两大部分。数字产业化，也称为数字经济基础部分，即信息产业，具体业态包括电子信息制造业、电信业、软件和信息技术服务业、互联网行业等；产业数字化，也称为数字经济融合部分，即传统产业由于应用数字技术所带来的生产数量和生产效率提升，其新增产出构成数字经济的重要组成部分。

数字经济快速发展与经济转型升级交织融汇，不仅成为推动新时代经济创新发展的新动能，也日益成为引领我国经济转型升级与产业变革的重要推动力。加快推进大数据、云计算、物联网等数字技术与传统产业的深度融合，是实现由高速增长转向高质量发展的务实选择。数字经济与传统经济有很大的不同，主要的驱动要素是创新。随着大数据、人工智能等为标志的新一轮技术革命的加快推进，创新在经济发展中的地位日益凸显。如果在大、智、云、移、物等领域，在基础研究领域和应用研究领域再推出一大批重大科技创新成果，将为我国中长期发展注入强大的内生动力。

科技创新有力提升新动能，正在成为高质量发展的中坚力量。中国虽然在模式创新上已经和发达国家有的一拼，但在技术创新上，中国和发达国家的差距还是很大。要瞄准世界科技前沿，强化基础研究，实现前瞻性基础研究、引领性原创成果重大突破。加强应用基础研究，拓展实施国家重大科技项目，突出关键共性技术、前沿引领技术、现代工程技术、颠覆性技术创新，为建设科技强国、质量强国、航天强国、网络强国、交通强国、数字中国、智慧社会提供有力支撑。加强国家创新体系建设，强化战略科技力量。深化科技体制改革，建立以企业为主体、市场为导向、产学研深度融合的技术创新体系，加强对中小企业创新的支持，促进科技成果转化。倡导创新文化，强化知识产权创造、保护、运用。培养造就一大批具有国际水平的战略科技人才、科技领军人才、青年科技人才和高水平创新团队。

（二）实现重点跨越是加快我国科技发展的有效途径

改革开放以来，我们已经具有了这样的成功实践。当代科学技术的迅猛发展，为我国实现重点领域的跨越发展带来了重要机遇，我们完全有可能利用后发优势，在广泛吸收国外先进科技成果的基础上，在具有相对优势的关键技术领域取得突破。我们要树立坚定的民族自信心和自豪感，摒弃无所作为、盲目迷信他人的思想，紧紧抓住稍纵即逝的发展机遇，在重点领域内实现新跨越。

当前，全球新一轮科技革命和产业变革孕育兴起，特别是信息技术、生物技术、制造技术等广泛渗透到各个领域，带动以绿色、智能、泛在为特征的群体性重大技术变革，大数据、云计算、移动互联网等新一代信息技术同机器人和智能制造技术相互融合步伐加快，正在引发国际产业分工重大调整，进而重塑世界竞争格局、改变国家力量对比。新一轮科技革命和产业变革为我国推动高质量发展开辟了广阔新空间，我们绝不能再重蹈历史上与科技革命失之交臂的覆辙，必须在全球科技竞争中抢占先机，为高质量发展占据"桥头堡"和"制高点"。我国既面临赶超跨越的难得历史机遇，也面临差距拉大的严峻挑战，唯有加快建设创新型国家，全面增强科技创新能力，力争在重要科技领域实现跨越发展，才能在新一轮全球竞争中赢得战略主动。

以数字中国为例，"数字中国"在传统信息系统基础上加入时空数据维，使面向决策的管理信息系统建立在对客观规律进一步认识的基础上，成为实现可持续发展的有效工具，开启了人类认识地球、资源、环境及人类自身的新方法论，并且具有巨大的产业化前景。自2006年《2006—2020年国家信息化发展战略》发布以后，我国信息化进入了一个新的发展阶段，在国民经济和社会各个领域的应用日益深化和扩展，以"数字中国"为总目标的"数字省区""数字城市"等信息化工程在全国蓬勃发展起来。单就数字中国而言，对国家的治理创新就有巨大的应用前景，前途无量。

（三）支撑发展是我国科技发展的现实要求

我国未来的经济发展，面临着保持增长和提高质量效率的双重任务，面临着开拓国际市场和立足国内消费需求的双重使命，面临着提升传统产业和培育发展新兴产业的双重要求。科学技术对于经济发展的作用，必须要从当前的紧迫需求出发，着力解决制约经济发展的各种重大技术瓶颈，切实解决人口、资源与环境等方面的重大科技问题，加快先进适用技术的推广应用和产业化，保持国民经济长期稳定增长，实现经济结构的战略调整，促进人与自然、经济与社会的全面、协调、可持续发展。

"创新是引领发展的第一动力，是建设现代化经济体系的战略支撑。要瞄准世界科技前沿，强化基础研究，实现前瞻性基础研究、引领性原创成果重大突破。"在基础研究领域，我国目前的进步非常巨大，从量子通信的突破性进展，到 500 米口径射电望远镜的建成，正在为人类科技的基础添砖加瓦，贡献自己的力量。

实体经济是一国经济的立身之本，是国家强盛的重要支柱。实体经济要做优做大做强，需要科技创新的有力支撑和先发引领。科技是国之利器，世界上的现代化强国无一不是创新强国、科技强国。我国建设创新型国家的战略目标是，到 2020 年进入创新型国家行列，到 2035 年跻身创新型国家前列，到新中国成立 100 年时成为世界科技强国。当前，我国发展站到了新的历史起点上，正在由发展中大国向现代化强国迈进。如果我们不能在创新领域取胜，就不能掌握全球竞争先机和优势，迈向现代化强国就会失去支撑。必须加快建设创新型国家，突出科技创新能力提升，以科技强国支撑现代化强国。

（四）引领未来是我国科技发展的长期根本任务

科技创新是引领高质量发展的核心驱动力，为高质量发展提供了新的成长空间、关键的着力点和主要支撑体系。习近平同志强调，解放和发展社会生产力，是社会主义的本质要求。把创新作为引领发展的第一动力的核心动力观，是马克思主义政治经济学关于解放和发展社会生产力的思想在中国现有的历史条件和国情下的具体应用和发展。生产力理论是马克思主义理论体系的基石，也是马克思主义政治经济学最基本的内容。

科学技术不仅要支撑现实经济社会发展，还必须为未来发展奠定可靠的基础和能力，成为引领经济持续发展的主要力量。近代科技发展历史表明，任何新兴领域的产业，特别是对处于萌芽和初生阶段的技术而言，总是需要及早给予大量的投入和精心呵护。一些国家在某些领域取得领先地位，很大程度上都是来自这些国家超前战略部署的结果。科技要引领未来，就要对科学技术发展超前部署，不断探索新的发展方向，创造新的市场需求，开拓新的就业空间，引导经济社会进入新的发展阶段。

中国的发展是世界的机遇。一个创新步伐加快、发展质量更优的中国，必将产生更广泛、更强大的辐射效应，带来更多合作机会，让更多国家搭乘中国发展的快车。在新时代开启与时俱进、创新发展方式的新征程，一定能实现更高质量、更有效率、更加公平、更可持续的发展，为世界带来更多中国红利。

二、创新中国将为世界贡献更多中国方案

中华民族曾以几千年的灿烂文明著称于世界。古时候中国有指南针、造纸术、火药、印刷术这四大发明，领先世界，推动了世界历史发展。此后，由于闭关自守，"天朝大国"一度坠入落后挨打的境地。历经凤凰涅槃，当代中国告别了百年屈辱，在顺应时代潮流中阔步前行。中国人的科技创新速度，正重新赢得世界的赞叹！

长期以来，我国一直缺乏先进技术标准，导致在经济发展过程中，往往受制于人，无法把控行业话语权，只能屈居于产业链的低端，赚个辛苦钱。而以"新四大发明"为代表的中国标准，受到国内外的认可，凸显我国技术研发、

制造能力、商业水平的提升，形成世界领先的竞争力，并开始掌握部分行业话语权，以中国标准引领发展。

我国的经济民生快速发展，在不知不觉间已经走到了世界前列，随着"一带一路"布局的推进，中国的对外影响和形象在迅速扩大和提高，越来越多的外国人来到中国旅游、学习、工作、生活。中国生活越来越高的科技含量让外国友人津津乐道。"新四大发明"就是这些来自"一带一路"沿线的 20 国青年外国友人在体验了中国生活方式之后所评选出来的。曾以古代"四大发明"推动世界进步的中国，正再次以科技创新向世界展示自己的发展理念。

中国在基础设施建设上下了很多功夫，交通网络建设越来越完善，交通出行方式越来越多样。中国高铁无论是里程、速度、环境还是技术，在国际上都是处于领先地位的，很多外国人第一次乘坐中国高铁都会惊叹高铁站的宏大规模和宽敞明亮的环境，乘坐后更是感觉既方便快捷又平稳。

高铁作为中国制造的新名片，自 2009 年实施"走出去"战略以来，凭借领先的技术、过硬的品质、优质的服务，已经建立起互通互联的世界动脉。十几年前，中国还没有高铁，全部靠引进发达国家手中的先进技术。然而，仅仅用了很短的时间，中国高速铁路网规模迅速成为世界第一，目前，已通车高铁里程长达 2 万多公里，预计到 2020 年中国高铁通车里程将新增 1 万公里，到 2030 年将超过 4.5 万公里。"复兴号"更是全球最快高铁列车群，时速 350 公里，由中国铁路总公司牵头组织研制、具有完全自主知识产权、达到世界先进水平的中国标准动车组。出行便捷，远超欧美国家。中国高速公路自 2011 年开始，基本保持每年 1 万公里的新增速度，总里程目前已突破 13 万公里，稳居全球第一。

从追赶到引领，从中国制造到中国标准，中国高铁走过了高效而辉煌的引进、消化、吸收、再创新之路。中国在高铁上一路"超车"，超越了发展几十年的日本、法国、德国等高铁强国，成为世界上运行里程最长、技术最先进的高铁强国，创下最高运营时速、最低运营温度等多项世界纪录，成为当之无愧的世界高铁"教科书"。

　　中国高铁的迅猛发展同样促进了"一带一路"的发展：在近年来凭借领先的技术、优质的服务和高性价比等竞争优势，击败了一个又一个对手，促成了一项又一项中外高铁合作项目：土耳其安伊高铁、印尼雅万高铁、俄罗斯莫喀高铁，中国通往泰国、匈牙利通往塞尔维亚的铁路也在修建中，高铁强国的风范彰显无遗，一条条疾驰而过的白色钢铁长龙，不仅代表了领先世界的"中国速度"，更是中国飞速发展迈向全球的冲锋号角。

　　中国约有 7.51 亿网民，手机网民规模约 7.24 亿。这让中国成为全球最大、发展最快的电子商务市场。2012 年至 2016 年，我国电子商务交易额从 8.1 万亿元增长到 26.1 万亿元。《电子商务"十三五"发展规划》确立了 2020 年电子商务交易额 40 万亿元、网络零售总额 10 万亿元和相关从业者 5000 万人三个发展指标。截至 2017 年 7 月，移动支付活跃账户和日均支付交易笔数均超过 6 亿，除中国市场外，中国的移动支付已经实现在 200 多个国家和地区用几十种货币进行移动支付。这种现象已经成为一个世界的共识，中国在"无现金化"和移动支付方面已走在世界前列。

　　与移动支付相伴相生的是网络购物。作为"新四大发明"之一，网购不仅改变着国人的购物方式，同样也改变着外国人的购物观念。第三届全球跨境贸易报告显示，中国首次超过美国成为最受全球网购消费者欢迎的海淘国家。报告显示，21% 的受访消费者表示过去一年曾在中国网站进行海淘，美国和英国则以 17% 和 13% 分居第二和第三位。虽然移动支付和网购等科技起源于美国，但中国快速跨越了个人电脑和大型购物商场时代，已经领先美国，为世界经济输出"互联网商机"。从中国本土到越南、泰国等亚洲邻国，到远在地球另一端的阿根廷、巴西……如果说高铁是中国人织就的联通中国各地、联通中国与世界的一张有形的网，那网购则是中国人缔造的联通中国各地、联通世界每个角落的一张无形的网。

　　从共享单车、共享汽车，到分享知识、技能、劳务……"分享经济"的概念发端于上世纪 70 年代的美国，如今在中国土地上迅速生长，并带来生活方式的巨变。国家信息中心的报告显示：2016 年中国分享经济交易额约为 34520

亿元，比上年增长 103%。未来几年，中国共享经济仍将保持年均 40% 左右的高速增长。

近几年才崛起的人气发明共享单车，发展势头最为迅猛，不仅帮助解决了很多人"最后一公里"出行的问题，更以其便捷、环保等优势，直接改变了很多人的生活方式。目前，全国各大主要城市的单车投放量已趋于饱和甚至投放过量。虽然共享单车现在依然有不少问题存在，但是很明显的是我们正在逐渐习惯它们的存在，出门找辆单车去地铁站变成一件很平常的事，而单车上自带的 GPS 系统也能让我们更容易找到它们。世界卫生组织驻华代表施贺德赞叹道："既便捷又便宜的共享单车让骑行回归人们的生活，鼓励人们多运动，有利于身心健康，有助于城市向'健康城市'转型。它更加人性化地满足了人们点对点的出行需求，降低了交通拥堵，让公共交通变得更有吸引力，更方便。"

共享单车并不仅仅是一辆自行车，其背后有着卫星定位系统、移动支付、大数据等诸多科技成果支撑，中国创业者在全球率先将这些科技元素结合到一起，开发出共享单车模式，一度被边缘化的传统自行车生产行业，随着中国共享单车的出海，一跃成为朝阳产业。

共享单车不仅在国内不断攻城略地，而且开始进军海外市场。中国的共享单车跨过重洋，把产品空降到了远在几千里之外的欧洲。让人意想不到的是在英国，这些单车竟然成为当地的"网红"，英国《卫报》称，中国共享单车具有"重塑很多城市外貌和感觉的潜力"。除了登陆欧洲，中国的共享单车还登陆了日本、新加坡、意大利、美国和哈萨克斯坦等地。

中国的共享单车模式走向海外，被称为"中国智造"或"中国式创新"。美联社称，正是中国初创公司把活力带到了美国，美国多个城市正在享受这样的"美遇"。彭博社评论道，"共享单车服务发轫于中国，摆脱了以往中国创新的'山寨'印象，是完全意义上的'中国式创新'"。

中国在变，世界眼中的中国形象也在变。印度支付宝 Paytm 创始人维贾伊·谢卡尔·沙玛直言："很多年前，我们都说中国的创业者或者中国移动互联网的人在学习硅谷的经验，或者拷贝硅谷的技术，今天这个现象已经改变了。我告诉大家一个事实是，硅谷已经在向中国学习，学习中国先进的移动互联网的技术。"

中国发明，世界受益。"印度版支付宝""泰国版阿里巴巴""菲律宾版微信""印尼版滴滴"……在"一带一路"沿线国家，许多在中国热门的移动应用实现本土化，让当地民众体会到"互联网+"的方便与实用。

"新四大发明"引发世界各地的热议和羡慕，但是在我们的日常生活中却是习以为常的。中国在某些地方或许还有欠缺，但是不可否认，我们民族复兴的口号不是白喊的。无人超市、无人机、量子科学、超级计算机、手机、APP等，中国的"黑科技"正在逐渐征服世界。

创新为中国经济发展提供源源不断的动力。庞大的市场、众多的人口、较低的人力成本，让中国"新四大发明"，一旦落地就会呈几何级数增长。2017年上半年经济数据显示，中国国内生产总值同比增长 6.9%，继续扮演着世界经济增长"主引擎"的角色，而 2016 年科技进步对中国经济发展的贡献率已上升到 56.2%。许多外国人士都希望能借助中国成果推动本国经济发展。"新四大发明"引领世界潮流移动支付已大步流星地走出国门，服务已延伸到全球五大洲。如今的"新四大发明"正改变着中国人的生活，也为解决人类问题贡献了中国智慧、提供了中国方案。

无论是高铁，还是网购、支付宝、共享单车，其兴起的一个重要条件在于中国广袤的国土、巨大的市场和庞大的人口数量。国土越大，经济半径的束缚力也就越大，突破速度的需求也就越大。13 亿多中国人日益丰富多元的物质文化需求，13 亿多中国人蕴含和待释放的庞大生产能力和消费能力，在遭遇经济半径、支付限制的阻碍后，产生强烈的脱困动力。出行累、银行挤、交通堵……打破百姓生活的痛点堵点纠结点，让百姓生活得更幸福更便捷，是刺激"新四大发明"在中国"点亮"并"光耀"世界的又一大动因，而且在短时间内形成强大扩散力。

中国人对科技的认可度和需求度越来越高，无论是当下发展水平还是未来发展前景都一片大好。国内稳定的经济和社会环境，良好的政策，都为我国科学技术的发展提供了客观支持，中国的科技在一步步赶超发达国家。

当一个文明古国把创新作为发展理念之首，把科技创新放在全面创新的核心位置；当一个工业革命的后来者想要奋勇踏上新科技革命的列车，久久为功，从跟跑到并跑到引领的时候，便会有高科技支撑的标志性产品服务出现。在更大的意义上，"新四大发明"向外传播，可以说是体现了中国创新为代表的新发展理念，在世界舞台上彰显了中国风格、中国气派。

问题的关键并不仅限于此，更重要的决定性因素在于中国科技创新力量的迸发与技术基础设施的完善。党的十八大以来的 7 年里，中国形成从"小众"到"大众"，人人皆可为"创客"的时代洪流。这 7 年里，中国科技人才队伍迅速壮大，全国科技工作者达 8100 万；回国人才超过 110 万，是前 30 年回国人数的 3 倍。《华尔街日报》评论：中国曾经以廉价劳动力闻名于世，现在它有了其他东西来贡献给世界——创新。中国"智造"的结晶，犹如一张张名片，让中国重新找到了全球发展中的坐标，也让世界重新定位了经济版图中的崭新中国。

中国公司在技术产品和商业模式方面正在引领全球趋势，特别是在超级计算机、智慧交通、数字支付等领域。从基础建设到消费方式，从商业理念到经济业态，"新四大发明"折射出"中国式"创新的澎湃动能。

应该认识到，与发达国家相比，中国的总体技术水平与创新实力仍有较大差距。但中国在快速跨越，并在一些重要领域实现超越。未来，会有越来越多的"新四大发明"涌现。

三、依托"一带一路"促进全球创新

（一）建设"一带一路"创新共同体

互利共赢、开放合作是新型国际关系的核心准则，而科技因素已成为外交关系的基础性、先导性因素。作为带动全球增长的最大动力，中国已经明确了建设世界科技强国的宏伟目标，在装备制造、基础设施建设、资源勘探开发、

能源环境、气候变化、减灾防灾、新能源、信息、新材料、智能交通、空间与航空航天、生命科学与健康、海洋与渔业、现代农业等广泛的领域都具备技术优势和产业基础，加上人才、资金、市场等综合性优势，完全有条件和能力为周边和沿线国家的发展贡献创新驱动力。

"一带一路"沿线大多是新兴经济体和发展中国家，普遍处于经济发展上升期，面临诸多转型升级挑战和复杂性社会矛盾，对科技创新的需求迫切。资金援助等传统外交方式已满足不了国际合作的现实及长远需要。无论是应对气候变化、能源环境和安全问题，还是深化投资贸易合作，科技外交正发挥越来越重要的作用，包括科技服务外交、外交促进科技发展、科技合作改善国家关系、科技助力解决区域和全球性挑战等内容。民间科技交流和政府间科技合作成为增进战略互信、促进互利共赢的重要途径。

为落实《推动共建丝绸之路经济带和 21 世纪海上丝绸之路的愿景与行动》和《"十三五"国家科技创新规划》，2016 年科技部、国家发展改革委、外交部、商务部会同有关部门编制了《推进"一带一路"建设科技创新合作专项规划》，旨在打造政策与发展理念相通、贸易与要素流动畅通、科技设施联通、资金链与创新链融通、人员交流顺通、民心相通的创新共同体，为加强"一带一路"国际合作打造"利益、责任和命运共同体"注入了新内涵和新动力。

创新共同体建设不仅助力中国"打造陆海内外联动、东西双向开放的全面开放新格局"，也有利于提升中国在周边和沿线国家的亲和力与国际影响力。中国在深化与美、日、欧、俄等世界科技强国合作的同时，正在务实推进"一带一路"科技合作，以全球视野来谋划和推动国际科技合作。中国积极融入和主动布局全球创新网络，展现了科技外交新形态，提高了全球创新资源配置能力，为创新发展营造了良好外部环境，拓展了更大发展空间。

"一带一路"建设涉及的国家多、范围广、领域宽、周期长，配套措施和行动计划主要集中在经济领域，科技支撑引领相对薄弱。随着各国相互联系、相互依存程度加深，创新共同体建设将成为国际合作的优先领域。用什么样的方式实现互联互通，需要双边和多边科技合作的支持。加强联合研发平台和技术转移中心等科技创新基地建设，有利于促进各国优势科技资源互联互通，支撑重大工程项目顺利实施。共建特色创新园区，有利于聚焦共性技术，强化合作研究，促进开放和协同创新，鼓励创新创业。共同制定国际科技合作规则，主动设置全球性创新议题，促进创新资源开放流动，有利于丰富和深化多领域国际合作层次和水平。

国际科技合作是提升科技创新国际化水平和重点产业国际竞争力的有效途径，是培育国际创新品牌、提升国际分工地位的技术保障。一方面要促进国际产能和装备制造由传统产业"优势产能"合作向科技创新"新产能"合作转变，助力特色产品、民族产业、优势产业和新兴产业走出去；另一方面要整合力量扎实推进惠及民生的科技创新合作，密切科技、人文、智库交流，让创新发展造福沿线各国人民，促进民心相通，增强战略互信。

（二）"一带一路"倡议提出以来科技创新合作成果丰硕

在以基础设施互联互通为优先领域的"一带一路"倡议中，科技创新合作扮演着独特而亮眼的作用。根据国家发改委、外交部、商务部 2015 年 3 月发布的建设"一带一路"《愿景与行动》文件，民心相通是"一带一路"建设的社会根基、有利于传承和弘扬丝绸之路友好合作精神，而科技合作则是民心相通的重要组成部分和促进途径，具体内容包括"共建联合实验室（研究中心）、国际技术转移中心、海上合作中心，促进科技人员交流，合作开展重大科技攻关，共同提升科技创新能力"等，"积极开拓和推进与沿线国家在青年就业、创业培训、职业技能开发等领域的务实合作"也是重要合作推进之一。

"一带一路"倡议提出以来，中国与相关国家科技创新合作取得显著成果，在相关领域中国主动作为、为相关国家提供了诸多公共产品。一是推进科技人文交流，支持相关国家一大批青年科学家来华开展科研工作，为相关国家培养了上万名科学技术和管理人才，并在相关国家广泛举办各类技术培训班。2013年科技部启动实施了"亚非杰出青年科学家来华工作计划"，支持亚非地区 45 岁以下的杰出青年科学家来华工作。目前已有来自印度、巴基斯坦、孟加拉国、缅甸、蒙古、泰国、斯里兰卡、尼泊尔、埃及等国家 200 余名青年科学家来华在各领域开展科研工作。2011—2017 年，科技部共举办了 200 多个发展中国家技术培训班，学员总数 5000 余人；二是共建了一批联合实验室或联合研究中心。近几年来，科技部支持建设了中国—蒙古生物高分子应用联合实验室、中国—埃及可再生能源联合实验室、中国—柬埔寨食品工业联合实验室、中国—尼泊尔地理联合研究中心、中国—东盟海水养殖联合研究与示范推广中心等联合研究平台，并积极与埃及、印尼、巴基斯坦、斯里兰卡等国家在水资源、生物技术、高温气冷堆、棉花生物技术等领域筹备建设联合实验室。国家级联合实验室的建设，有力推动了与沿线国家科研机构建立长期稳定的伙伴关系，开展高水平联合研究，加强科技人员交流、促进技术转移，推动了相关产业的发展；三是科技园区合作成为新的亮点和"国际名片"。中国通过建设高新区或科技园区的方式汇聚创新要素、促进经济增长的做法成为相关国家关注的兴趣点，目前已有包括埃及、伊朗、蒙古、泰国、老挝等在内的多个亚非沿线国家对中国明确提出开展科技园区合作的需求，已与部分国家签署了科技园区合作协议，将在科技园区规划、建设、管理、运营、人员培训、激励政策制定、产业合作、引导企业入驻等各方面开展合作；四是推动创新共同体建设，初步形成区域技术转移协作网络。中国建设了面向东盟、南亚、中亚、阿拉伯国家、中东欧等地区和国家的一系列区域和双边技术转移中心及创新合作中心，包括支持广西开展"中国—东盟技术转移中心"建设、云南开展"中国—南亚技术转移中心"建设、宁夏开展"中国—阿拉伯国家技术转移中心"建设、新疆开展"中国—中亚科技合作中心"建设、江苏开展"中国—中东欧国家技术转移虚拟中心"建设等，并与上述地区国家共同举办年度或两年一度的技术转移和创新合作大会。

（三）科技创新是"一带一路"建设的重要驱动力

当前，世界经济在深度调整中曲折复苏，新一轮科技革命和产业变革呼之欲出，科技创新活动不断突破地域、组织、技术的界限，创新要素在全球范围内的流动空前活跃，科技创新成为国家和区域持续发展的关键性支撑要素。对"一带一路"建设而言，科技创新无疑也是提高沿线国家社会生产力和综合国力的技术支撑，是"一带一路"建设开放合作之路的重要内容，是"一带一路"建设创新发展、文明繁荣之路的重要驱动力量。

首先，科技创新是建设创新发展之路的核心动力。发展是"一带一路"沿线国家面临的共同使命和重大需求，而科技创新则是引领发展的第一动力。纵观人类发展历史，科技创新始终是推动一个国家、一个民族向前发展的重要力量，也是推动整个人类社会向前发展的重要力量。21世纪特别是国际金融危机以来，科学技术越来越成为推动经济社会发展的主要力量，以创新推动可持续发展已成为时代趋势和全球共识，这也是我们推动"一带一路"建设必须秉持的重要理念，只有依靠科技创新，才能将"一带一路"建成创新之路，让创新成为推动发展的重要力量。

其次，科技创新是建设开放合作之路的重要内容。文明在开放中发展，民族在融合中共存，开放合作是"一带一路"建设的根本目的和核心使命。科学技术是世界性的、时代性的。随着科技全球化的深入发展，科技创新与合作正成为人类社会可持续发展的重要引领，也是"一带一路"建设中最容易找到利益交汇点的重要内容之一。"一带一路"沿线各国科技发展水平、发展基础不尽相同，取长补短、相互学习的意愿强烈，开展持久、广泛、深入的科技创新合作将成为"一带一路"各国共同应对全球性挑战，实现经济增长和可持续发展的必要途径。"一带一路"倡议已成为各国开展科技创新合作的重要纽带和关键平台，在"一带一路"总体合作框架内，国际科技创新领域的合作必然大有可为。

最后，科技创新是建设文明繁荣之路的重要依托。当前，世界主要国家地区都在积极布局科技创新，努力寻求经济社会持续繁荣的突破口。"一带一路"建设涉及多个发展中国家，通过国际科技合作，例如，在先进制造、基础研究、信息技术、生物医学等领域开展合作，让领先国家和地区的科技优势与后发国家和地区的产业发展和民生建设融合对接，必然会极大地推动发展中成员国的工业化进程，也将切实提升基础设施建设水平，促进社会发展，提升民生水平。通过科技持续合作，"一带一路"各国共同承担风险，共同分享利益，促进经济、科技、社会、文化的全面融合，同呼吸、共命运，这无疑是推动"一带一路"建设文明之路、繁荣之路的动力之源和重要依托。

第二节　全球创新资源配置

一、以开放利用全球创新资源

新一轮技术革命的艰巨性、复杂性以及对人类社会发展的影响力都远超以往技术革命。任何一个国家，都很难独自完成一项创新实践。尽管各国都有各自优势的创新资源，但也不能闭门造车，应对广泛借鉴和吸收其他国家的创新成果，更大程度、更大范围地扩大合作创新的内涵和形式，充分利用全球创新资源。

构建开放创新体系是加快建设创新型国家的重要举措，也是打造我国全面开放新格局的重要内容。改革开放40多年来，中国经济在高速增长的同时，也更深地融入了全球经济体系。当今世界，新一轮技术变革和产业变革推动全球化进程深入发展，国际分工更加专业化，资本、技术和人才等高端要素跨国流动更加频繁，新业态新产业层出不穷。要抓住新技术变革的历史机遇，我国必须以更加开放的视野、更加主动的姿态融入全球创新网络，在更高层次上构建开放创新机制。从国内看，我国经济已由高速增长阶段转向高质量发展阶段。构建更加开放的创新体系，采取更加开放的创新方式，有利于吸纳和整合全球创新资源，支撑我国经济转型升级。我国走开放创新之路是大势所趋。在更加复杂多变的国际形势下，我们要坚定不移走改革开放的道路，以全球视野谋划和推动创新，加快构建开放创新体系，在开放合作中提升创新的质量和效率。

作为典型的技术追赶国家，改革开放以来，我国创新体系的开放度不断提升。经过多年积累，我国进入了创新发展的新阶段，科学研究和技术创新能力正在从全面追赶进入跟跑、并跑和领跑并存的阶段。开放创新体系为开放式创新提供了制度保障。一方面，创新体系的开放度决定了微观开放创新的效率。创新体系的开放度越高，创新要素的流动性越好，微观层面的开放式创新可利用的创新资源范围越宽、质量越好，创新的效率就越高。国家创新体系为微观层面的开放创新提供要素、体制机制和政策保障。另一方面，微观组织的创新模式变化也会促进创新体

二、有效利用全球创新资源

中国已成为国际创新链的关键节点，全球创新资源有加速向中国集聚趋势。基于国内很多公司、机构与欧美一些大学、研究机构、大公司、中小公司等接触与合作反馈的信息，可以得出一个初步判断：国外上述机构中掌握着很多我们需要的技术创新资源，且对"中国概念"比较认可，有与中国市场和产业合作对接的强烈愿望。这为我们深度利用国际创新资源提供了难得的机遇。

在海外创新资源集聚区建立孵化器，再将孵化成果引到国内进行转化和产业化。国内如招商局集团、海信、光启研究院等在美国、以色列等地建立了很多高科技孵化器，并以基金方式对其中有前景的项目进行投资，这种"海外孵化＋中国资本投资＋国内产业化"的一体化方式缩短了成果转化时间，而且实现了将重大原创性技术快速与中国国内产业对接，取得了多赢效果。

在海外直接建立研发中心。相对于作为开放机构的高科技孵化器，大公司到海外建立的研发中心一般都是为自己公司服务，主要是利用当地研发人才。现在有越来越多的国内企业选择到世界不同地方建立研发中心。

利用平台机构推动国外有专长的中小公司与国内产业链对接。过去几年由于文化、法律等方面的差异，中外企业间点对点的对接多不理想。国内一些平台化的对接服务机构应运而生，并且取得了很好的效果。平台机构的核心作用是在合作双方建立公信力，为双方企业提供包括早期培育、资本投资、战略沟

通、技术交流、第三方担保等系统性服务，国外企业通过这个平台能很放心地与国内企业讨论合作，有的先是技术合作，有的则成立合资公司。如瑞士一家从事自动化技术的公司利用类似平台对接了国内一家相关企业，二者先进行技术合作，双方各取所需，瑞士公司借此进入了中国市场，国内公司也借此实现了技术升级。现在这两家公司正在筹建合资公司，筹划立足中国再向国际市场进军。

在国内建立以海外研发人员为主要对象、市场化运作、以产业化为主要方向的民办科研机构。这种方式近年来在深圳、北京等地发展较快，多在新能源、新材料、医疗技术、信息通信等领域。很多海外人才（主要以留学人员为主）非常希望在中国创业，而且不乏在国外有过成功创业的经历。由于机制问题，这些人不愿意到国内的体制内科研机构；也不愿到缺乏创新自主性的大公司打工。这些市场化运作的民办科研机构，给海外人才提供了一个科研平台，并能按国际规则设定技术成果转化权益。由于归国科研人员带来的多是在国外研究多年的成果，很多能很快实现产业化。

直接引进国外的创新平台。国外有很多运作非常成熟的集投资与创业孵化于一体的创新平台，如美国的创客空间、YCombinator 等，还有一些大型公司管理的集孵化与转化于一体的创新平台，如英特尔、谷歌公司在美国设立的众多平台机构。国内一些城市如上海、苏州等地，通过引进这些机构在国内落地，可直接将在海外孵化的技术拿到国内产业化，或者与跨国公司合作将其存量专利、技术在中国进行转化。如硅谷 HAX 是创投基金 SOSventures 旗下的硬件加速孵化器，也是全球第一的硬件加速器。2012 年，HAX 从硅谷搬到了深圳华强北，不仅帮助中国的创客团队实现了走向硅谷的目标，同时带来了来自不同国家的团队以及他们的国际化视野和资源，为深圳的创客运动提供了经验和示范。相对中国资本直接到海外建孵化器，国外孵化器在引进技术项目、整合国际资本、专业化管理等方面更具优势，一旦直接成体系地与中国对接，成果转化的速度会非常快。

三、开放创新是全球创新重要趋势

开放创新是经济全球化和创新网络化背景下的重要趋势。经济全球化推动了全球价值链的分工协作,创新多极化趋势的增强加速全球化创新网络的形成。传统封闭、独立、线性的创新方式和过程正在被开放、合作、网络化的创新模式所取代。伴随信息、技术、知识、人才的跨国流动趋于活跃,各种生产力要素和科技资源加速在全球范围内自由配置,各国创新体系间的依赖性不断提升。尤其在新一轮科技革命和产业变革提速的背景下,高端创新要素和创新资源在全球范围内的流动速度更快、更具方向性。各国为了应对经济转型和社会发展日益增多的严峻挑战,普遍通过增加投入、改善制度和加强协同,构建各国的开放创新体系。主要呈现以下趋势:

创新投入和活动全球化,越来越多的国家进入创新的行列。全球创新格局呈多中心、多极化发展趋势,亚洲的创新地位迅速提高。以美国为首的发达经济体仍在全球创新中处于领先地位。同时,研发活动开始向中国、印度、巴西等发展中国家转移;经济全球化和信息技术的发展促进创新要素在全球加快流动。尽管在一些国家和领域贸易保护主义有所抬头,但是创新要素在全球加速流动,哪里环境好,创新要素就向哪里流动。随着技术和人才等创新要素跨国流动的规模和水平不断提高,各国的创新也在充分利用世界人才、技术和市场,整合外部资源,提高创新效率;创新模式多样化,呈现网络化趋势。一是领域交叉融合创新增多。如信息技术、生物技术、新能源技术、新材料技术等交叉融合正在引发新一轮科技革命和产业变革,加强了不同领域之间的合作创新。二是创新专业化和网络化的程度提高,创新模式发生变化。互联网正在改变生产和创新的组织方式。从以企业为核心的线性模式、以地区为核心的集群模式,到跨领域和地区的创新网络化成为可能。三是互联网技术促进传统产业的商业模式创新和产业组织方式创新,提高实体经济效率。如电子商务、智能制造、智慧交通等;全球范围内的创新合作不断加强。由于技术变化加快和复杂性增加,研究开发成本增加,某一国家和企业的创新能力提升也不再局限于内部研发，研发外包、联合研究开发、专利许可等推动创新成果在全球范围内产业化。在政府层面，为应对人类共同面临的环境、健康、食品和能源安全等问题，各国政府加强技术合作，加大研究开发投入和交流。在社会层面，为了克服创新成本和技术的复杂性，大学、科研机构和企业之间构建创新网络，加强合作研发和创新。一方面，产业价值链上各环节企业之间、生产者与用户之间加强合作创新。另一方面，产学研合作和协同创新，加强了创新链各环节之间的协调性，提高研究质量，缩短研究周期，加快成果产业化。

第六章　创新发展战略的转型升级

第一节　我国创新发展理论的形成

一、中国特色社会主义创新发展理念

新的发展实践呼唤新的发展理念。党的十八大以来，习近平同志在治国理政新的实践中，以一系列富有创见的新思想新观点升华了我们党对经济社会发展规律的认识。创新发展理念的提出就是其中一个蕴含着哲学智慧和理论自信的最大亮点。当前，我国经济已由高速增长阶段转向高质量发展阶段，正处在转变发展方式、优化经济结构、转换增长动力的攻关期，要紧紧抓住创新特别是科技创新这个"牛鼻子"，实施创新驱动发展战略，建设创新型国家。科技创新是核心，抓住了科技创新就抓住了牵动我国发展全局的"牛鼻子"。我国经济发展不少领域大而不强、大而不优，长期以来主要依靠资源、资本、劳动力等要素投入支撑经济增长和规模扩张的方式已不可持续，建设创新型国家和世界科技强国，是我国发展的迫切要求和必由之路。

创新是引领国家发展全局的核心理念。创新理念是高居国家发展全局核心位置的重要理念，事关国家现代化建设的兴衰成败。创新对于整个国家现代化

战略而言，事关当下，影响长远，关乎全局。当下，创新关乎缓解经济下行压力，提振经济发展；近期，创新关乎 2020 年全面建成小康社会目标的实现；长远，创新决定第二个"一百年"能否基本实现国家现代化。我们要从国家发展全局的战略高度，以实现中华民族伟大复兴的长远战略眼光，重视创新、推动创新、支持创新，把创新作为推动和引领发展的第一动力，使创新理念在引领发展中落地生根，开花结果。

加强科技资源的统筹和整合。创新是发展的引擎，只有让"科技之花"结出"产业之果"，创新优势才能转化为竞争优势、发展优势。针对科技创新和成果转化的"脱臼"现象，要促进科技同经济深度融合，推动科学研究、实验开发、推广应用"三级跳"，努力让科技"长"入经济，让成果走向市场。加快推进产学研深度融合，深化高校和科研院所改革，完善科技成果转移转化机制，让机构、人才、装置、资金、项目都充分活跃起来，形成推进科技创新发展的强大合力。实行以增加知识价值为导向的分配政策，加强知识产权开发利用和保护，让科研人员依靠发明创造取得更多合法收益，加快形成一支规模宏大、富有创新精神、敢于承担风险的创新型人才队伍。

实施创新驱动发展战略，要自觉成为深化供给侧结构性改革的助推器。深化供给侧结构性改革的主攻方向就是要提高供给体系质量，显著增强我国经济质量优势，离开科技创新，别无他途。比如在加快发展先进制造业方面，要推动互联网、大数据、人工智能和实体经济深度融合，在中高端消费、创新引领、绿色低碳、共享经济、现代供应链、人力资本服务等领域培育新增长点、形成新动能；在支持传统产业优化升级方面，要加快发展现代服务业，瞄准国际标准提高水平。通过创新发展，促进我国产业迈向全球价值链中高端，培育若干世界级先进制造业集群。

西方经济学关于创新问题的理论学派林立，新古典增长理论（外生增长理论）、新增长理论（内生增长理论）、演化经济理论等都从不同视角论述技术进步对经济增长的意义及内在机理，构成了庞杂的理论体系。这些理论的意义更多地体现在对具体的创新政策的制定和实施的指导上，但即使指导创新政策时，面对庞杂的知识体系，也需要根据国情和时机进行权衡选择。中国特色社会主义的创新发展理念，就是考虑到这些理论对创新政策制定的具体价值，以马克思主义为指导，结合我国国情而提出的发展观。

中国特色社会主义创新发展理念，其根本的理论基础来自于马克思主义政治经济学关于解放和发展社会生产力的基本原则。虽然马克思并没有直接给创新下过精确的定义，但在马克思的诸多论著中，曾使用过"创造""创立""发明""革命"等与创新含义接近的概念。已有研究将马克思创新理论中创新的定义概括为：现实的人针对新的现实情况，有目的地从事的一种前人未曾从事过的创造性的、复杂性的高级实践活动，是人的自觉能动性的重要体现。对应物质生产实践、社会关系实践与科学实验人类实践活动的这三种基本形式，创新主要有技术创新、制度创新、科学创新三种基本形式。通过科学创新可以将科学知识转化为生产力，引发生产工具变革从而推动生产关系的变革。马克思认为，技术作为一种渗透性的生产要素，通过提高劳动者的能力、促进资本积累以及改进劳动资料特别是生产工具，把巨大的自然力和自然科学并入生产过程，使生产过程科学化，进而对提高生产力、促进经济发展具有巨大的促进作用。

创新不仅对经济增长具有促进作用，还是推动社会发展的重要力量。马克思总是把技术创新看成是推动社会发展的有力杠杆，看成是最高意义上的革命力量，认为技术创新在推动社会发展中的巨大作用，不仅表现在对没落社会制度的摧毁上，而且也表现在对上升的社会制度的引领和推进上。但马克思也认为，技术进步推动社会发展的作用是一个历史范畴，在人类社会发展的不同时期，技术进步推动社会发展的作用是不一样的，因为技术成果只有运用到生产中，转化为现实的生产力，才会对社会发展产生相应的推动作用，才能成为推动社会发展的强大动力。

中国特色社会主义的创新发展理念，不仅来自于上述理论思考，也来自于我国经济发展实践经验的总结和国情变化的战略应对。新中国成立以来各个时期的经济发展实践表明，科技进步和技术创新工作的发展与我国的经济增长和健康发展紧密相关。新中国成立之初，科技水平总体上落后西方发达国家近百年，经济则是"一穷二白"；新中国成立以后，我党开始号召在海外的科学家回国并培育自己的知识分子和工业化人才，1956 年党中央又向全党全国发出"向科学进军"的号召，到 1966 年，我国工业化奠定了初步基础；1966—1976年的"文革"期间，由于"四人帮"的疯狂破坏，科技水平与世界先进水平不断拉大，国民经济一度濒于崩溃；1978 年 3 月 18 日，党中央召开全国科学大会，邓小平同志提出"四个现代化"的关键是科学技术的现代化、科学技术是第一生产力、科学技术工作者是劳动者等重要论断，"科学技术是第一生产力"成为指导我国科技创新和经济发展的核心理念；1995 年 5 月 6 日，中共中央、国务院作出《关于加速科学技术进步的决定》，提出科教兴国战略；进入 21 世纪，党中央又创造性地提出建设创新型国家的重大决策，与这一系列对科技创新的重视所伴随的是改革开放几十年的经济高速增长。改革开放以来，我国快速地从工业化初期走到了工业化后期阶段。从发展动力角度区分，我国已走过了以生产要素驱动为主的发展阶段和以高储蓄率的投资驱动为主的发展阶段。在科技水平、经济基础、综合国力大幅度提升的同时，原先大量投入资源和消耗环境的经济发展方式已难以为继，无论是从现实的可能性还是从理论的必要性来看，我国都应该转向以创新驱动为主的新发展阶段。

中国特色社会主义的创新发展理念，是以习近平同志为核心的党中央以马克思主义为指导，基于我国已有的发展经验，立足于我国经济社会发展的阶段变化和出现的新条件、新问题和新实践，顺应当前世界技术、经济发展形势的新要求，博采西方经济学各学派有关创新的各种观点，继承和丰富马克思主义创新思想，提出的更具有全面性、科学性、人民性的创新发展观。

党的领导是中国特色社会主义制度的最大优势。坚定不移走创新发展道路，必须切实加强党的领导，提高把方向、谋大局、定政策、促改革的能力和定力。坚持以习近平新时代中国特色社会主义思想和习近平总书记重要讲话精神指导创新发展实践，不折不扣落实以习近平同志为核心的党中央在创新驱动发展方面作出的决策部署和重大改革，面向世界科技前沿、面向经济主战场、面向国家重大需求，加快各领域科技创新。"抓创新就是抓发展，谋创新就是谋未来。"把创新作为抓发展的"一号工程"，把党对科技创新工作的领导落到实处，把"大学习、深调研、真落实"工作成果，及时转化成推动创新发展重大政策举措。

党的十八届五中全会提出的创新理念，是新的历史条件下党领导发展的根本指导思想和行动指南。习近平同志强调："发展理念是发展行动的先导，是管全局、管根本、管方向、管长远的东西，是发展思路、发展方向、发展着力点的集中体现。发展理念搞对了，目标任务就好定了，政策举措也就跟着好定了。"如果发展理念跟不上时代潮流，就会妨碍发展全局，影响发展效果。

二、深化创新发展理念的认识

创新是党的十八届五中全会提出的重要理念。习近平同志在省部级主要领导干部专题研讨班上的重要讲话，进一步阐释了创新理念的重要意义。坚持和践行创新理念，进一步深化对创新理念科学内涵和重要意义的认识，使创新理念家喻户晓、落地生根。习近平同志指出："抓住了创新，就抓住了牵动经济社会发展全局的'牛鼻子'。"

坚持和践行创新理念，首先要提高对创新理念特殊重要性的思想认识。认识不到位，思想不重视，创新就难取得成效。思想重视程度有多高，工作力度就有多大，创新取得的成效就有多大。我们要从党领导发展的指导思想的认识高度把握创新理念的特殊意义和重要性，把创新理念作为推动发展的行动指南，贯彻落实到推动发展的全部工作之中，以创新理念引领发展。

创新是引领发展的第一动力。目前我国经济社会发展的"瓶颈"是老动力不足、新动力缺乏。应对国内外严峻形势，根本出路在创新。习近平同志强调："创新是引领发展的第一动力"。"我国经济社会发展要突破瓶颈制约、解决深层次矛盾和问题，我们国家要走在世界发展前列，根本出路在于创新。""抓创新就是抓发展，谋创新就是谋未来。不创新就要落后，创新慢了也要落后。"

　　确立创新理念，实质是解决发展动力问题。要以创新培育新动力、转换老动力，让新动力层出不穷，使老动力焕发新活力。只有紧紧抓住创新这个发展第一动力，才能化解"三期叠加"风险、破解产能过剩难题，实现经济结构转型升级，跟上世界科技革命步伐，给经济社会可持续发展注入强大动力。

　　在不断深入的中国特色社会主义建设中，我们党对创新的理解越发系统科学，深刻认识到创新对于人类社会发展的根本意义，不断推进理论创新、制度创新、科技创新、文化创新等各方面创新，明确了要坚持走中国特色自主创新道路、大力建设创新型国家。习近平同志进一步指出："创新是一个民族进步的灵魂，是一个国家兴旺发达的不竭动力，也是中华民族最深沉的民族禀赋。"把创新摆在国家发展全局的核心位置，贯穿党和国家一切工作，必然给发展全局带来根本变化、整体变化、长远变化。

　　创新理念，作为新的历史条件下党领导发展的重要指导思想，无论是内涵还是外延，都不同于一般意义上的科技创新，而是涵盖理论创新、制度创新、科技创新、文化创新等各个方面的社会整体创新。对创新理念的理解，既不能停留在科技创新层面，也不能局限在经济领域，而应从社会整体创新的多层面多领域去把握。从内涵看，创新理念包括多个层面：以技术创新为先导的科技经济创新；以体制机制创新为载体的制度创新；以思维方式、观念理念创新为主要内容的思想创新。从外延看，创新理念包括多个领域：既包括生产力、生产关系创新，也涵盖经济基础、上层建筑、意识形态创新；既包括生产方式、消费方式、分配方式创新，也涵盖思维方式、执政方式、社会治理方式创新。在社会整体创新中，各方面各领域创新相互促进，互为条件，共同推进社会整体创新。

　　科技经济创新是推动社会整体创新的基础。经济是基础，科学技术是第一生产力，社会整体创新要以科技经济创新为基础。一方面，科技经济创新是社会整体创新的外在表现和重要内容。社会整体创新既是绵延不断的科技经济创新过程的积淀，也是无数科技经济创新成果的集成。另一方面，科技经济创新是社会整体创新的基础。科技创新是推动生产力发展的动力，生产力发展则为社会整体创新提供经济条件和物质基础。没有强大的物质基础和经济条件做后盾，很难持续不断地推动社会整体创新。

机制体制制度创新是推动社会整体创新的保障。社会整体创新，首先要破除妨碍创新的体制机制障碍，从社会制度安排上健全完善推动创新的体制机制，用科学合理的体制机制激励创新、引导创新、保护创新，为推动社会创新扫清障碍、开辟道路、提供保障，从体制机制层面激化社会创新活力，培植社会创新动力，开拓社会创新空间，搭建社会创新舞台，疏通社会创新渠道，推动社会整体创新。体制机制不合理，必然妨碍社会整体创新。如有的创新由于体制机制不健全卡在"最先一公里"无法开启；有的创新由于体制机制不顺畅被搁置在"最后一公里"无法推进；有的创新由于体制机制的缺陷胎死腹中。实践表明，推动社会整体创新必须以健全完善社会创新机制体制为前提，以体制机制创新推动社会整体创新。

思维方式、观念理念创新是推动社会整体创新的先导。思想解放是推动社会整体创新的前提。只有解放思想，人们才可能敢想、敢干、敢闯、敢冒、敢试，求新创新。推进社会整体创新，需要破除思维定式和传统观念，克服"习惯思维"和"主观偏见"，打破习惯势力的束缚，创新思维方式和思想观念。在思想禁锢、思想僵化、思想保守的社会环境下，很难产生新观念、新理念、新思维、新思想。坚持和践行党的十八届五中全会提出的创新理念，需要以思维方式、思想观念创新为动力推动思想解放，以思想解放推动社会整体创新。

"一个没有创新能力的民族，难以屹立于世界先进民族之林。"目前，我国深入推进改革开放已然到了攻城拔寨，取得攻坚新胜利的冲刺期。无论是创新和加强宏观调控，抓好"三去一降一补"，还是深化教育、医疗、养老等领域改革，都有不少"硬骨头"要啃。改革关头勇者胜。越是攻坚克难，越要有"明知山有虎，偏向虎山行"的勇气，越要有"咬定青山不放松"的毅力，迎难而上，稳扎稳打，方能积小胜为大胜，以改革突破开创发展新局面。想要成功，就要大胆尝试，勇于创新。

抓好创新，深化认识是前提，聚焦问题是关键。比如，深化经济体制改革，核心是处理好政府和市场关系，使市场在资源配置中起决定性作用和更好发挥政府作用。这就要讲辩证法、两点论，"看不见的手"和"看得见的手"都要用好。只有从思想上明确政府与市场的定位，有"自我开刀"的勇气，有"利归天下"的公心，才能在转变政府职能上更自觉、更主动，把该放给市场和社会的权放足、放到位，才能敢担当、善作为，把该政府管的事管好、管到位。鼓起披荆斩棘的勇气，加强深化改革开放措施系统集成，就能进一步激发市场活力和社会创造力，切实增强人民群众的获得感。

创新发展理念是方向、是钥匙。面对经济发展新常态，面对决胜全面小康的新形势、新任务，坚持创新发展是制胜之道。敢于打破思维定式、冲破观念障碍，才能跳出老套路、旧框框，深刻认识到"创新是引领发展的第一动力"；善于抓住时机，瞄准世界科技前沿，全面提升自主创新能力，在基础科技领域作出大的创新、在关键核心技术领域取得大的突破，才能靠创新塑造发展新动力；以更开放的视野引进和集聚人才，加快集聚一批创新领军人才，厚植创新人才成长的土壤，才能夯实创新发展的智力根基，用人才驱动实现创新驱动。

三、创新发展旨在增进民生福祉

新发展理念必须始终坚持的基本原则是坚持以人民为中心的发展思想，创新发展也不例外。通过实施创新驱动，着力于提高经济发展的质量和效益，生产出更多更好的物质精神产品，不断满足人民日益增长的物质文化需要，这是发展的首要目的。通过推进各个领域、各个环节的创新发展，能够激发全社会的创新活力，全面提升生产力、生产关系和社会文化等的发展水平，充分体现社会主义制度的优越性，坚定道路自信、理论自信、制度自信、文化自信，为实现中华民族伟大复兴的中国梦夯实物质基础和思想基础。通过更丰富和更高层次的创新实践，人作为实践的主体能更加自觉、更加自由地进行创造和发展，在更高境界上拓展发展空间、实现自我价值。这种人民至上的价值取向，体现了人民是推动发展的根本力量的唯物史观，体现了我们党全心全意为人民服务的根本宗旨，体现了逐步实现共同富裕的目标要求，体现了坚持人民主体地位的内在要求。这意味着创新发展不仅仅是功能性的创新，而必须把实现人民幸福作为发展的目的和归宿。换言之，人民群众必须是创新发展的主体，也必须是创新发展的最大受益者。

确立以人民为中心的创新价值导向，要求我们的创新围绕人民根本利益展开，促进人的全面发展。人的全面发展是人民群众最根本、最长远的利益所在。在全面建成小康社会的决胜阶段，我们要自觉把满足人民物质文化生活需要、增进民生福祉、促进人的全面发展、实现人民共同富裕与普遍幸福作为创新创造的出发点和落脚点，大胆创新、全力创造。这样，才能取得更高品质、更高境界的创新成果，实现创新社会效益和创新价值最大化。换言之，只有把创新的心思和精力用在为人民谋利益、谋福祉上，实现创新创造意愿、动力与人民群众发展需求的直接对接，才能使创新利民、富民、惠民，让人民在创新发展中得到实实在在的好处。

推动创新发展必须坚持以人民为中心的价值导向，既激发发展动力、厚植发展优势，又努力实现"创新让未来更美好"的崇高愿景。只有坚持创新发展的正确价值导向，才能使全社会的创新创造潜能得到合理有效释放，提高创新的质量、效益和价值，发挥创新增进民生福祉的重要作用。我们党来自人民、服务人民，党的一切工作，必须以最广大人民的根本利益为最高标准。人民群众是发展的主体，也是发展的最大受益者。坚持以人民为中心的发展思想，就要把增进人民福祉、促进人的全面发展作为发展的出发点和落脚点，做到发展为了人民、发展依靠人民、发展成果由人民共享。

回顾既往，在以习近平同志为核心的党中央坚强领导下，全国上下创新进取，砥砺奋进，在全面建成小康社会和迈向中华民族伟大复兴的征程中再创新功，辉煌成就举世瞩目，必将载入光辉史册。展望未来，我国在新的历史起点上开启新征程，改革转型任务依然繁重，前进道路上的挑战前所未有，但拥有的机遇也前所未有，经济长期向好基本面没有改变，结构调整优化前行，新动能发展势头强劲，人和政兴的发展环境难能可贵。我们有信心有能力也有条件经过努力实现全面建成小康社会进而建成富强民主文明和谐美丽的社会主义现代化强国的奋斗目标！让我们更加紧密地团结在以习近平同志为核心的党中央周围，不忘初心，继续前进，立下愚公移山志，一张蓝图干到底，为实现"两个一百年"奋斗目标和中华民族伟大复兴的中国梦不懈奋斗。

第二节　我国创新发展历史脉络

毛泽东同志开启了现代中国自主创新的历史时代，这就是中国创新发展战略的肇始。新中国正式成立之前，1949 年 9 月 29 日，中国人民政治协商会议第一届全体会议通过的《中国人民政治协商会议共同纲领》就提出，要"努力发展自然科学，以服务于工业农业和国防的建设。奖励科学的发现和发明，普及科学知识"。这反映了在新中国"一穷二白"的落后状态下，全国人民发展科技的迫切要求。当时党中央的基本判断是：我国的自然科学和技术，比世界上科学技术最先进的国家，落后了几十年。1956 年 1 月，毛泽东同志在第六次最高国务会议上前瞻性地提出："我国人民应该有一个远大的规划，要在几十年内，努力改变我国在经济上和科学文化上的落后状况，迅速达到世界先进水平"。正是根据毛泽东同志这一宏大构想，中国政府制定了《1956 年至 1967 年科学技术发展远景规划》，制定了"重点发展，迎头赶上"的科技追赶方针，拟定了 13 个方面 57 项重大任务。这是新中国改变科技落后面貌、追赶先进国家梦想的第一个科技发展蓝图，为新中国的科技发展奠定了重要基础。但限于当时的国际环境和计划经济体制的限制，中国大部分时间只能在封闭或半封闭、城乡隔离、地区分割的条件下自主摸索创新，因此这段时期是中国与世界先进科技水平差距逐渐拉大的时期。

这一阶段的主要特征是建立各类科研机构，制定国家科技发展计划，逐步形成国家创新体系。这个时期的科技计划主要有"12 年科技发展规划"等。

这一阶段主要是为了国防安全的需要，中国的高新技术发展倾向于军事方面，在高能物理、化学物理、近地空间海洋科学等方面进行了不懈努力，"两弹一星"的研制成功是其重要的标志。这些科技的成就，不但大大提高了中国的国际威望，而且促进了此后中国高新技术的建立和发展。此时的国家创新模式主要是"政府主导型"，由政府直接控制，相应的组织系统按照功能和行政隶属关系严格分工；创新动机来源于政府认为的国家经济社会的发展和国防安全需要，等等；创新规划各级政府制定；政府是资源的投入主体，资源严格按计划配置，创新的执行者或组织者进行创新是为了完成政府任务，其利益不直接取决于它们的现实成果，同时也不承担创新失败的风险和责任。

20世纪70年代起，中国进入开放创新的探索时期。1978年3月，邓小平同志在全国科学大会上首提"科学技术是生产力"这一著名论断，会议还制定了《1978—1985年全国科学技术发展规划纲要（草案）》，提出科学技术工作的奋斗目标。同年12月，中共十一届三中全会公报进一步明确提出"在自力更生的基础上，积极发展同世界各国平等互利的经济合作，努力采用世界先进技术和先进设备"，确立了中国引进技术为主、实现自主创新的基本方针。在这一时期，社会主义市场经济体制的建立，国内统一开放的市场逐渐形成，特别是对外开放的格局初步形成，促使中国引进科技能力和科技再创新能力大规模提高，与国际先进水平的差距逐步缩小，1980—1985年间的全要素年平均增长率达到5.71%，标志着中国进入创新发展的新阶段。

这一阶段的主要表现是探索国家创新系统的发展模式和创新政策，出台了改革政策和措施。在这一时期，创新模式主要是计划主导模式，即设立国家科技计划，在国家科技计划中引入竞争机制。这种模式的形成是伴随着中国改革开放的进程而出现的，随着国有企业自主权的不断扩大，市场对企业的调节作用不断增强。通过改革拨款制度、培育和发展技术市场等措施，科研机构服务于经济建设的活力不断增强，科研成果商品化、产业化的进程不断加快，这一切都加速了我国国家创新体系的发展。在这一时期，国家科研经费大多以国家科技计划的形式出现，政府工作人员管理着科研经费的配置。国家先后出台了一系列的计划：国家重点科技攻关计划、高技术发展计划（863 计划）、火炬计划、星火计划、重大成果推广计划、国家自然科学基金、攀登计划等科技计划。与此同时，为迎接世界高新技术革命浪潮，中国也像许多国家一样兴办了许多科技园区。

20 世纪末到 21 世纪初，是中国创新发展的开拓阶段。1995 年 9 月，党的十四届五中全会首次提出实施科教兴国战略，促进科技、教育与经济紧密结合，启动了"科教兴国"战略。1996 年，国家决定启动《技术创新工程》，重点是提高企业的技术创新能力。在这一时期，突出了企业的技术创新模式，这一阶段的显著特点是确立了市场经济的目标，从企业做起，进行企业制度和产权制度的改革，强化企业的创新功能。宏观管理体制也发生了重大变化，政府制定重大科技计划逐步由科技和经济主管部门联合制定，出现了新的参加对象，如国家工程中心（含国家工程研究中心、国家工程技术研究中心等）、生产力促进中心等，加快了科技成果的商品化、市场化。1997 年 12 月，中国科学院提交了《迎接知识经济时代，建设国家创新体系》的报告。该报告提出了面向知识经济时代的国家创新体系，具体包括知识创新系统、技术创新系统、知识传播系统和知识应用系统，报告受到了国家领导人高度重视。1998 年 6 月，国务院通过了中国科学院关于开展知识创新工程试点工作的汇报提纲，决定由中国科学院先行启动"知识创新工程"，作为国家创新体系试点。

2001 年中国加入世贸组织大大推动了科技创新向先进国家迈进的步伐，发挥科学技术的第一生产力作用、加强自主创新能力是这一阶段的主要方针。2006 年 1 月，胡锦涛同志更加明确地提出，要坚持走中国特色自主创新道路，把增强自主创新能力贯彻到现代化建设各个方面。为此，国务院制定了《国家中长期科学和技术发展规划纲要（2006—2020 年）》，提出了到 2020 年创建创新型国家的具体目标，这些战略意图与战略设想也分别体现在国家的"十五"计划、"十一五"规划和"十二五"规划之中。围绕《纲要》先后发布了 99 条配套政策和 78 项实施细则。这个时期，中国科技创新实现了跨越式发展，科技实力从 2000 年占全球比例的不足 4%，上升到 2012 年的 20%，超过英国、德国、日本，一跃成为仅次于美国和欧盟的第三大科技实体。与此同时，随着企业利用国内市场创新能力和引入国际市场创新能力的大幅提高，中国的科技创新加快了赶超西方先进科技的速度。如阿里巴巴（Alibaba）和腾讯（Tencent）这样的新经济企业，在短短十几年的时间内成长为业内领先的世界级科技企业，正是这一巨国市场规模优势的最佳体现。2009年，为开展国家自主示范区建设，出台了中关村1+6试点政策，2013年又出台了新4条试点政策。

党的十八大之后，中国进入全面创新的发展阶段。党的十八大报告中明确提出实施创新驱动的发展战略。党的十八届五中全会再提创新发展，并"把创新发展摆在国家发展全局的核心位置"。2012年，党中央、国务院发布了《关于深化科技体制改革加快国家创新体系建设的意见》，围绕该意见落实中央各部门陆续修订或制定了200多项政策。2015年，中办、国办印发了《深化科技体制改革实施方案》，围绕该方案，修订和制定了10个方面共143条政策措施。之后中共中央、国务院发布了《关于深化体制机制改革加快实施创新驱动发展战略的若干意见》，提出创新发展的总体思路、主要目标和具体措施。2016年，中共中央、国务院发布《国家创新驱动发展战略纲要》，召开"科技三会"，提出我国科技创新"三步走"战略目标，就是到2020年时进入创新型国家行列，到2030年时进入创新型国家前列，到新中国成立100年时成为世界科技创新强国。

这意味着中国进入全面创新时代、全民创新时代。特别是随着国家组织和编制重点专项规划的手段更加成熟，"五年规划＋国家战略＋专项规划"不仅成为统筹中长期发展的体系，更成为对科技教育等创新关键领域、薄弱环节强化指导的重要抓手。全面创新战略，不仅是对前三个创新发展战略的继承，以网络强国、国家大数据、创新驱动发展和人才优先发展战略为支撑，不仅大大提高了自主创新能力，更形成了科技水平在追赶中跨越、经济社会在创新中发展的良好局面。我们预计，到2020年，中国创新发展水平将迈上新台阶，科技实力占全球比重达到28.46%，大幅超越美国成为世界第一创新大国。

从"向科学进军"到"科学技术是生产力"，从"科教兴国战略"到"提高自主创新能力"，再到"创新是引领发展的第一动力"，反映了党中央对创新发展认识的不断深化，更体现了创新发展战略在不同阶段的历史任务。伴随着实践、认识、再实践、再认识的过程，从而形成创新发展不断升级的过程，这就非常符合"5T+1"的创新发展规律。更重要的是，从科技发展远景规划为导向，到科技规划纲要为指导，再到"五年规划＋国家战略"的实施模式，直至形成"五年规划＋重大战略＋专项规划"的立体支撑，国家对创新发展指导的不断科学化、系统化，这就是中国创新发展不断迈上新台阶、跨上新高度的重要经验。

第三节　我国创新理论重大政策建议

一、构建政府为导向的治理体系

党的十九大开启了全面建设社会主义现代化国家新征程，作出了建设创新型国家和世界科技强国的战略部署。我国经济发展也进入到高质量发展新阶段，创新成为建设现代化经济体系的战略支撑。但我们也要清醒地认识到，我国科技创新总体能力和治理水平与建设世界科技强国的目标要求相比，还存在一定的差距，科技创新在视野格局、创新能力、资源配置、体制政策等方面存在诸多不适应的地方。

我国科技创新整体实力已接近世界第一方阵，但仍存在一些不足和短板。芯片、操作系统、航空发动机、精密仪器与设备、重要药品等事关国家安全和人民生命健康的关键核心技术研发能力还比较薄弱。部分高端制造业基础工艺比较落后，市场竞争力还不够强。基础研究能力还需要进一步强化，引领领域发展、开拓学科方向的原创性成果不够多。科技人才队伍的水平和结构需要进一步优化，高水平科技创新人才，尤其是能改变领域国际格局的战略科学家和能实现颠覆性创新的人才相对不足。

科技体制改革中的"硬骨头"有待进一步突破。科技创新体系中不同主体的定位有一定的重叠，重复布局、资源分散等现象还不同程度存在。资源配置模式有待优化，学术团体、行政决策、市场机制在科技资源配置中的作用需要进一步厘清。社会公众和企业对知识产权的认知度和保护意识需要进一步提高。全社会崇尚科学、鼓励创新的氛围还不太浓厚。

新一轮科技革命孕育兴起为我们实现变道超车提供了历史机遇。科技创新的重大突破和快速应用将重塑全球经济体系和产业结构，使产业和经济竞争的赛场发生转换。当前，全球科技创新进入空前活跃期，基础研究成果转化为现实生产力的周期大大缩短。人工智能、脑科学、基因编辑、新材料等前沿领域的突破，将使社会生产和人类生活方式发生根本改变。我们绝不能再重蹈历史上与科技革命失之交臂的覆辙，要加强前瞻布局，抢占科技制高点，在无人区实现变道超车。

当前，世情、国情深刻变化，世界科技发展日新月异，创新驱动发展的任务十分艰巨。我们要深入贯彻落实习近平新时代中国特色社会主义思想和党的十九大精神，以构建中国特色国家创新体系为目标，全面深化科技体制改革，推动以科技创新为核心的全面创新，推进科技治理体系和治理能力现代化。牢牢把握创新驱动发展的根本要求，坚持问题导向，增强创新自信，加快构建符合科技创新规律、适应世界科技强国建设需要的科技创新治理体系，紧密围绕国家重大战略需求，明确战略重点和主攻方向，着力在关键领域、"卡脖子"的地方下功夫，推动自主创新不断取得新突破。

坚持走自主创新道路，充分发挥集中力量办大事的制度优势，坚决打赢关键核心技术攻坚战。只有把关键核心技术掌握在自己手中，才能从根本上保障国家经济安全、国防安全和其他安全。近期，中美贸易摩擦给我们以深刻启示，真正的关键核心技术单纯靠市场是买不来的，必须要走独立自主、自力更生的道路。要下定决心、保持恒心、找准重心，切实发挥好举国体制作用。政产学研要形成合力，持续协同攻关。要从国家层面超前谋划，前瞻布局重大专项。要努力把市场优势转化为创新优势，不断提高对全球创新资源的配置力，掌握未来技术竞争新赛场的规则制定权和主导权。要遵循技术发展规律，做好体系化技术布局，支持不同技术路线、技术架构的研发，培育多类型的优质高效创新生态系统。只有综合施策才能切实解决我国核心技术的自主创新发展问题。

此外，还需实行严格的知识产权保护制度，大力弘扬科学精神和专业主义，营造良好创新氛围，厚植创新土壤。我们要完善知识产权服务体系，加大知识产权执法力度，引入惩罚性赔偿制度，从根本上解决裁判尺度不统一、地域保护、诉讼程序复杂、违法成本过低等制约知识产权保护的突出问题，形成稳定的创新预期，切实保护创新主体的首创精神。要完善鼓励创新的激励机制，从制度倾向、舆论导向上鼓励创新，建立公平竞争氛围，营造良好的创新环境，让敢创新、会创新、能创新的人受尊重、有舞台。要加快构建学术诚信体系，切实做到对学术不端行为零容忍。要充分激发企业家精神，调动全社会创业创新积极性，汇聚起推动创新发展的磅礴力量。

改进人才培养和引进模式，搭建各类人才施展才能的广阔舞台，打造一支结构合理、业务精湛的科技创新人才队伍。人才是创新的根基，创新驱动实质上是人才驱动。要把科技创新搞上去，就必须改革和完善人才发展机制，建设好创新人才队伍。我们要努力改进人才使用、培养、引进等不同环节中的问题，着力解决制约科技创新发展的人才瓶颈。要注重通过科技融合让青年学生在创新最活跃的领域中学习实践，把握好个人创新的黄金时间段。要完善团队引进政策，加大"领军人才＋团队"引进力度。要尊重领军人才的自主性和积极性，从政策制度、资源配置等方面，支持建立完整工作链条和分工明确的科研组织模式。要依托重大项目和高水平科研基地，锻炼培养能把握世界科技大势、研判创新方向的战略科技人才。

完善科技资源配置模式，充分利用各类经济资源，提高科技投入产出效率。我们要加快形成以国家战略需求为导向，以重大产出为目标，责权利清晰的资源配置模式。进一步明晰学术团体、行政决策、市场机制在资源配置中的不同作用。发挥好专家咨询作用，提升科技资源配置的前瞻性。强化国家决策在战略性科技项目和重大工程中的主导地位。发挥市场在资源配置中的决定性作用，鼓励引导社会资本深度参与科技创新。加强经济资源统筹，强化科学有效监管，推进预算绩效评价体系建设，提高科研资源的使用效率。发挥好经济资源在推进科技创新中的重要支撑和保障作用，不断激发创新活力。

以科创中心和国家实验室建设为牵引，强化国家战略科技力量，不断完善国家创新体系。要在若干重大创新领域组建一批国家实验室，发挥骨干引领作用，带动国家战略科技力量的优化强化。要重视国家科技资源和力量的战略空间布局，建设具有全球影响力的科技创新中心，强化科技创新的集聚放大效应和示范带动作用。科创中心和国家实验室建设要充分体现国家意志，聚焦重大战略需求，打造全球原始创新策源地，形成全球开放创新示范核心区，提高我国在世界科技发展和全球创新治理中的影响力。国家创新体系中各创新主体要围绕创新链，明晰定位，找准方向，发挥好各自优势，形成创新合力。牢牢把握科技创新中心和国家实验室建设的战略机遇，积极发挥科技和人才优势，按照"高起点、大格局、全链条、新机制"的思路，整合全国相关研究力量，统筹部署基础前沿科学研究、关键核心技术研发和重大科技基础设施建设，在科创中心和国家实验室建设中发挥骨干引领作用。

二、建立健全创新保护和鼓励机制

(一) 知识产权保护战略

技术创新决定了企业的核心竞争力。与此同时，一个国家或者企业的技术创新能力又在一定程度上决定了产品供给能力。如果企业因担心无法实现创新回报而不愿意投入更多经费在技术创新领域，这将是非常危险的事情。中国正在进行的供给侧结构性改革，就是要想办法进一步增强中国企业产品的核心技术能力，并且全面提升其品牌信誉度，在市场上形成竞争优势。其中一个重要突破口和着力点，就是进一步完善知识产权保护制度，消除企业技术创新的后顾之忧。

改革开放以来，我国大力推进产权制度改革，以公平为核心原则的产权保护制度逐步形成，《民法通则》、物权法等一系列产权保护法律体系初步建立，全社会产权保护意识不断增强。1985 年 4 月 1 日，《中华人民共和国专利法》实施的第一天，原中国专利局就收到来自国内外的大量专利申请。德温特（Derwent）① 世界专利索引数据库显示，当天中外专利申请记录有 2200 条，其中中国本土的申请有 1400 多件（未统计外观专利）。2008 年《国家知识产权战略纲要》颁布实施，知识产权工作上升到国家战略层面，一项关乎未来、兴国利民的战略由此开启了波澜壮阔的航程。2008 年以来，全国人大修订了专利法、商标法、著作权法等知识产权领域专门法律。国务院相应修订了专利法、商标法、著作权法的实施细则。我国已经建立起了符合国际通行规则、门类较为齐全的知识产权法律制度。知识产权司法保护、行政保护全面强化，"严保护、大保护、快保护、同保护"的知识产权保护格局逐渐形成。知识产权制度展现出前所未有的生命力、创造力、影响力。

近年来，我国知识产权保护力度不断加大，形成了行政保护与司法保护两条途径"优势互补、有机衔接"的保护模式。2016 年出台了《国务院关于新形势下加快知识产权强国建设的若干意见》《关于完善产权保护制度依法保护产权的意见》等政策对知识产权保护作出了全面部署，受到社会各界广泛关注。我国在知识产权保护工作上成绩斐然，但仍存在亟须解决的问题，需要进一步优化行政执法和司法保护两条途径的互补与衔接，提升知识产权保护法治化水平。

在新一代移动通信、高铁、特高压输电、核电等一系列国民经济支柱产业和战略性新兴产业，形成并实施了一批核心知识产权，有效支撑了产业向高端迈进。地理标志产品的授予和保护成为促进现代农业发展、带动农民致富的重要载体，文化创意产业在版权保护下蓬勃发展，中国作品进入海外文化市场的

---

① 德温特出版公司专利检索系统（Derwent Publications Ltd. Patent Retrieval System）是英国德温特出版公司 1951 年创建的专利文献检索系统。

步伐更快更稳。

知识产权国际影响力显著增强。我国已与全球 63 个国家、地区和国际组织签订了多双边合作协议、谅解备忘录等 171 份，与 50 个世界知识产权组织成员国建立正式合作关系。积极推进建立"一带一路"沿线国家和地区知识产权机构合作机制，2017 年，世界知识产权组织总干事高锐（Francis Gurry）出席"一带一路"国际合作高峰论坛，与我国签署《加强"一带一路"知识产权合作协议》。

知识产权是科技创新的重要体现。但目前我国产权保护状况还不容乐观，仍然存在着不同所有制经济产权保护不够平等的现实问题，实践中仍然存在着重公有、轻私有以及国有产权保护不到位的现象；知识产权保护方面，存在立法滞后于科技的快速发展，知识产权侵权行为仍然易发频发，知识产权的保护意识比较薄弱、保护力度不够，知识产权的判赔数额相对较少、维权成本较高等问题，一定程度上制约了知识产权创新水平的进一步发挥。以上这些现象，与我国建立完善的社会主义市场经济体制要求相比，还有较大差距。

要倡导并坚持知识产权创造价值、权利人理应享有利益回报的价值导向。充分发挥社会组织、中介机构在知识产权价值评估中的作用，建立以尊重知识产权、鼓励创新运用为导向，以实现知识产权市场价值为指引，以补偿为主、惩罚为辅的侵权损害司法认定机制，着力破解知识产权侵权诉讼"赔偿低"问题。另外，要加大知识产权侵权违法行为惩治力度，降低维权成本。对于具有重复侵权、恶意侵权以及其他严重侵权情节的，依法加大赔偿力度，提高赔偿数额，由败诉方承担维权成本，让侵权者付出沉重代价，有效遏制和威慑侵犯知识产权行为。努力营造不敢侵权、不愿侵权的法律氛围，实现向知识产权严格保护的历史性转变。

保护知识产权不仅要打击知识产权侵权和犯罪，还要加强知识产权宣传教育，提高社会公众的知识产权维权意识，提升知识产权风险预警防范能力，营造尊重知识产权的文化氛围，才能减少知识产权犯罪行为、降低知识产权犯罪的危害后果。建立健全知识产权保护预警防范机制。构建公平竞争、公平监管的创新创业和营商环境。

（二）促进科技成果转化

进入新时代，党中央对科技成果转化也提出明确要求，明确要促进科技成果转化。我国的科技成果转化进入了新的发展阶段、面临新的挑战。从现实看，我国科技成果转化效率不高一直是制约创新发展的关键问题。面向新时代推动科技成果转化，就要准确认识科技成果转移转化的本质，找到提升科技成果转化效率的突破口，使科技成果转化为创新发展提供重要支撑。

科技成果对经济发展产生作用的主要形式就是产品，而产品本身则是一个满足多种需求或目标的技术系统集合。科研机构或大学在单一技术上实现的突破，要转化为或嵌入到对发展产生作用的产品中，才能实现价值兑现，这个过程就是科技成果的转化。我国科技成果向现实生产力转化不畅，症结就在于科技创新链条存在体制机制关卡，创新和转化各个环节衔接不够紧密。

那么到底怎样才能啃下这块"硬骨头"？科技成果转化如何从一种创新走向"另一种创新"？从实验室走向生产线，如何打通政策落实的"最后一公里"？当前，对科研人员激励问题、知识产权保护不力、创新平台不足等因素往往被作为制约成果转化的关键，这种观点把成果转化看作技术—产品的简单过程，认为只要激励到位，科技成果自然而然就能转化为有竞争力的产品。也就是说，科研人员的动力不足是制约成果转化的关键问题。实际上，如果理解了成果转化过程是一个包含技术和市场的协同创新网络，那么制约成果转化的关键问题就转换为一个个制约网络效率提升的问题。有研究表明，技术成果外溢到企业的一个重要因素在于企业本身的学习能力或者知识吸收能力，即企业是否具备理解和使用新技术的基础，这种基础来源于企业对研发活动的持续投入。从我国现实的发展来看，我国科技成果转化的关键在于整个技术协同网络的运行效率不高，而这个系统中的每个关键节点，就像一个组成木桶的木板一样，最短的那块决定了它整体的效能。

面对这块难啃的"硬骨头"，国家在促进科技成果转移转化上动作频频。从1996年科技成果转化促进法的颁布，到2016年完成科技成果转移转化工作"三部曲"，再到最新颁布的《关于促进在京高校科技成果转化实施方案》，成果转化始终是我国科技创新的核心任务之一。

进一步完善科技成果转移转化支撑服务体系,"缺少资金"也是成果转移转化陷于被动的制约因素。成果的转移转化离不开资金的支持,一个原型或者算法变成真正的产品,实际上非常耗费资金,有了原型或算法,工作大概只完成了15%左右。科研人员的成果转化往往因"缺钱"而止步。现在,通过学校与企业共同建立基金,资金问题迎刃而解。科技成果的资本化、产业化需要更为多元的资金投入渠道。通过发挥中央财政对科技成果转移转化的引导、加大地方财政支持科技成果转化、拓宽科技成果转化资金市场化供给渠道等,强化科技成果转移转化的多元化资金投入。

尽管已有高校和科研院所对此进行了尝试和探索,但总体来看,科研人员还在期待具体政策的完善、细化以及考核风向标的转变。有真正将转化成效作为绩效考核的主要依据之一,才能真正促使研究"接地气",才能使成果转化成为创新创业的"有源之水"。

与此同时,目前我国社会主要矛盾已经转化为人民日益增长的美好生活需要和不平衡不充分的发展之间的矛盾,人们对美好生活的期盼尤需科技创新提供有力支撑。换句话说,科技成果转换的成果要应用到离生活最近的"最后一公里",让人们有更多的科技"获得感"。科技改变未来,正成为全球产业的下一个风口。加快建设创新型国家的同时,科技成果转化的重要性不言而喻。在科技创新的马拉松竞赛中,落实科技成果转化,对接生产力才是终点。但科技创新永无止境,相信在一批批科技成果转化利好政策的加持下,我国科技发展水平能迈上更高的台阶。

三、建设科技创新人才强国

(一)创新人才是根本

新中国成立以来,从中国"航天之父"钱学森、"两弹"元勋邓稼先、中国"核潜艇之父"黄旭华到海归战略科学家黄大年、火炸药专家王泽山、植物学家钟扬……从无到有、从弱到强；从上天入海的国之重器到实现重大创新突破；一座座科技创新的丰碑，闪耀着一代代科学家奋力前行的夺目光芒。

当今世界，新一轮科技革命和产业变革正在孕育兴起，变革突破的能量正在不断积累。各国之间的竞争说到底是人才竞争。习近平同志一语中的："谁能培养和吸引更多优秀人才，谁就能在竞争中占据优势。"中国经济正处在转变发展方式、优化经济结构、转换增长动力的攻关期。要实施好创新驱动发展战略、构筑产业体系新支柱，新一代信息技术、高端装备制造、绿色低碳等战略性新兴产业将成为重中之重。而决定这一切的，成也人才，败也人才。

人才是科技创新最关键的因素。我国拥有世界上数量最为庞大的科研人才队伍，具有国际水平的科技人才数量不断增多。随着国家"千人计划""万人计划"、创新人才推进计划、中科院百人计划以及中科院教育部联合启动的科教结合协同育人行动计划等一系列人才计划深入实施，培养引进了一批高层次科技人才。但缺乏战略型的领军人才仍是目前我国科技发展面临的突出问题。新时代的中国，比历史上任何时期都更接近实现中华民族伟大复兴的宏伟目标，也比历史上任何时期都更加渴求人才。

科学技术是第一生产力，近代以来世界科学技术发展史表明，人才对于国家科技创新和经济社会发展的极端重要性。当今世界，全球科技创新进入空前密集活跃的时期，新一轮科技革命和产业变革正在重构全球创新版图、重塑全球经济结构。大数据、物联网、机器人、人工智能、生物科技、量子信息等新技术新产业风起云涌，这些高新科技领域都迫切需要大量专业的高科技人才。唯有充分激发激活他们的创新创造聪明才智，才能把握住这千载难逢的历史机遇，加快追赶国际先进水平，建设世界科技强国。

各地各级党委政府唯有拿出识才的慧眼、爱才的诚意、用才的胆识、容才的雅量，真心实意招才引智，切实做到"寻觅人才求贤若渴，发现人才如获至宝，举荐人才不拘一格，使用人才各尽其能"，建立科学有效的选人用人机制，形成良好的用人导向和制度环境。

人才特别是高科技领域的领军人才，是党和国家的宝贵财富，对他们必须要充分尊重。当前我国科技领域还不同程度存在人才管理制度还不适应科技创新要求、科研经费使用和管理方式不尽合理、人才评价标准不够全面科学等问题，我们要着力改革并完善这些制度规范，打破捆住科学家手脚的繁文缛节，充分激发各类人才的创新活力。我国广大科技工作者要把握大势、抢占先机，直面问题、迎难而上，瞄准世界科技前沿，引领科技发展方向，肩负起历史赋予的重任，勇做新时代科技创新的排头兵。

决胜未来，人才驱动创新。创新决胜未来，改革关乎国运。纵观人类发展历史，创新始终是一个国家、一个民族发展的重要力量，也始终是推动人类社会进步的重要力量。强起来靠创新，下一步改革的重点是创新机制。习近平同志曾用三个"第一"说明发展、人才、创新之间的逻辑关系："发展是第一要务，人才是第一资源，创新是第一动力。"

创新之道，唯在得人。世上一切事物中人是最可宝贵的，一切创新成果都是人做出来的。硬实力、软实力，归根到底要靠人才实力。人才是科技创新最关键的因素。创新的事业呼唤创新的人才。

强起来要靠创新，创新要靠人才。我们要以更加积极、更加开放、更加有效的创新举措，把党内和党外、国内和国外各方面优秀人才集聚到党和人民的伟大奋斗中来，为实现中华民族伟大复兴的中国梦书写出无愧于人民、无愧于历史的时代答卷！

（二）建设以创新为导向的人才发展体系

国以才立、政以才治、业以才兴。创新驱动实质上是人才驱动，科技创新最重要、最核心、最根本的是人才问题。只有拥有一流的创新人才，才能产生一流的创新成果，才能拥有创新的主导权。在建设世界科技强国的进程中，我们比历史上任何时期都更需要广开进贤之路、广纳天下英才。习近平同志指出，我国要建设世界科技强国，关键是要建设一支规模宏大、结构合理、素质优良的创新人才队伍，激发各类人才创新活力和潜力。

古往今来，人才都是富国之本、兴邦大计。进入21世纪，全球科技创新进入空前密集活跃的时期，新一轮科技革命和产业变革正在重构全球创新版图、重塑全球经济结构。在这样的大背景下，毫无疑问，人才已是实现民族振兴、赢得国际竞争主动的决定性战略资源。我们要以全球视野谋划和推进创新，聚天下英才而用之，培养造就一大批具有国际水平的战略科技人才、科技领军人才、青年科技人才和高水平创新团队。

2018年5月，中国科学院第十九次院士大会、中国工程院第十四次院士大会隆重开幕，习近平同志出席会议并发表重要讲话，"创新"一词被反复提及128次，足见其分量之重。讲话指出，要牢固确立人才引领发展的战略地位，全面聚集人才，着力夯实创新发展人才基础。

"国家的财富、人民的骄傲、民族的光荣"，习近平同志连续三次在两院院士大会上对两院院士和广大科技工作者做出如此高的评价，充分肯定了以"院士"为代表的科技人才在建设世界科技强国中的"排头兵"位置。

党的十八大以来，以习近平同志为核心的党中央高度重视人才队伍建设，站在党和国家事业的全局战略高度，从"尊重人才、关爱人才"，到"育才、引才、聚才、用才"，再到多次强调"不拘一格降人才"，对我国人才事业和人才工作作出一系列重要指示，为我国加快建设世界科技强国指明了方向。

"致天下之治者在人才"，人才是衡量一个国家综合国力的重要指标。我国科技队伍规模是世界上最大的，这是产生世界级科技大师、领军人才、尖子人才的重要基础。目前，我国科技工作者已达8100万，1.7亿多人受过高等教育或拥有专业技能。如此庞大的科技人才队伍如何管理、如何领导？习近平同志指出："办好中国的事情，关键在党，关键在人，关键在人才。"

随着各大城市持续推进产业转型升级，直抵我国人才队伍建设的核心问题显现：人才队伍大而不强，领军人才、尖子人才稀缺。对此，我国各级政府坚持问题导向，普遍制定了党管人才工作的实施意见，多地省委书记担任人才工作领导小组组长，形成"一把手抓第一资源"的高度自觉性。

从中央到地方，多措并举壮大人才队伍建设。如中央印发《关于深化人才发展体制机制改革的意见》《分类推进人才评价机制改革的指导意见》等，加大改革力度，最大限度激发人才创新创造创业活力，建立科学的人才分类评价机制。这些文件的出台，从顶层设计上就为坚持党管人才提供了制度保证，最大限度地把各方面人才凝聚到党和国家事业中来，凝聚到中华民族伟大复兴的新征程上。

加强和改进人才工作是建设世界科技强国的根本保证，也是实施创新驱动和人才强国战略的重要任务。必须正确认识并解决好当前面临的人才矛盾，以调整人才结构为主线，把人才工作纳入科技创新和结构调整的总体布局，牢固树立科学的人才观，实现人才工作的观念、体制和机制的全面创新。

牢固树立人才资源是第一资源的观念。强化人才工作的"一把手工程"，有爱才之心、识才之智、容才之量、用才之艺、育才之见，满腔热情地为人才服务，在全社会形成尊重人才、重视人才、大胆使用人才的浓郁风气。

牢固树立人人皆可成才的人才观。拓展识才、用才、育才的范围，做到唯才是举，广纳群贤，打破人才的属地禁锢和所有制束缚，既凝聚一般人才，又凝聚高层次人才；既凝聚体制内人才，又凝聚体制外人才；既凝聚国内的人才，又凝聚境外海外的人才；既凝聚存量人才，又凝聚增量人才；既凝聚党政领导人才，又凝聚企业管理和科技人才，最大限度地把各类人才积聚到全面建成小康社会的伟大事业中来。

牢固树立以用为本的人才使用观。人才作为一种特殊资源，只有使用才能创造价值。做好人才工作要坚持"以用为本"，围绕用好用活这个核心去培养、引进、配置、激励和保障人才。最大限度地发挥人才作用贯穿于人才发展始终，为各类人才搭建事业平台，使各类人才各得其所、各尽其才、才尽其用。

牢固树立科学的人才评价观。建立健全以创新能力、质量、贡献为导向的科技人才评价体系，体现人才的发展性、多样性、层次性和相对性，不唯学历、不唯职称、不唯资历、不唯身份，形成并实施有利于科技人才潜心研究和创新的评价制度。

要营造良好创新环境，加快形成有利于人才成长的培养机制、有利于人尽其才的使用机制、有利于竞相成长各展其能的激励机制、有利于各类人才脱颖而出的竞争机制。

以改革的精神全面推进人才引进、培养、流动、激励等工作的体制创新。实行劳动、资本、技术和管理等生产要素按贡献参与分配，真正使人才资本的价值得以体现。劳动者、技术人员、管理人员、发明者等创造了较高的价值，就要得到较高的报酬，使之具有充分的成就感和光荣感。完善科技奖励制度，让优秀科技创新人才得到合理回报，释放各类人才创新活力。

通过改革，改变片面将论文、专利、资金数量作为人才评价标准的做法，正像习近平同志所讲的"不能让繁文缛节把科学家的手脚捆死了，不能让无穷的报表和审批把科学家的精力耽误了"。真正培植好人才成长的沃土，让人才根系更加发达，形成天下英才聚神州、万类霜天竞自由的创新局面。

创新驱动实质上是人才驱动，谁拥有了一流的创新人才，谁就拥有了科技创新的优势和主导权。人才培养工作是一项系统工程和战略任务，需要着眼全局，加强顶层设计，科学设置梯次，着力形成优秀人才竞相涌现、人人争当军营"创客"的生动局面。人才培养有其固有的特点和规律，不可能一蹴而就、短期速成，需要牢固树立科学的人才培养观，以"功成不必在我，而功力必不唐捐"的思想境界和信心勇气，久久为功、持续接力，才能把人才培养蓝图变为现实，为科技兴军提供坚实的人才支撑。

四、深化教育改革

(一) 实现中国梦的一个重要目标

教育是人类传承文明和知识、培养年轻一代的根本途径。对一个国家来说，教育兴则国家兴，教育强则国家强。中国梦，是强国梦，也是富民梦。百年大计，教育为本。强国富民，教育为先。教育作为民生之本，强国之基，从改革开放初的面向现代化到 2035 年基本实现现代化，中国开启了从教育大国走向教育强国的历史性跨越。

党的十八大以来，中国特色、世界水平的现代教育是促进人的全面发展、释放每个人的潜能、满足现代社会发展需要的教育，是包括发达的幼儿教育、高水平的义务教育、完善的职业教育、优质的高等教育和健全的终身教育的完备教育体系，教育现代化把一个个梦想化为现实。有了这样的教育，我们的人才就会大量涌现，我们的国家就会拥有强大的竞争力。伟大的中华民族正以自己的智慧和努力，在人类文明史册中谱写新的篇章！

（二）"立德树人"是根本任务

教育是培养人的事业，青年兴则国家兴，青年强则国家强。培育和践行社会主义核心价值观始终是贯穿教育改革发展的主旋律。党的十八大首次明确提出，"把立德树人作为教育的根本任务，培养德智体美全面发展的社会主义建设者和接班人"，明确为现代教育的根本任务，这是我们党对教育本质认识的进一步深化。

"立德树人"是教育的根本任务，培育和弘扬社会主义核心价值观是教育事业改革发展的基础工程。"立德树人"要以德为先。"德"既有个人的"德"，也有国家和社会的"德"，"人无德不立，国无德不兴"，它们相互统一、协调发展。"立德树人"要求教育事业不仅要传授知识、培养能力，更要把培育和弘扬社会主义核心价值观落实到推进教育治理体系和治理能力现代化中去，引导学生树立正确的世界观、人生观、价值观。

"立德树人"要求社会主义核心价值观培育要从少年儿童抓起，从青年学生抓起，融入国民教育全过程；广泛开展阳光体育运动，不断提升学生体质健康水平和基本运动技能；开展审美教育，也是情操教育和心灵教育，加强劳动教育；教育不能仅限于学校，家庭也是进行教育的重要场所，加强全社会的思想道德建设，离不开家风的传承。

（三）提高人才培养质量

提高质量促进人人成才，建设现代化教育强国，更重要的是注重内涵发展，提高人才培养质量。提高人才培养质量是现代教育的核心。提高人才培养质量，必须"深化教育改革，推进素质教育，创新教育方法"，这是习近平同志对围绕提升我国科技创新能力、实施创新驱动发展战略对教育工作提出的明确要求，也是提高人才培养质量的路径选择。

创新是引领教育发展的第一动力，深化教育改革，推进素质教育，创新教育方法，提高人才培养质量，努力形成有利于创新人才成长的育人环境，致力构建有利于大众创业、万众创新蓬勃发展的政策环境、制度环境和公共服务体系。在现阶段提高教育质量面临双重使命，既要坚持中国特色，全面服务社会主义现代化建设，又要创建世界一流水平，提高人才国际竞争力。着力推动教育创新、提高教育质量，通过教育加快提升人力资本素质，是未来我国经济社会持续健康发展的关键。

要推动一批高水平大学和学科进入世界一流行列或前列，提升我国高等教育综合实力和国际竞争力，培养一流人才，产出一流成果。此外协同育人不断开创新的局面，卫生、法律、新闻、农林人才等卓越人才培养计划深入实施，培养出一大批高端应用型人才，为经济社会发展提供了有力支撑。而创新创业教育改革的强大合力正在汇聚，支持大学生创新创业在全社会正蔚然成风，人人皆可成才、人人尽展其才的生动局面正逐步形成。

（四）促进教育公平

当前，"有质量的教育公平"成为世界各国教育发展的共同趋势，也成为我国社会各界关注的一个焦点。习近平同志反复强调，要让13亿人民享有更好、更公平的教育，努力让每个人都有人生出彩的机会。

逐步实现共同富裕是社会主义的本质要求，是党的光荣使命。党的十八大以来，为让每一个孩子享受到良好教育，让更多孩子拥有人生出彩的机会，党和国家采取一系列措施，保底线、补短板，"组合拳"取得了明显成效。促进教育公平，必须解决好农村和贫困家庭孩子教育问题、关注民族地区教育、推进城乡基本教育公共服务一体化、加快发展面向大众让人生出彩的职业教育、关注困难群体教育、积极稳妥有序推进高考改革等。

（五）全面深化教育改革

全面深化教育改革，要朝着发展具有中国特色、世界水平的现代教育的目标迈进。我们要有充分的自信，沿着中国特色社会主义道路办好中国教育。对于国外先进的办学经验，要认真借鉴吸收，但"经验"不等于规律。对国外的办学经验要善于创造性转化，使之变成我们的创新性发展。

把教育改革作为一项系统工程来抓。教育领域的改革不是某个方面或某几个方面的改革，而是全面系统的改革。在宏观管理方面，办学体制、管理体制、经费投入体制、考试招生及就业制度等方面的改革都要深化；在微观管理方面，内部管理制度、人事薪酬制度、教学管理制度、学术管理制度等方面的改革也要深化；在教学改革方面，人才培养模式、教学内容和方法改革，更是直接涉及教师和学生，呼声很高，亟待深化。总之，在教育改革中，需要进一步解放思想、解放和调动师生积极性、解放和增强办学活力。

（六）扩大教育开放

国之交在于民相亲，民相亲之本在教育。党的十八大以来，党中央多次强调要"统筹国内国际两个大局和两种资源"，积极稳妥推进教育对外开放，以开放促改革、促发展的效果不断显现，中国教育国际竞争力不断增强、国际影响力显著提升。

大力提高引智水平，不断增强中国教育发展能力。通过完善"引智"政策设计、精心打造多个中国政府品牌项目，健全机制、创新工作体系。改革政策体系，大力引进海外高端人才回国工作或以多种方式为国服务。不断完善和精心打造"千人计划""万人计划"等国家人才项目，继续实施"春晖计划""海外名师项目"和"学校特色项目"等引智项目。"引进来"与"走出去"相结合，不断创新中外合作办学体制，提升国际交流合作水平，促进我国教育改革发展。推进人文交流新机制建设，深度服务国家对外战略。教育为主的民众之间的广泛交流和支持，是国家关系稳定发展的基石。

中国以负责任的态度，积极参加联合国教科文组织、世界银行等国际和区域性国际组织的相关教育活动，参与和推动国际组织教育政策、规则和标准的研究制定工作，发出中国声音。首届国际学习型城市大会、首届世界语言大会、首届国际教育信息化大会、国际职业技术教育大会、全球孔子学院大会等重要国际会议在华成功举办，表明中国教育的国际影响不断扩大。

第七章　我国创新发展模式演化

第一节　我国创新发展的现状特征

一、我国创新发展现状

改革开放以来中国经济实现了平均每年 9.5% 的高速增长，人均收入累计增加了 1759%。然而，现在中国经济来到了十字路口。2013 年以来，中国经济增速下降到 6%—7%。这里有周期性的因素，但更主要的因素是结构性的。过去中国能够取得举世瞩目的增长奇迹，市场化改革、国际贸易和外商直接投资、人口红利带来的低劳动力成本是关键因素，而随着改革进入深水区，贸易保护主义抬头，以及人口红利的逐渐消失，未来我国的经济增长必须更多地依靠劳动生产率的提高。因此，提升自主创新能力，实现从"中国制造"向"中国创造"的飞跃，已经是实现经济持续快速增长的必由之路。

中国企业不尊重知识产权的消息时而出现，"山寨"一词更是屡见不鲜；中国的学校教育也常被批评为只能培养会考试的学生，却培养不出创新型人才。然而经过多年追赶，我国已成为科技大国，创新进入相对活跃期，创新能力处于由量变向质变的进程中。当今中国，科技创新已成为支撑国家发展、保障国家安全的关键力量和锐利武器，扮演着现代化建设和实现"两个一百年"奋斗目标发动机的角色。国际上越来越多的评论认为中国正在摆脱科技创新跟随者的角色，已经具备了实现跨越发展的基础和条件，正以赶超者的姿态，加快迈向世界创新中心。

R&D 经费和人员作为重要的创新资源，反映了国家或地区对创新活动的支持力度和创新人才资源的储备状况。根据经合组织（OECD）《弗拉斯卡蒂手册》推荐的分类标准，R&D 经费可以分为经常性经费支出和基本建设经费支出，经常性经费支出又可以细分为人员费用、仪器设备费和其他经费支出。其中的人员费用是指以现金或实物形式支付给 R&D 人员的工资、薪金，以及所有其他的劳务费用，如奖金、社会保障支出等。伴随 R&D 经费、R&D 人员的高速增长，中国已逐步成为创新资源投入大国。我国科技投入总量居世界前列，专利数是一个国家创新活动的产出，研发支出和研发人员则是创新活动的投入，也是一个国家创新能力的指标。发达国家的研发支出占 GDP 的比例是最高的，研发人员在总人口中占的比例也是最高的；中国的研发支出占比虽然与发达国家相比（尤其是与日韩相比）还有一些距离，但已经比较接近，而且远远高于其他发展中国家。中国 R&D 经费快速增长的同时，R&D 人员规模不断壮大。科研人员总量居世界第一，中国已由人口大国逐步转变为科技人力资源大国。中国科研人员和用于每位科研人员的经费快速增长，科研投入增长地更快意味着平均每位科研人员的科研经费也在增加。中国的研发人员占比还不到发达国家的 1/3，但也明显超过其他发展中国家。尽管中国的 R&D 经费投入总量已经位居全球第二，但超过一半的 R&D 经费仍然是投向旧经济领域的，R&D 经费支出的结构也亟待随着经济转型进一步转变。

技术创新离不开基础的科学研究，科学研究的水平决定了技术创新的潜力和后劲。科学论文发表数是衡量一个国家基础研究水平的主要指标。中国已经成为在国际学术期刊上发表论文数量第二多的国家，仅次于美国；不过按人均论文数量，中国只有不到英国和美国的 10%，但超过中国的都是远比中国更发达的国家。所以中国的科研水平可以说超过了所有其他发展中国家，包括人均收入高于中国的拉美国家。一个国家、一个机构乃至学者个人论文的数量与质量其实是高度正相关的，论文的数量其实是质量的基础。不过，相对落后于高质量的美欧日三方专利数量，科技成果的转化效率还有较大改善空间。

国内发明专利申请量和授权量则更加直接地测度了创新活跃程度和技术创新水平，随着科学研究实力的不断上升，中国部分学科的论文数量已位居世界前列，中国知识产出总量优势显著。日本学者汤浅光朝（1962 年）曾对16—20 世纪科学成果进行统计分析，并指出当一个国家在一定时段内的科学成果数超过全世界科学成果总数的 25%，则称该国家在此时段内成为科学中心。根据汤浅光朝的理论，中国部分学科领域已初步具备进军世界学科中心的潜力。

激励创新的体制机制和政策环境逐步改善，近些年，无论中央还是地方，出台了大量支持科技进步和创新发展的政策，覆盖创新链各环节的综合政策体系以及制度框架已基本形成，政策工具也从财税支持为主逐步转向更多依靠体制机制改革、普惠性政策和发挥市场机制的作用。但仍难以满足创新驱动发展的需要，关键政策落实不到位，政策之间不协调，一些重点领域的改革难以有效推进，市场机制配置资源作用尚未有效发挥等问题仍比较突出，在一定程度上抑制了各类主体的创新活力。

产业创新水平从全面技术跟踪和追赶转向"三跑并存"，我国的产业创新模式以改进创新和集成创新为主，具备一定的后发优势，部分领域进入世界前沿。根据经合组织（OECD）的分类标准，知识和技术密集型产业（包括高技术产业和知识密集型服务业）通常具有较高的研发经费投入强度和研发人员比重，属于智力密集型产业，是衡量产业结构调整和经济发展方式转变效果的重要标志。知识和技术密集型产业是全球经济的重要组成部分，目前已占世界GDP 的近 1/3。随着经济全球化的加速发展，高技术产业深刻融入全球分工体系。特别是新世纪以来，以信息产业、飞机制造业、集成电路产业为代表的高技术产业向中国转移，中国高技术产业表现出迅猛发展势头，高技术产业增加值和出口额分别以 15.4%、17.6%的年均增速快速增长。在中高技术制造业上中国已居全球首位，美国和欧盟位居其后。与此同时，中国知识密集型服务业快速成长，逐步成为产业发展价值链中的重要部分。《美国科学与工程指标2018》① 显示，中国知识密集型服务业增加值占全球增加值比重由 2014 年的10.4%提高到 17%，位居世界第 3 位，与美国、欧盟的差距进一步缩小。从高技术产业和知识密集型服务业发展态势来看，中国产业结构正悄然发生变化，科技创新促进产业优化升级和经济结构调整的作用逐步显现。尽管中国发展迅速，目前已经是全球第一大生产国，但从历史上看，中国的高技术制造业主要集中在低附加值的活动上，如进行高技术产品进口组件的装配等，典型的如苹果手机生产。原始创新能力薄弱，一些关键核心技术对外依存度较高，多数行业还处于价值链中低端。我国仍是知识产权的净进口国，创新体系整体效率并不高。创新对经济增长的贡献度也有待提高。

　　创新要素向企业集聚，企业的创新能力逐步增强，但近些年，我国企业的研发支出和研发人员比例分别占全社会的 75%和 70%以上，技术引进与消化吸收支出比重持续下降。规模以上工业企业开展研发活动的数量快速扩大，涌现一批创新型企业。根据美国创投研究机构 CB Insights② 在 2017 年 9 月发布的"全球独角兽公司榜单"，全球独角兽企业总数中，美国占比 51%，中国位列第二，占比 26%，超过三分之一（36%）的新生独角兽公司来自中国。但中国独角兽企业主要集中在电商、金融科技和技术硬件领域，而美国主要分布于互联网、软件与服务、医疗保健行业。美国 50%的独角兽企业是受技术创

---

① 《美国科学与工程指标》是在美国国会的委托下，由美国国家科学基金会（National Science Foundation）的决策机构国家科学理事会（National Science Board，NSB）指导推出的两年一度的系列报告。自 1993 年起，目前已经发布了十余本。报告以量化的指标和分析，反映美国在科学、技术、工程、科学工程类的教育和学术研究以及产业、经济领域的发展水平，并与其他经济体进行比较。《美国科学与工程指标》中包含的指标和数据已经被许多重要的国际竞争力评价报告引用，成为重要的基础工具性参考资料。

② 阿纳德·桑瓦尔（Anand Sanwal）是成立于 2009 年的 CB Insights 创始人和首席执行官，该公司使用机器智能来发现和连接全球业务数据，以激励和推动业务向前发展。

新推动的，而中国80%是依赖于业务模式的创新或者得益于巨大而又高增长的国内消费市场。因此，投入强度和技术能力还相对滞后，企业创新能力和动力仍需提高。

二、我国创新发展现阶段特征

创新是解放生产力，发展生产力的灵魂。自古以来，从第一次社会大分工到第二、三次社会大分工，从农业文明到工业文明、知识文明，人类社会的每一次文明进步莫不是由当时具有决定性意义的重大技术和制度创新所牵引出来的一整套经济、社会、政治、文化、生态体系模式的重构。只有不停地创新，才有持续的生命力。技术进步也会挑战社会的管理，也会挑战传统的生产方式和制度。

当前新一轮科技革命风起云涌，以工业4.0新硬件为标志的颠覆式创新时代已经打破了传统的理念和格局，对生产和生活方式，以及社会治理都产生了重大影响。目前，大数据、互联网、物联网已经渗透到了许多领域，成为我们生活中不可缺少的内容。蒸汽机的发明推进了机械化，电的发明推动了电气化，而这一次科技革命比人类历史上任何一次的影响都来得猛烈，它全方位、多领域、广渗透，要重新洗牌是不可避免的。石器时代的结束，并不是因为地球上没有了石头，而是有了新的替代品，新的替代品必然有新的操作和管理规则。创新也是与时俱进的，每一个时期，创新的基础和条件都不一样，创新的形式和主线也不一样。这次的创新是构建在"互联网＋大数据"基础上的，以信息革命为主线，以智慧化、生态化和人性化为主要形式的变革。当前实施创新驱动，发展创新经济，必须准确地把握新时期创新的时代特征。

引进消化吸收再创新是中国现阶段创新的主要路径。这是后发展国家必须要经历的学习过程，我们在20世纪80年代建立了相关产业的技术基础，用"市场换技术"的方式引进了国外的先进设备和生产技术。培育了一大批具有国际竞争力的行业领军企业。在这个过程中，我们还发挥新型举国体制的优势，以重大科技项目或者工程为载体，引进国外先进的技术，同时，我们大量引进外商直接投资，不仅带来了先进的技术和管理经验，也产生了一定的技术溢出效应。通过引进消化吸收再创新，我们的产业竞争力不断增强。

"平台"模式代替公司组织模式。对大多数中国企业而言，低成本是其产品的主要竞争优势。这种优势的取得并非仅仅依赖于低劳动力成本，还有赖于对技术、流程、管理等要素的集成创新，中国企业更注重产品功能的集成创新。现今全球产业在信息革命尤其是互联网技术的推动下，生产组织方式正在孕育着新的变化，"平台"模式将逐渐成为主流模式，企业的边界逐渐模糊。过去适用于公司的会计、劳动等制度安排已经难以适应新时期的发展，这要求我们有必要率先研究、出台"平台法"，构建适合平台运营方式的财税、金融、雇佣等制度。

原始创新不够是"中国式创新"的美中不足。我们还是发展中国家，科学技术整体上相对落后，率先提出的原始性科学思想和前沿探索研究方向不多。同时，引领和应对产业技术路线重大变革的技术储备不足，如完成了显像管电视产业追赶，但是到平板电视阶段再度落后。原始创新不足还表现为缺乏具有颠覆性创新能力的企业。从一般概念的角度来讲创新，是看不到中国创新的，因为一般讲创新就是创造新东西，我们能看见的创新的确太少了。在世界各国消费市场，能让普通老百姓佩服、敬仰的创新还是少。

波浪曲线替代微笑曲线。第二次工业革命在跨国公司的推动下，生产领域开始纵向分离，形成微笑曲线分工模式，西方设计、营销，发展中国家从事生产领域。但在目前正方兴未艾的新工业革命的推动下，在信息技术和互联网环境下，全球分工格局继续深化，研发、生产、销售各领域都可以成为全产业链整合的端口，产品生命周期的缩短要求研发与生产在地理上尽量靠近，个性化、定制化要求生产尽量贴近目标市场，某一种行业、产品的研发、生产、销售将在空间上被拉近，从而在全球形成各国（地区）各自具有相对完整的优势行业，各行业利用互联网平台在全球进行整合和传导递进的波浪分工格局。这要求我们要重新审视传统制造业的生产优势，慎言退出，而应该加快升级步伐，变包袱为优势，在新的分工格局中确立新的地位。

需求导向是"中国式创新"的关键要素。巨大且多层次的中国市场给企业从低端走向高端的创新提供机会，中国市场的巨大规模，给我们企业的创新和试错失败创造了机会和空间。例如，改革开放之初中国程控交换机市场的需求特点是"数量大、层次多、速度急"，在这种情况下，虽然跨国公司具有资金和技术方面的竞争优势，但不可能在短时间内占领所有中国市场，给中国本土企业留下了从低端市场起步的机会。这也是如今华为和中兴等大企业创新的起点。同时，需求导向还意味着中国企业能解决中国本土的独特问题。

我国的创新发展进入战略攻坚期，已具备发力加速的基础。科技水平从跟随为主转向跟跑、并跑、领跑并存。战略重点从点的突破转向整体能力的提升。创新主体从科技人员为主转向社会参与。创新方式从引进消化吸收和集成创新为主转向原始创新，从相对封闭走向更加开放。产业价值链从中低端向中高端升级。

第二节　我国创新发展模式的主要成就

一、理论创新成就

理论创新是时代的产物、实践的呼唤。新形势下，中华民族伟大复兴进入关键期。能否跨越"修昔底德陷阱"，避免大国冲突和对抗；能否跨越"中等收入陷阱"，从中等收入国家迈向高收入国家行列，需要治国理政新思路新智慧。建设中国特色社会主义处于"两个一百年"奋斗目标衔接期，既要完成第一个百年目标的冲刺收官，又要筹划第二个百年目标的起步布局。经济建设处于创新发展转型升级机遇期，进入经济发展新常态，要求推动供给侧结构性改革。社会诸多矛盾叠加，历史的和新生的、国际的和国内的、经济的和政治的、自然的和社会的、物质的和精神的，形成矛盾集合体；风险隐患增多，积累的和突发的、外因的和内因的、必然的和偶然的、可预料的和难以预料的，呈现多样性风险。深化改革进入完善制度攻坚期，退缩还是破冰，绕道还是闯关，是对执政党的新考验。如此丰富、复杂、深刻的时代背景和实践基础，孕育着党的理论创新的重大进展。

时代是思想之母，实践是理论之源。随着中国特色社会主义实践的不断拓展和深化，中国特色社会主义理论体系也在探索中不断丰富发展，特别是适应新的实践要求而取得许多重大的理论突破。这主要体现在习近平新时代中国特色社会主义思想之中，标志着党的理论建设进入新的发展阶段。

实现中华民族的伟大复兴，是我们党和国家到本世纪中叶乃至更长时间的居于引领地位的宏伟奋斗目标。为了实现中国梦，我们确立了"两个一百年"奋斗目标，就是到2020年全面建成小康社会；到本世纪中叶建成富强民主文明和谐美丽的社会主义现代化强国，实现中华民族伟大复兴。

丰富党的领导理论，创新发展科学发展观，鲜明提出并科学阐述了创新、协调、绿色、开放、共享的发展理念。这在理论和实践上都有新的突破，对破解发展难题、增强发展动力、厚植发展优势具有重大指导意义。创新、协调、绿色、开放、共享的发展理念，相互贯通、相互促进，是具有内在联系的集合体，要从整体上、从内在联系中把握新发展理念，增强贯彻落实的全面性系统性。

协调推进"四个全面"战略布局，是党中央从实现"两个一百年"奋斗目标、实现中华民族伟大复兴中国梦的战略高度，统筹国内国际两个大局，把握我国发展新特征确定的治国理政新方略，是新的时代条件下推进改革开放和社会主义现代化建设、坚持和发展中国特色社会主义的战略抉择。全面建成小康社会，确立了治国理政的目标引领；全面深化改革，确立了治国理政的根本动力；全面依法治国，确立了治国理政的治理方式；全面从严治党，确立了治国理政的领导核心和提供了政治保障。

在经济发展的基础上，建设社会主义市场经济，主动适应、把握、引领经济发展新常态；建设社会主义民主政治，走中国特色社会主义政治发展道路，发挥协商民主的特有优势；建设社会主义先进文化，弘扬中华优秀传统文化，提高国家文化软实力；建设社会主义和谐社会，实现经济发展和民生改善良性循环，构建全民共建共享的社会治理格局，维护国家总体安全；建设社会主义生态文明，推动形成绿色发展方式和生活方式，努力实现经济社会发展和生态环境保护协同共进。实现社会主义现代化和中华民族伟大复兴，就是要通过统筹推进"五位一体"总体布局，通过推动社会主义现代化各个领域的全面建设来达到目的。

此外，理论创新还体现在全面加强国防和军队建设、全面推进中国特色大国外交以及建设人类命运共同体等重大问题，提出了一系列新理念新思想新战略。它们是统筹推进"五位一体"总体布局、协调推进"四个全面"战略布局的重要组成部分。

二、制度创新成就

新中国成立以来，从向科学进军到科学的春天，从科教兴国战略到创新驱动发展战略，从创新型国家到世界科技强国，从科学技术是第一生产力到以科技创新为核心的全面创新再到创新发展新理念，这一系列的方略指引和推动着中国科技事业从奠定基础、打破封锁、建立体系，到改革开放、奋起直追、全面提升，再到自主创新、重点跨越、塑造引领，走过了70年辉煌发展历程。特别是党的十八大以来，党中央把科技创新作为提高社会生产力和综合国力的战略支撑，摆在国家发展全局的核心位置，形成从新理念、新战略、新纲要、新规划到新行动的一整套创新理论体系和行动纲领。

中国经济发展进入了新阶段，高增长阶段已经过去，进入了中高速增长阶段。在这样一个阶段，制度创新的作用更加凸显。无论是规范市场竞争，还是维护公平正义，都需要一套更加完整的制度。换句话说，要用制度建设巩固改革开放的成果，也要用制度建设发掘进一步改革的动力。各个领域的"制度成长"和"制度创新"，必须始终把握人民利益这个出发点和落脚点，通过制度保障人民参与改革发展进程、共享改革发展成果，才能最大限度地保障改革动力。

户籍制度改革有序推进，一部分由于各种原因无法落户者实现了最基本的权利；新医改迈向纵深，进一步扩大了保障范围，减轻了看病负担；生态文明体制改革实字当头，环境监测、环保督察大大强化；商事制度改革，变"先证后照"为"先照后证"，极大激发了创新创业的热情；"负面清单制度"带来的理念变革，进一步激活了市场竞争；富有含金量的简政放权，为小微企业松绑，减少了交易成本；司法体制改革瞄准制约司法能力、影响司法公信的环节发力，老百姓打官司更省心也更放心；公安执法程序与机制进一步规范，连查验身份证这样的细节都有了明文规定；社保与养老制度改革剑指公平性，企业退休职工的权益得到更充分保障……

"放权市场"的制度创新，激发的是市场的活力，有的侧重于发挥市场决定性作用，有的强调更好地发挥政府作用，更多的则体现于处理好两者之间的关系，最终搭建起规范市场与政府行为的立体体系。"政府限权"的制度创新，规范的是政府的作用。改革的目标不是小政府、大市场，而是有为政府、有效市场。政府不是不作为，而是更好发挥政府作用。"权力清单""负面清单""责任清单"，这"三张清单"厘清政府与市场的关系，成为社会主义市场经济制度建设的方向所在。

科技体制改革坚持问题导向，以政府职能转变引领体制机制创新，取得显著成效。国家科技计划体系全面重塑，科技计划管理改革取得决定性进展，形成新的国家科技计划体系，建立公开统一的国家科技管理平台，强化科技资源统筹配置；创新激励政策体系成效彰显，在国有科技型企业中推行股权和分红激励政策，对股权激励和技术入股所得实行递延纳税等优惠政策，有利于激励创新的中长期分配机制初步建立；科技成果转移转化体系建设取得重大突破。形成从修订法律、制定配套政策到部署具体行动的"三部曲"，支持各部门和地方跟进出台一批具体落实措施，形成中国特色促进科技成果转化制度体系；科技创新治理体系更加完善，推进国家重大科技决策咨询制度建设，推动建立国家科技咨询委员会，健全国家技术预测机制，完善国家创新调查制度；科技创新政策法规体系进一步完善，院士制度改革、职称制度改革等取得重要进展。

党的十八大以来，"制度创新"始终聚焦重要领域和关键环节，"抓大不放小"，密集推出了一系列宏观方案和细化规定。细览中央深改组审议的文件，既包括国资国企改革、财税体制改革、价格机制改革等重大举措，也包括足球改革方案、建立居民身份证异地受理挂失申报和丢失招领制度等具体安排，还包括自贸试验区、司法体制改革等试点方案。

面对全面深化改革这张时代大考卷，按照习近平同志的要求，不畏险阻、攻坚克难，以制度建设巩固改革开放的成果，激发中国社会活力，增进全体人民福祉，这是全面深化改革不遗余力推进制度创新的深层逻辑。制度创新，推动了各方面制度的成熟定型，保障了公众利益，增强群众获得感；激活了改革动力，增强群众存在感；提升了治理能力，增强群众安全感。

三、科技创新成就

党的十八大以来，我国国家创新能力建设加强前瞻布局，强化系统部署，以宏伟的创新事业和高水平创新载体加速创新要素聚集，推动我国科技创新能力实现历史性跨越。载人航天、深海探测、超级计算、煤化工、人工智能等持续突破，带动了相关科学、技术和工程领域的发展。高速铁路、特高压输变电、高难度油气田、核电、超级水稻等领域的技术逐渐成熟，开始向国外出口。铁基超导、中微子、量子信息、外尔费米子、纳米科技、空间科学、干细胞和再生医学、生命起源和进化等若干前沿和新兴领域研究取得一批世界领先的重大成果。

创新研发离不开资金投入，2017年，全社会研究与试验发展支出预计达到 1.76 万亿元，比 2012 年增长 70.9%，占 GDP 比重为 2.15%，研发支出总量居世界第二，超过欧盟 15 国的平均水平；2016 年研发投入强度达到 2.1%，居发展中国家首位，甚至高于一些高收入国家；科技进步贡献率从 2012 年 52.2% 升至 57.5%，国家创新能力排名从 2012 年第 20 位升至第 17 位……我国科技创新能力显著提升，主要创新指标进入世界前列，科技创新水平加速迈向国际第一方阵。我国科技创新持续发力，实现了历史性、整体性、格局性重大变化。

基础研究是整个科学体系的源头，是所有技术问题的总机关。在全球首次通过实验观测到量子反常霍尔效应、首次开展星地量子通信实验等；量子调控、铁基超导、合成生物学领域步入世界领先行列；深地探测、干细胞、基因编辑领域取得重要原创性突破。

着力打造国家战略科技力量，启动国家实验室建设。建设北京怀柔、上海张江、安徽合肥 3 个综合性国家科学中心，与已布局建设的 483 个国家重点实验室、346 个国家工程技术研究中心形成冲击世界科技前沿、抢占未来竞争制高点的梯次布局。我国已建成并投入使用的大科学装置有 26 个，还有 10 个大科学装置进入初期规划阶段，这将有力支撑我国在科技前沿取得重大突破，解决战略性、基础性和前瞻性科技问题。

以中国科学院为代表的国家战略科技力量和北京大学、清华大学等一批研究机构正向世界一流研究机构迈进。2017 年汤森路透（Thomson Reuters）① 发布的"全球最具创新力政府研究机构 25 强"榜单中，中国科学院是此次中国唯一入榜的政府研究机构，名列该榜单第 11 位，比 2016 年上升 5 位；北京大学、清华大学在多项排名中进入世界大学百强。

我国具有无可比拟的人才资源优势，科技人力资源超过 8000 万人，工程师数量占全世界的四分之一，每年培养的工程师相当于美国、欧洲、日本和印

---

① 成立于 2008 年 4 月 17 日，是由加拿大汤姆森公司（The Thomson Corporation）与英国路透集团（Reuters Group PLC）合并组成的商务和专业智能信息提供商。主要为专业企业、金融机构和消费者提供财经信息服务。

度的总和。屠呦呦获得诺贝尔生理学或医学奖，一批科技帅才和领军人物活跃在国际舞台。

大众创业、万众创新深入开展，普惠性支持政策密集出台，孵化体系逐步完善。建成各类众创空间 2000 多家，国家科技企业孵化器、加速器 2500 多家，在孵企业超过 10 万家，培训上市和挂牌企业 600 多家，各类市场主体达到 9800 多万户。

近年来中国数字经济规模保持快速增长，占 GDP 比重持续上升。2017 年我国数字经济总量达到 27.2 万亿元，同比增长超过 20.3%，显著高于当年 GDP 增速，占 GDP 比重达到 32.9%，同比提升 2.6 个百分点，对 GDP 的贡献为 55%，接近甚至超越了某些发达国家水平。数字经济在国民经济中的地位不断提升，已成为近年来带动经济增长的核心动力。网络零售交易额、电子信息产品制造规模居全球第一。技术创新、商业模式创新与巨大市场规模有机结合，正深刻影响和改变全球产业格局，快速迭代的"中国式创新"举世瞩目。人工智能、大数据、云计算等引领数字经济、平台经济、共享经济快速发展，电子商务、移动支付、共享经济引领世界潮流。中国科技创新支撑供给侧结构性改革和民生改善，有力带动了经济转型升级和新动能成长。

重大科技创新成果不断涌现，加快塑造发挥先发优势的引领型发展。我国在量子通信、光量子计算机、高温超导、中微子振荡、干细胞、合成生物学、结构生物学、纳米催化、极地研究等领域取得一大批重大原创成果，并首次荣获诺贝尔生理学或医学奖、国际超导大会马蒂亚斯奖、国际量子通信奖等国际权威奖项，在基础研究领域的国际影响大幅跃升。战略高技术捷报频传，载人航天和探月工程、采用自主研发芯片的超算系统"神威·太湖之光"、国产首架大飞机 C919、蛟龙号载人深潜器、自主研发的核能技术、天然气水合物勘查开发和新一代高铁、云计算、人工智能等成就举世瞩目。

近年来，"中国创新力量"快速崛起，我国科技创新正在深刻改变世界创新版图。经过不懈努力，我国科技出现由跟跑向并行乃至在一些领域领跑的重大转变，形成了完整的创新价值链和科技体系，取得了一大批有国际影响的重大成就。2017 年，我国成功发射首颗 X 射线天文卫星"慧眼"——"看"引力波、"探"极端宇宙之光，续写新时代中国太空探索梦想。一大批代表性重大科技创新成果相继涌现，蛟龙、天眼、悟空、墨子、慧眼、大飞机、天宫、神舟、天舟、嫦娥、长征系列成果举世瞩目。中国科技实力正从量的积累向质的飞跃、从点的突破向系统能力提升转变。中国的战略高技术彰显国家实力，深海装备形成功能化、谱系化布局。

中国向海洋强国迈进的道路上，一个个世界领先水平的深水重器接连入水。深海载人潜水器"蛟龙号"下潜深度世界第一；"彩虹鱼号"无人潜水器成功下潜地球最深处的马里亚纳海沟；作为世界造船大国，中国的船舶订单量、建造量和未交付订单占有率三大指标位列世界第一，世界上已有船只类型95%以上中国人都能造。

航天航空领域的创新，中国同样让世界惊艳。2017 年，C919 首飞成功，中国收获了又一个大国重器；此外，世界上最大的水陆两用飞机 AG600 顺利下线，促进了中国大型应急救援航空装备体系建设的跨越式发展；运 20 首飞成功，实现中国大型运输机零的突破。

时下，"中国关键核心技术"、"互联网＋"行动计划……一系列以科技创新引领的"大招"正在中国酝酿实施，将带给转型中的中国巨大的活力和经济增长潜力，科学创新的力量不仅重塑着发展的形态与内涵，也以前所未有的深度和广度影响着亿万人民的生活质量和思维方式。

信息技术深刻影响生产生活，更主动引领经济社会发展实现新跨越，"复兴号"成功商业化运行，全国高速铁路里程已经占全球总里程 60%以上；可再生能源的装机量、发电量居世界第一；电动汽车、新能源汽车的产销量和保有量均占全世界 50%以上；5G 新型网络架构等技术纳入国际标准。

第八章　我国创新模式下的问题分析

第一节　我国创新发展模式的瓶颈问题

一、产业创新问题

创新不是一蹴而就的事情，它是一个渐进的自然演进过程，需要良好的制度生态环境。但是，我们现在还是习惯于大跃进式的搞法，希望投入就有产出。认为创新和招商引资一样，只要给优惠政策，引进那些高科技的公司就是创新了。但实际上，创新本身就是一个试错的过程，成功绝对不是由事前的规划决定的，市场在自由竞争的过程中，人们基于利益的诱导，在不断的"干中学"中才能出现创新。至于那些招商引资来的所谓"创新"项目，大部分都是加工或后台的硬件设施，来只是因为优惠政策，早已和创新无关了。

创新是对不确定性的探索，最需要的就是自由竞争的环境，特别是对垄断的高度警惕。但是，现在很多领域却出现了包装一个创新的概念，或者借助已有的市场势力，与行政权力结合起来搞实质性的垄断。比如，借投资新能源工厂名义，换取政策优惠、垄断当地采购、低价开发周边土地炒作房地产等等。实质上就是借创新之名，行垄断之实，从根本上破坏了创新最需要的自由竞争的土壤，这不是在创新，而是在抑制创新。

各级政府对科技的投入越来越多，而且投入强度也越来越大。但政府大规模的科技创新投入，不一定能带来真正的创新。作为政府的科技投入，实际上是公共财政的一部分，基本的要求就是确定性，也就是投入必须有明确的产出。这种公共财政投入的确定性要求，与科技创新的不确定性，天然就是矛盾的。解决的矛盾方法，除了极少数的基础研究投入外，让市场来配置科技创新的资金投入。

直接扶持类政策过多、政策协同性不足等问题凸显。过去40多年来，产业部门对需求型、环境面的政策重视程度不足，这将不利于未来产业升级过程中充分发挥市场导向在完善产业创新体系中的关键作用。同时，创新政策与科技政策、经济政策的协同性不足。考虑到影响产业创新的政策涉及面广，不同政府部门之间由于存在层级差异不均、具体职能目标和手段差异较大等的客观原因，以及一些各自为政、缺乏有效沟通与合作机制、潜在对立等负面现实的消极影响，确实有一些政策群存程度不同的冲突、矛盾关系。更重要的，一些根本性、广泛性的环境问题亟待解决，如：知识产权保护、投融资体制、公平市场环境等。

实体经济的创新是其他领域包括服务业创新的基础，具有巨大的扩散效应和带动效应，也是科技和其他创新最重要的应用对象。然而，目前中国实体经济的发展可以说是步履艰难，好像搞服务业或其他领域就是创新，搞制造业倒成了传统行业的代名词。之所以创新出现一定程度的泡沫，根本原因就在于搞错了中国创新问题的出发点。

我国实体经济创新的需求有很多，但所生产的产品质量满足不了市场的需求，这也是我国供给侧结构性改革的主要任务所在。我国实体经济大而不强的现实，使得劳动生产率和全要素生产率都不高，经济的整体质量成为长期以来发展的主要短板。实体经济的创新，就是要回归基本面，真正通过创新提高中国产品质量的竞争力，否则实体经济的其他创新都注定是本末倒置。目前，创业创新几乎都集中在互联网领域，而且主要就是APP的应用。但实际上，互联网领域的很多创新，就是模仿甚至是抄袭，根本没有任何创新的含义，如果一味这样，其中的泡沫成分恐怕比实体经济只多不少。

多数本土制造业企业在技术路线、市场定位、战略导向等方面形成的低端"路径依赖"，可能成为整个产业创新系统的"转型"瓶颈。巨大的沉淀资产使得产业创新的转型成本高昂，不利于产业转型升级和全球竞争力提升。一些低水平的产业演化路径"锁定"会制约产业"换轨"升级。在新一轮科技革命和产业变革的新形势下，这些亟须跨越的战略"鸿沟"值得高度关注。低效率的路径依赖引发了生产率提升趋缓、资源要素错配、产业转型困难、新技术发展受阻、创新收益不足等一系列负面影响。

创新是中国经济新常态下的新动力，要真正实施创新驱动发展战略，就要用创新的思维推动创新，顺应创新的规律，解决创新所面临的挑战。创新发展阶段的资源要素是创造性、创意和知识，这些资源要素是隐性的，不可能主要依靠政府力量来配置，只有市场才能激发知识资源的创新。现在依然依赖于传统要素发展阶段的路径，习惯于用行政办法来解决创新问题，这样不仅不能推动创新，相反还严重抑制了市场的创新能力。

二、企业创新问题

企业创新的经济效益不显著，抑制了创新动力。开展创新的企业并不比未开展创新的企业有明显的利润增值。这可以部分解释创新动力不足的现状，也说明很多企业尚未真正进入到完全依靠创新脱颖而出的发展阶段。除了创新投入的效果显现可能会有滞后性之外，主要与企业自身的创新水平不高、创新风险较大以及获取创新收益的外部环境有关。由于多数企业或缺乏原始创新，或处于产业价值链的中低端环节，或关键技术、基础元件受制于人，导致创新活动的低水平、高成本、低收益并存，企业不得不面对产品附加值小、市场认可度低、沉没成本和转换成本高等问题，"后发劣势"远大于"后发优势"，创新的利润贡献自然十分有限，更会加剧企业投入创新的高失败率。

尽管企业创新规模有所提升，但考虑到新常态下创新驱动发展的迫切需要，同时与国际上一些创新型发达国家相比，我国企业的总体创新活力仍显不足，创新活动仍局限于少数企业。创新效果的不突出抑制了企业创新的积极性。国内不同类型、不同部门间的创新表现也存在较大的差距。创新仍主要局限于少数企业，投入强度和产出质量均落后于国际先进水平。同时，创新的投入强度和产出效果方面更加落后。技术创新对企业的盈利贡献率也不高。

另外，一些企业仅靠非市场化手段占据垄断地位甚至违规侵权就能获得收益，而其他一些创新的企业反而受制于不公平竞争或创新成果被违规"抄袭"，应有的创新收益也难以显现，甚至出现"劣币驱逐良币"的现象。这种状况不仅抑制了企业创新的内生动力，也在一定程度上降低了企业家对创新必要性的认知。许多传统产业中的企业正面临去产能、去库存、降成本的经营压力，往往对创新无暇顾及。

我国企业创新能力的发展进入了爬坡、攻坚阶段，正面临多重阻力。企业保护知识产权的能力不足。伴随创新产出数量的快速增加，我国企业开始注重对创新成果的保护。但是，当前企业保护知识产权的方式比较单一化、层次不高，保护创新成果的能力亟待提升。这种状况一定程度上说明我国企业保护知识产权的认知水平和能力均相对落后，更折射出知识产权保护环境的不尽完善。过去对一些侵权行为的处罚不力，导致侵权成本低、维权成本高。加上受一些行业技术特点影响，企业只好选择内部保密或"打时间差"这类保护方式。

创新成本过高、缺乏稳定的资金来源是制约我国企业创新能力提升的另一大阻力。企业创新需要长期、稳定的投入，过高的创新成本不仅削弱动力，更不利于创新能力的提升。对我国企业而言，一方面是与创新投入直接相关的研发成本过高，在直接引进核心技术变得困难的同时，内部研发周期长、不确定性大，而银行信贷、政府补贴、引导基金等外部来源十分有限，资金成本居高不下；另一方面，一些制度性成本、机会成本偏高，如税收负担、产权保护、行业准入、产业间相对收益率差异等，使企业加大创新的隐性成本。

企业开展创新合作的意愿也不强，围绕创新链的合作相对不足。开展创新活动越少的产业或企业，创新合作的水平也越低。同时，企业更愿意选择供应商、客户等处于产业链上下游的合作伙伴，而对高校、研究机构、政府部门以及风险投资等处于创新链上的伙伴选择比重普遍较低。这种状况不仅不利于企业创新生态网络的扩展，还将加剧产业链和创新链的脱节。

创新人才匮乏，创新成本过高。除动力不足外，人才匮乏或人才流失、创新成本过高是当前制约我国企业创新最突出的两类因素。在企业家看来，"人"是影响企业创新成功的最重要因素；缺乏人才或人才流失已成为我国企业创新活动的第一大阻力。这种状况与我国已成为 R&D 人员规模世界第一大国的优势地位极不匹配。究其原因，既与创新人才激励机制落后有关，也与科研人员市场化流动不足，人才培养缺乏创造性、包容性，人才引进机制缺乏灵活性等因素有关。

中国经济的创新可以说是迫在眉睫，然而作为最重要创新主体的企业家，却并没有特别强烈的危机感。企业家认为创新能力不足的问题，远远排在市场需求、劳动力成本上升等问题的后面。也就是说，大部分企业家依然将目前企业存在的困难归咎于市场等外部因素，而没有看到在同样的市场条件下，为什么有的企业却能有完全不一样的优秀业绩。

第二节　机遇与挑战并存的中国创新之路

一、创新发展面临挑战问题

当前，我国创新发展步伐不断加快，创新型国家建设成果丰硕，但也存在一些亟须解决的问题。更好践行创新发展理念，应坚持问题导向，着力解决好认识、实践、制度层面存在的问题，不断提升我国创新发展和创新型国家建设水平。

解决创新认识片面化、狭隘化问题。习近平同志指出，树立创新发展理念，就必须把创新摆在国家发展全局的核心位置，不断推进理论创新、制度创新、科技创新、文化创新等各方面创新，让创新贯穿党和国家一切工作，让创新在全社会蔚然成风。当前，一些地方和部门对创新发展理念的认识还存在片面化与狭隘化问题。这主要表现在将创新仅仅理解为企业、机构和个人的技术创新，对于政府主导下的制度、组织、管理和服务等创新重视不够，未能站在国家发展全局高度全面把握创新发展理念的科学内涵。这种片面化、狭隘化的认识将导致创新动力不足，严重制约我国创新发展的质量和效益。解决这一问题，必须全面把握创新的含义。按照内容划分，创新可分为制度创新、组织创新、管理创新、服务创新和技术创新等；按照主体划分，创新可分为政府创新、企业创新、机构创新和个人创新等。推动创新发展，要全面准确贯彻落实创新发展理念，协调推进各领域各方面创新，不能只知其一，不知其二，更不能顾此失彼、单兵突进。

解决创新实践盲目化、形式化、孤立化问题。盲目化问题主要表现为一些地方相关职能部门常常找不到或找不准创新发展的突破口和着力点，不顾本地实际盲目上项目，致使创新项目效益低下。形式化问题主要表现为一些单位热衷于花费巨资建设各类创新项目，投入与产出不成正比，许多创新孵化园和产业园流于形式。孤立化问题主要表现为有些地方过度强调技术创新而忽略其他方面创新，导致创新发展的协同效应难以充分发挥。解决这些问题，应加强创新体系建设，从丰富创新资源、加强创新基础设施建设入手，以培育良好创新环境为着力点，不断增强创新的系统性、整体性、协同性。同时应看到，良好的创新环境对创新体系建设具有积极作用。要不断强化宗旨意识和执政为民理念，提高工作效率，加强廉洁自律，改善与创新相关的政务环境；以全面依法治国为核心，提高法治思维和依法行政能力，改善法治环境；以供给侧结构性改革为抓手，降低企业融资成本，改善创新的资本环境。

解决创新制度不健全、落地难问题。创新发展离不开制度保障。现阶段，不少地方的创新制度还不同程度地存在不健全、落地难的问题。一方面，由于缺乏鼓励和引导创新的相关政策法规，一些地方创新发展缺少具有政策依据的评判标准，创新制度不健全问题突出。解决这一问题，应按照党的十九大的相关要求，根据《国家创新驱动发展战略纲要》的部署，制定更为完整系统、适合本地的政策法规，有效引导创新。另一方面，由于缺乏具有可操作性的容错纠错机制，一些地方不敢创新和创新动力不足的问题仍然存在，一些创新制度难以落地。比如，有些地方关于容错纠错机制的探讨还停留在理论层面。出台具有可操作性的容错纠错机制，需要从政策法规层面明确规定哪些错可以容、哪些错不能容，据此制定操作性强的量化标准和行为清单，从而既为各类人才大胆创新提供政策法律保障，又防止打着"容错"旗号的种种不法行为，为实现人人想创新、人人敢创新、人人能创新提供有力制度保障。

二、制约创新动力和能力提升的突出问题及深层次原因

尽管我国已进入世界创新型国家的第三梯队，但与发达的创新型国家相比，创新发展还存在不少薄弱环节。当前，创新动力和能力不足的问题最为突出，主要体现在以下几个方面。

（一）激励人才的体制机制不健全，人才结构有待改善

人才是最重要的创新要素。当前，人才激励不足、结构失衡是制约创新驱动发展的两大突出挑战。

1.激励人才创新的体制机制不健全，人才创新潜力和活力未能有效发挥

一是对科研人员和高技能人才激励措施不到位。一方面，我国多数大学和科研机构按事业单位管理，工资收入参照公务员管理，对科研人员创造的价值体现不足，创新难以获得相应回报，抑制了科研人员的积极性。另一方面，由于企业与事业单位的社会保障制度差距较大，而科研人员创业失败后缺乏保障，缺少安全感。科研人员不愿到企业工作。同时，我国技能型人才待遇普遍偏低、社会认可度不高，职业发展上升通道有限，难以激励大量技工人才敬业爱岗、精益求精。国有企业受到工资总额限制，激励人才创新的手段相对匮乏，人才资源利用效率不高，一些高科技企业的人才流失严重。此外，对于激发公立研究机构人才创新创业的股权激励政策，因缺少可执行的细则，《关于

国有企业科技人员持股办法》落实难，企业家价值得不到充分认可，企业家精神也就难以充分发挥。

二是重人才引进数量，轻人才环境建设，存在人才留不住、用不好的现象。各级政府陆续设立了多种形式的"招才引智"工程、"千人／万人计划"，有些地方还为企业人才引进提供补贴，甚至将引进"高端人才数量"作为一种政绩。结果往往是重人才引进，缺乏引进质量和效果的跟踪、考察。与此同时，政府主导的人才引进计划主要通过短期内资金补贴、项目配套等方式，而涉及科研环境、生活配套等方面跟不上。如：与国际接轨的科研氛围、可持续的科研设施保障，以及一些大城市难以回避的户籍、住房、子女教育、医疗等公共服务等仍有较大差距。

2.人才结构"两头短缺"，难以适应创新发展需要

高水平、高质量的创新离不开"顶天立地"的人才结构，当前我国的人才结构存在高端领军人才和高素质的技能人才不足。

一方面，科技领军人才、创新型企业家等高端人才不多。尽管我国科技人员总量居世界前列，但高端领军人才和高技能人才匮乏，创新型企业家也非常有限。另一方面，专业化职业教育和培训体系发展滞后，技能型人才缺乏。一些地方简单地按行政区划来布局职业教育，投入不够、师资短缺，效益不高。一些职业院校对产业发展、市场人才需求研究不够，职业培训针对性不强、脱离实际、质量不高。此外，现有就业政策、职业资格和薪酬制度不利于系统培养技能工人，开展学徒制、推进"双证书"制度均面临体制机制障碍。

（二）原始创新不足，缺乏创新的源动力

当前，我国的原始创新能力不强，多数产业发展仍处于全球产业价值链的中低端，不少领域依赖引进核心技术和关键零部件，自主创新能力偏弱，缺乏支撑产业升级、引领前沿突破的源头技术储备。主要原因包括：

1.基础研究投入不足，科研成果质量不高

一是作为前沿技术源头的基础研究欠账较多。过去数十年来，我国科技经

费主要投向短期、应用技术研发，对具有长远影响的基础研究投入较少，原始创新能力薄弱。我国基础研究占研发投入比重长期徘徊在5%左右，而发达国家这一比例通常为15%以上。由于基础研究和共性技术研究投入明显不足，关键共性技术供给不能满足产业创新与转型的需要。

二是科研项目多以跟踪国外研究为主，存在低水平重复现象。我国大多数科研项目仍处于跟踪国外前沿研究的状态，尚不具备引领国际前沿的能力。同时，政府财政科技经费管理因缺乏有效的统筹协调机制，创新链条上各环节的资金链断档与交叉重复并存，政府科技投入存在碎片化和低水平重复现象，难以产生突破性成果。

2.基础研究定位不清晰，评价导向脱离科研本质

一是需求导向的基础研究不足，科研投入决策倾向于提升显示度。科研项目往往由专家提出和评选，脱离经济社会需求，存在追求"新""奇"，甚至"走偏"现象。

二是科研评价重数量、轻质量，重短期利益、轻长期效果。一方面，重数量、轻质量的科研评价机制导致科研人员追求论文、专利等数量指标，导致重大科研突破少。量化评估还催生了将研究成果化整为零的"畸形"发表策略。另一方面，混淆科学研究和技术开发的界限，在科学研究中特别是基础研究领域过度强调科技成果转化不利于科学研究的持续发展。

3.产学研功能错位，产学研结合存在脱节

大学、科研院所不仅未能与企业形成有效互补，反而在某种程度上成为竞争者。一方面，因为考核科技成果转化率，大学和科研院所越来越多地倾向于将科技成果内部产业化。另一方面，一些应用型研发机构转制为企业后，机构功能与运行机制错位，难以发挥行业共性技术平台作用；设立在企业的共性技术研发中心，运行机制又不适合其功能定位。

产学研脱节现象仍未扭转。为了鼓励产学研合作，不少科技计划项目要求产学研合作申请，结果部分产学研合作"拉郎配"，一定程度上存在"貌合神离"的现象，不少机构是为了争取经费凑到一起，而没有实质性合作。目前，

产学研合作不畅的主要原因是，企业、高校和科研院所在发展目标、运行管理模式和评价机制等方面差异过大，很难在现行机制的牵引下结成利益共同体。此外，创新人才难以在产学研之间自由流动也是阻碍产学研有效合作的重要因素。

（三）科技成果转化渠道不畅，政策落实有阻力

我国公共科研部门的科技成果向市场转化的渠道还不够畅通。尽管近些年出台了一系列鼓励科研成果转化的法律法规，但一些关键政策落实效果还不尽如人意，制约了成果转化效率的进一步提升。主要原因包括：

1. 激励政策受国有资产管理、领导干部管理条例以及税率过高等多种限制，配套政策缺失

当前，职务科技成果转化过程要遵守严格的国有资产管理规定，缺乏配套的法规政策。由于科技成果多属于无形资产，其转化具有二次开发投入高、价值评估难、保值增值难等特点，以固定资产管理为主的现行国资管理规定大多并不适用。但面对防止国有资产流失的"高压线"，很多单位心存疑虑，高校科研院所积极性受到影响。同时，在涉及国有事业单位和企业担任领导职务的科技人员奖励和兼职问题上，虽然《国务院关于印发〈中华人民共和国促进科技成果转化法〉若干规定的通知》有了一些突破，但组织部门的现行干部管理相关条例并未颁布细则，使得既是学术骨干、又担任一定领导职责的科研人员有所顾虑。此外，面向事业单位收入和预算方面的"刚性"规定、获取转化后现金收益必须缴纳高额的所得税（最高至45%）等，都降低了科研人员的积极性和获得感。此外，不少地方在制定成果转化收益分配或奖励政策时过度倚重于科研人员（多在70%以上，甚至达99%），不利于调动主管单位、转化机构、投资人等利益相关各方的积极性。

2. 专业技术转移机构和人才队伍严重缺乏

科技成果不同于一般的商品，具有信息不对称程度高、交易流程复杂、外部性强等特点，需要专业技术转移机构、专门人才以及相关科技服务体系的支

持来推动其应用。目前，我国不少高校、科研院所虽然建立了技术转移机构，但大都属于行政管理机构，人员少且专业性严重不足，社会化、专业化的第三方技术转移机构发展迟缓。

（四）企业创新动力有待增强、能力有待提升

近些年，我国企业的创新主体地位不断提升，但总体上创新水平不高，创新动力有待增强、能力有待提升。

1.企业创新水平总体有待提高，国际公认的创新企业不多

我国经济总量已多年居世界第二，发明专利申请量连续多年居世界第一，但获得世界公认的全球领先创新企业有限。汤姆森路透集团公布的"全球创新企业百强"榜上，大都是日美欧企业，2014—2016 年我国仅有一家企业入围。同时，我国目前仍处于技术贸易逆差状态，每年技术进出口逆差额超过 100 亿美元。尽管近些年我国企业消化吸收能力和集成创新能力有所提升，但自主创新能力还不强，缺乏支撑产业升级、引领未来发展的科学技术储备。不仅如此，我国企业大多以引进消化吸收、技术集成等渐进和改进式创新为主，突破性、颠覆性创新不多。

2.各类企业创新体制机制有待进一步完善

我国国有企业和民营企业在创新中各占一些优势，但均因受相关体制不健全，创新活力未能充分发挥。国有企业尤其是央属国有企业在获取国家科技计划项目、土地供给、资金等各种要素资源方面占据明显优势，但受国企保值增值考核、工资总额限制等体制机制影响，创新动力还不强。民营企业自身机制灵活，但在平等获取创新资源、市场准入等方面还不完全公平，创新活力发挥还不充分。如：我国许多行业存在显性或隐性的市场壁垒，创新型民营企业和中小企业难以进入，导致竞争不充分。

3.市场机制还不健全不完善，既增加了企业创新的机会成本，也降低了创新的潜在收益

政府和市场的角色及其关系尚未完全处理好，创新机会成本高，创新型

企业难以获得应有回报。当前，我国多数高技术产业的收益率远低于房地产、能源、金融等政府主导资源配置的领域。以第二次经济普查的部分行业利润率数据为例，房地产、金融业和石油天然气开采业的利润率分别为 12.62%、12.56%和41.56%，而高技术产业的同期主营业务利润率只有4.89%。近些年，我国经济"脱实向虚"的矛盾需要引起重视和加强研究。

由于开展创新活动的成本高而收益低，创新型企业得不到有效的市场激励，加剧了创新不强。国家统计局 2014 年全国企业创新调查结果显示：我国开展技术创新活动的企业比例较低，仅占 26.9%，低于欧盟 27 国平均水平(39%)、德国(55%)、日本(27.5%) 和韩国(37.2%) 等创新发达国家或地区。不仅如此，企业研发活动规模和投入强度也偏低。2014 年，有 R&D 活动的规模以上工业企业占比仅 16.9%，规模以上工业企业的 R&D 投入强度仅 0.84%，与美国（19.74%）、英国（11.10%）、日本（10.50%）等国家的差距较大。

4.开放创新有待加强，有效利用全球创新资源能力待提高

随着全球创新资源加速流动，开放创新成为重大趋势。但我国部分现行政策不利于创新要素跨境流动，影响了企业利用全球创新资源，开展高水平开放创新。比如，有利于优秀外籍人才出入境、在华长期居留以及就业创业的便利政策，仅在试点的 10 个自贸区及创新改革试验区施行，除了效果尚待观察之外，试点范围也有待推广。资本项目的外汇管制措施不仅影响利用境外风险投资的效率，也给本土企业收购海外技术造成一定困难等。

（五）政府职能转变还没有完全到位

党的十八大以来，党中央、国务院一直力推"简政放权"、转变政府职能，但一些政府主管部门的职能转变尚不到位，政府和市场的关系尚未真正厘清。

1.政府有时越位，导致资源错配

进入前沿创新阶段后，技术进步和产业发展的不确定性加大，需要更多发挥市场机制配量资源的作用。但还有些政府主管部门仍习惯于以计划管控、直接选企业或定路线、考核评比等方式支持或鼓励创新，使企业围着政府的指挥

棒转，为满足政府要求而不是根据市场需求来决策。同时，在发展新兴产业时，扶持政策仍以直接补贴、点对点资助等方式为主，存在"规模崇拜""一哄而上""高端产业低端化"等现象，亟待建立公平竞争的营商环境和有效发挥市场机制对创新的激励作用。

2.政策落实不到位，协调性有待加强

近些年，创新驱动发展的重大改革设计以及各类具体政策不断出台，但政策之间不协调、不配套等问题导致部分政策落实不到位。

一是供给侧政策较多，需求端激励政策较少，对创新技术和产品的市场培育不足。我国创新政策体系着重于技术供给，重点鼓励增加科技投入，支持创新产品进入市场的政策较少。例如，政府采购政策缺乏细则，支持应用首台套装备和首批次产品的政策推广力度不够，成效不明显。有些创新技术和产品因缺乏新标准、新产品入市审批程序复杂周期长等原因难以及时投放市场。

二是部分政策因相关政策之间不配套、不协调而难以落实。如前所述，国家支持科技成果转化的股权激励政策在实施过程中面临国有资产管理限制、领导干部管理条例的细则尚未明确，以及国家有关税收政策不配套等而难以落实。

三是有些政策因设定较高门槛，受益面较低。例如，研发支出加计扣除所得税政策比较受企业欢迎，但一些地方政府设置政策门槛，如要求是高新技术企业，或承担国家和省级科技项目才能享受；限制加计扣除的研发支出范围，从事研发活动人员的人工费用、知识产权申请注册等不能全额纳入抵扣范围；对免税额设立最高限额等。

四是尚未建立容错机制，部分政策未能有效发挥作用。一些政府部门担心承担项目失败的责任，在选择支持对象时倾向于选择容易成功的项目，如大部分创业投资引导基金投向风险较小的发展期企业。诸多评比和考核等使创新指标化，易导致政策寻租。如：现行高技术企业和创新型企业评选指标以专利数量、研发支出强度和研发人员强度为主，有些企业为了获得减免税政策而购买专利或虚报数字。

3. 创新环境的基础性制度有待健全完善

一是在市场准入方面，存在产品和技术标准不完善、市场准入标准滞后和监管方式不适应、创新融资市场发展迟缓等现象，导致新技术、新模式和新兴业态难以规模发展。如：我国节能环保、安全、质量等标准大都滞后、更新升级缓慢，特别是对新技术和产品标准的制定滞后于实际需要，导致新产品难以及时进入市场，"新动能"难以有效地替代"旧动能"。在市场准入规制上，重审批、轻监管，监管能力未能及时提升，政府常常以控制企业规模和数量设置准入门槛，导致后来者无法公平参与竞争，一定程度上阻碍了创新。又如，企业创新融资难，支持中小企业创新的多层次资本市场发展缓慢，远不能满足创新企业融资需要。

二是在维护公平竞争的市场秩序方面，存在知识产权保护不力、执法不严、垄断规制不到位等问题。不少反映知识产权保护力度不足，纠纷处理时间长、惩处力度低、判决执行难等。尤其是知识产权侵权案件判赔额较低，甚至连维权费用都弥补不了。据有关抽样统计数据显示，97%以上的专利、商标侵权和79%以上的著作权侵权案件采用法定赔偿，平均判赔额度分别为8万元、7万元和1.5万元，诉求判赔比例不到35%。即使权利人胜诉后，也存在执行难的问题。环境、质量和安全等标准执法不严，有些地方为吸引投资或保护本地企业，放松执法，一些环境、质量和安全不达标的企业利用成本优势，以低价竞争打压守法和创新企业，导致不公平市场竞争，出现"劣币驱逐良币"。此外，我国反垄断法原则性强、修订滞后，缺乏对滥用垄断地位和不正当竞争行为的合理约束。

无论政府管制、反垄断法，还是产业政策、国有企业、宏观经济政策，都是影响我们国家创新的一些重要的体制和政策，必须引起我们的重视。为了创造一个有利于企业家创新的制度环境，除了产权保护和法治，还有必要调整一些具体的法律和政策，以便更好地发挥中国企业家创新的潜力。

政府监管要谨慎使用，其通常以保护消费者利益、维护市场秩序的名义出现，但往往起到保护既得利益者而不是消费者的作用。这是因为，创新作为创造性的破坏，意味着用新产品代替老产品，新产业代替老产业，新企业代替老企业，一定会动既得利益者——现有企业、现有行业的奶酪。这些行业、企业往往就会呼吁政府出来保护它们的私利，常常美其名曰是为了保护消费者。

第九章　构建创新发展指数体系

第一节　国内外创新指数研究

当前，以要素驱动的时代已经成为过去，依托创新驱动的"创新活跃期"正在来临。世界各国都将创新作为国家发展战略，以期为经济社会发展提供持久动力。党的十九大报告强调，创新是引领发展的第一动力，是建设现代化经济体系的战略支撑，并提出 2035 年基本实现社会主义现代化。我国经济实力、科技实力将大幅跃升，跻身创新型国家前列。近年来，"中国创新力量"快速崛起，正深刻改变着世界创新版图。但也要看到，中国的创新能力与发达国家经济体相比仍存在较大差距，整体竞争力还存在提升空间。创新型国家的建设应该置身于全球环境中，通过与其他国家的比较来了解我国创新型国家建设的现状，找出其中存在的问题，进而针对我国创新能力的提升提出针对性建议。

随着创新行为的变化，相关创新理论也在不断发展。2002 年，弗里曼（Jeffrey L. Furman）、波特（Michael E.Porter）和斯特恩（Scott Stern）联合发表了《国家创新能力的决定因素》，该文在思想驱动增长理论、国家竞争优势模型和国家创新体系等理论的基础上界定了国家创新能力的内涵，并建立了国家创新能力构成要素相互关系的一般数学模型。该研究认为，国家创新能力指标体系包括创新产出、公共创新基础设施质量、特定产业集群创新环境、创新联系质量以及与创新产出相关的因素 5 个一级指标和 20 个二级指标。国家创新能力指数注重从体制与政策评价的角度研究创新能力的变化，认为国家创新能力是指一个国家作为政治和经济实体不断产生有商业意义的创新的潜力，它不仅反映已实现的技术创新水平，而且反映一个国家或地区为建立促进创新的环境所具备的基础条件、所进行的投资和所实施的政策。在比较完整的问卷调查和理论研究的基础上，采用了大量的定性型量化指标。

伴随创新的重要性日益凸显，针对国家创新能力开展研究和评价的国际报告也层出不穷。目前，国内外研究并发布的创新指数有《全球竞争力报告》《OECD 科学技术和工业记分牌》《欧洲创新记分牌》、欧盟创新指数、国家创新能力指数、全球知识竞争力指数、硅谷指数、中关村、张江指数、中国城市创新能力指数等。

自 1979 年以来，总部设在瑞士日内瓦的世界经济论坛（World Economic Forum，WEF）是目前国际上从事竞争力评价最著名的机构之一，每年发布一份《全球竞争力报告》。《全球竞争力报告》（*The Global Competitiveness Report*）的竞争力排名以全球竞争力指数为基础，通过对一个国家进行综合因素考评进行竞争力评判。2018 年 10 月 17 日，世界经济论坛发布了《2018 年度全球竞争力》报告，该指数共有 98 项指标，其数据来源于联合国、世界银行、国际货币基金组织以及世界经济论坛在全球进行的相关调查。本次年度报告对全球竞争力评价标准进行了较大调整，推出了全新的全球竞争力指数 4.0（Global Competitiveness Index 4.0，GCI4.0）。GCI4.0 引入了 0—100 分的新评分体系。100 分值对应每个指标的目标位置，通常代表一项政策目标。各国都应该力求在各项指标上取得最大成绩。该方法强调，竞争力既不是比拼，也不是零和游戏，而是所有国家都可以实现的。98 项指标构成 GCI4.0 的 12 大支柱，反映了生产力和竞争力生态系统驱动因素的范围和复杂程度，具体包括：制度、基础设施、信息通信技术采用、宏观经济稳定性、健康、教育与技能水平、产品市场、劳动力市场、金融体系、市场规模、企业活力、创新能力。本年度报告结果显示，美国排名第 1 位（85.6 分），是接近"竞争力前沿"的国家，也是最接近理想状态的经济体。新加坡和德国紧随其后，排名第 2 位、第 3 位，与美国竞争力水平差距较小。排在榜单第 4—10 位的经济体分别为：瑞士（82.6 分），日本（82.5 分），荷兰（82.4 分），中国香港（82.3 分），英国（82 分），瑞典（81.7 分）和丹麦（80.6 分）。中国大陆的整体竞争力（72.6 分）在金砖国家中最突出，排名位居 28 位，领跑金砖国家。

经济合作与发展组织（OECD）1999 年起以年度公报的形式，推出《科学技术和工业记分牌》(science technology and industry scoreboard, STI)，构建起一个全面、细致，并伴随科学技术发展、工业机构调整而不断变化的动态测度指标体系。经合组织构建了一个数据基础平台，将参与者、结果和影响全部联系起来，强调了某些指标的可能性和有限性，并为未来的工作指引方向。STI 记分牌的目的不是为了给各国排序或制定综合指标，其目标是为政策制定者和分析人员提供将经济体与其他类似规模或类似结构的经济体进行比较的手段，并监测实现理想的国家或超级国家政策目标的进展。它描述了 OECD 国家积极建立数据基础设施连接各行业，以及产生的结果和影响，并强调某些指标的潜力和局限性，同时指出进一步工作的方向。2017 年的《科学、技术与工业记分牌：数字转型》报告揭示了数字转型对科学、创新、经济以及人们工作与生活方式产生的影响，旨在帮助政府在瞬息万变的数字时代制定更高效的科学、创新和产业政策。报告基于通常用于监测科学、技术、创新及工业领域发展状况的指标；并以实验性指标作为补充，重点分析了 OECD 成员国以及其他领先经济体实施数字转型的现状及趋势。报告研究认为，全球数字革命飞速发展，科研强国推动数字创新，前沿技术高度集中，数字转型对各行业的影响不同，数字时代企业人才需要广泛的技能，目前更多的人实现了互联网连接，但仍存在差距等。

2007 年起，欧洲工商管理学院启动"全球创新指数"（Global Innovation Index，GII）项目，目前它的共同发布方是世界知识产权组织（WIPO）、康奈尔大学和英士国际商学院。它不同于传统的创新指标，是通过评估制度、政策、基础设施、研发、知识传播、商业和市场的成熟度以及人力技能来衡量一个经济体广泛的经济创新能力。"全球创新指数"共设计 80 余项具体指标对全球 126 个经济体进行排名，内容覆盖制度、创新驱动、知识创造、企业创新、技术应用、知识产权等多个领域，通过对全球经济体开展调查，并参考世界经济论坛、世界银行、联合国等组织的数据，对全球各经济体的创新能力和成果进行评估和排名。"全球创新指数"是一个详细的量化工具，它可以帮助全球的政府决策者更好地理解如何激励创新活动，以此推动经济增长和人类发展。2018 年 7 月《全球创新指数 2018》发布，报告结果表示，中国（内地）较去年上升 5 位，位列 17，系首次进入前 20 名。其中，中国在研究人员、专利申请数量、科技出版物三个方面名列前茅。

为了推进欧洲创新体系，2010 年 10 月，欧盟委员会发布《创新联盟记分牌》，监测、评估、比较欧盟成员国研究与创新绩效，成为持续提升欧盟区创新能力和创新水平的重要分析工具。该记分牌将国家以创新绩效分为四类：创新领先型、创新强大型、创新中等型和创新保守型。报告测量比较欧盟成员国创新绩效的指标体系由三个层级组成，第一层级包括框架条件、投资、创新活动和影响 4 个因素。第二层级包括人力资源、有吸引力的研究系统、创新友好型环境、金融支持、企业投资、创新者、联系、知识资产、就业影响和销售影响 10 个维度。第三层级包括新博士毕业生、25—34 岁年龄段受过高等教育人口、终身学习等 27 个指标。2016 年欧盟将其更名为《欧洲创新记分牌》(European Innovation Scoreboard，EIS)，评估的对象也不再局限于欧盟成员国，欧洲其他国家、世界主要国家也开始纷纷加入。2018 年 6 月，欧盟委员会发布了《2018 年欧洲创新记分牌》，报告对欧盟 28 个成员国，欧盟与中国、美国、日本、韩国等国的创新绩效进行了测量比较，评估各国创新体系的相对优势和弱点，从而帮助欧盟各国确定其需要加强的领域。其测量方法和有关结论对我国国家创新体系建设和国家创新绩效评估具有一定的借鉴意义和参考价值。

美国硅谷指数（silicon valley index）用来评价硅谷的综合发展状况，是由硅谷专门机构制定并发布的综合性区域发展评价报告。1995 年首次发布，往后每年年初进行发布，与自身各年度指数进行纵向比较，是研究硅谷地区发展情况的重要资料。该指标体系在 2007 年进行过一次重要调整。2007 年以前，指数主要分为两大部分，第一部分是区域发展趋势性指标，如经济增长、就业率、工资、出口等；第二部分是年度进展观察，包含经济创新发展、居住环境、社会包容性和社区民主等内容。2007 年之后，确定了人口、经济、社会、空间和地方行政的主体框架，沿用至今。硅谷指数在创新评价领域具有较大的影响，它从多个角度进行创新评价，内涵非常全面，体现了综合性、整体性和可持续性，从理论框架到实践，成为世界各地参考的主要对象，具有广泛的借鉴意义。

致力于全球知识竞争力评价的英国著名智库组织罗伯特·哈金斯协会(Robert Huggins Associates) 提出了评价全球主要城市为中心的地区的知识竞争力的理论框架和模型，选择全球主要都市（圈）为评估对象，测定这些区域的知识竞争力指数并据此排名，这就是城市知识竞争力指数（WKCI）评价指标体系。自 2002 年起，英国罗伯特·哈金斯协会开始发布"全球知识竞争力指数"(The World Knowledge Competitiveness Index，WKCI)。该协会编制的《世界知识竞争力指数》排行榜，基本上能够较为准确和系统地反映"世界知识经济领先地区"——国际知名创新型城市和以创新型城市为核心的创新区域的发展和建设情况。普遍认为，WKCI 是首次对全球最佳表现地区的知识经济进行度量和综合分析，是衡量各地区知识容量、能力、可持续性，以及将知识转换成经济价值和该地区居民财富的程度的整体综合基准。

此外还有自 1989 年起，瑞士洛桑国际管理发展学院每年发布的《世界竞争力年鉴》，该年鉴基于 260 项竞争力测量指标，评比全球 63 个国家竞争实力；1991 年开始每年定期发布《日本科学技术指标》系列报告，通过定量化和客观的指标数据反映日本科技活动，同时也注重时间序列的历史纵向比较和国际对比；汤森路透社从 2009 年开始发布《全球创新报告》，通过分析航空航天与国防、汽车、生物技术等 12 个技术领域中的全球科技文献和专利数据，对全球创新活动进行描述；等等。

与国外相比，我国在创新指数方面的研究起步较晚，且相对滞后，但通过积极的学习和借鉴相关国际经验，目前国内逐渐出现一些较有影响力的创新指数。由于国内外各创新指数编制的目的和原理不尽相同，因此在指标设计上也会存在一定的差异，所强调的主题也会有所不同，

2005 年开始发布的中关村指数主要描述和评价北京市高新技术产业发展状况、发展水平与变动趋势，总体评价北京市高新技术产业发展水平的评价指数。由经济增长指数、经济效益指数、技术创新指数、人力资本指数和企业发展指数 5 个分类指数构成，各分类指数均由 3 个指标构成，共 15 个指标。与其他的创新评价指标体系相比，该指标体系最大的不同是：具有微观性。经过几年的反复修改完善，2012 年形成了新的"中关村指数"指标体系。这一指标体系选取最能体现"具有全球影响力的科技创新中心"内涵和特征、最能突出企业主体地位的核心指标，构建了较为全面反映和深入刻画中关村创新、创业和高新技术产业发展的框架体系。"中关村指数"借鉴了美国硅谷指数的编制思想和方法，结合中关村的实际，形成独特、开放式的指标体系，包括创新创业企业、产业发展、创新能力、创新创业环境、国际化、中关村 300 强和上市公司 100 强等 6 个一级指标，涵盖 20 个二级指标以及 122 个三级指标。"中关村指数 2013"在借鉴硅谷指数编制经验的基础上，结合我国实际，首次进行了"中关村综合指数"的合成，并纳入了相关"即时性指标"及时反映中关村发展的新情况、新变化。"中关村指数 2013"的指标体系在 2012 年的基础上变更为创新环境、创新能力、产业发展、企业成长、辐射带动、国际化 6 个一级指标、14 个二级指标以及 38 个三级指标。中关村指数有利于分析影响北京市高新技术产业发展的主要因素，监控不同领域的发展变化情况，有利于及时全面地掌握北京市内高新技术企业的发展趋势。

张江创新指数由上海市统计局 2005 年推出，用以综合评价上海全市的创新能力和水平，是上海科教兴市指标体系的十大核心指标之一。张江指数从创新环境、创新主体、创新人才、创新投入、创新成果和创新水平 6 个方面来定

量测算原始创新、集成创新和二次创新能力等自主创新综合能力。张江创新指数通过分别对园区、重点产业和重点领域进行评估，并采用系统指数方法合成的指标，综合反映上海园区和企业科技创新的能力。该指数为科学评价园区的自主创新能力提供依据，并为园区未来的可持续发展指明方向。从张江创新指数来看，提高自主创新、转变经济发展方式的导向十分明确，着眼于体现经济可持续及社会和谐发展的发展思路。

在对国内外创新主要创新评价指标进行借鉴的基础上，杭州市在 2007 年推出了一套城市的创新评价指标体系即"杭州创新指数"。该指数主要是用来评价杭州市自主创新的现状、水平与差距，为发展指明方向，为决策提供参考。杭州创新指数由杭州市科技局和杭州市科技信息研究院编制，从创新基础、创新环境和创新绩效 3 个方面反映杭州市创新发展的现状、水平与层次。该指数涉及面广，指标较全，结合了杭州经济发展的现实，多项指标均具有创新性和引导性，对全国具有借鉴意义。该指数因是区域型指数，因此对技术创新主体和产业技术创新尚缺乏具体评价。

目前，国内外现有的研究成果也存在一定的缺陷。主要表现在以下 4 个方面：国内创新指数适用范围较窄，不具有横向可比性。欧盟指数是对欧盟成员国的创新绩效进行定量比较，以美国和日本为标杆，分析欧盟各国的创新优势和劣势，具有横向可比性。而国内的创新指数都属于区域创新指数，存在浓厚的地方色彩，只可纵向比较，不具有国际可比性，不能体现与国际先进水平的差距；尽管各创新指数都是从创新角度进行考察，都侧重于创新能力评价，但没有着重反映技术创新能力；新指数指标选取也有不足之处：选取的指标大都是静态指标，没有从动态角度考虑创新活力因素；大多创新指数研究未将企业创新能力、产业创新集群、创新网络以及国家或地区的创新环境结合起来；现有研究对影响创新能力的决定性因素不够重视，缺乏足够的实证检验和科学评价。

第二节　创新指数指标的形成

创新是经济增长的主要驱动力，创新能力直接影响企业、区域以及国家等各个层面的竞争力。随着国际竞争环境的日趋复杂化，技术创新已成为提升生产力和增强国家竞争力的关键因素。科学评价并衡量企业、区域及国家的创新能力，引导创新行为，能够促进各层面创新能力的提升和创新活力的增强，使创新成果转化为生产力，进而推动创新绩效的提升，逐步实现国家创新战略目标。因此，对区域、国家等创新主体层面的创新能力进行指数化评价具有重要意义。创新指数概念主要来源于指数在统计学与经济学的相关定义与内涵。

指数是一种反映社会经济现象数量变动的相对数，指数这一概念可应用于许多科学领域中，但能引起特别关注的还是经济学领域与统计学领域。从经济学角度看，指数概念分广义与狭义之分。广义上，任何两个数值对比形成的相对数都可以称为指数；狭义上，指数是用于测定多个项目在不同场合下综合变动的一种特殊相对数。指数在经济学领域是一种表明社会经济现象动态的相对数，运用指数可以测定不能直接相加和不能直接对比的社会经济现象的总动态；可以分析社会经济现象总变动中各因素变动的影响程度；可以研究总平均指标变动中各组标志水平和总体结构变动的作用。指数按所反映的现象范围不同，分为个体指数和总指数。前者反映个体经济现象变动的相对数，后者是表明全部经济现象变动的相对数。按所反映的现象性质的不同，分为数量指数和质量指数。前者反映生产、经营或经济活动数量的变动，后者是说明经济活动质量变动的指数。按计算形式的不同，分为综合指数和平均数指数，前者指两个总量指标对比计算出来的指数，后者是前者的变形。按比较的基期不同，指数分为定基指数与环比指数。指数是经济学家"工具箱"的有用工具。作为经济分析的重要工具之一，能够为制定宏观经济政策、抑制通货膨胀或通货紧缩提供重要的依据。

　　而在统计学概念中，指数是一种表明社会经济现象动态的相对数，运用指数可以测定不能直接相加和不能直接对比的社会经济现象的总动态；可以分析社会经济现象总变动中各因素变动的影响程度；可以研究总平均指标变动中各组标志水平和总体结构变动的作用。指数按所反映的现象范围不同，分为个体指数和总指数。前者反映个体经济现象变动的相对数，如个别产品的物量指数、个别商品的价格指数等；后者是表明全部经济现象变动的相对数，如工业总产值指数、居民消费价格总指数。按所反映的现象性质的不同，分为数量指数和质量指数。

　　正确应用指数，还必须要深刻了解统计指数的性质，概括地讲，统计指数有以下几个特点性质：

　　相对性。统计指数作为一种对比性的统计分析指标，具有相对数的特点。统计指数总体各变量在不同场合下对比形成的相对数，它可以度量一个变量在不同时间或不同空间的相对变化。故通常以相对数的形式表示，具体表现为百分数。它表明：如果把作为对比的基准水平（基数）视为100，则所要研究的现象水平相当于基数的百分之多少。

　　综合性。综合性说明统计指数是一种特殊的相对数，它是由一组变量或项目综合对比形成的。统计指数所反映的是一组变量在不同时间变动所形成的相对数，从这相对数中看不出哪种变量具体变动了多少。因为它把各变量的不同变化的差异抽象掉了，用一个抽象的数值概括地反映所有变量综合变动的结果。因此，指数具有综合性的特点。没有综合性，统计指数就不能发展成为一种独立的理论和方法。

　　平均性。指数是一个反映复杂总体平均变动状况的统计指标。平均性的含义有二：一是指数进行比较的综合数量是作为个别量的一个代表，这本身就具有平均性；二是两个综合量对比形成的指数反映了个别量的平均变动水平。这主要是因为各项指标都是通过将其中各个变量分别乘上各自的同度量因素后，再相加对比后取得的结果。

　　统计指数在社会经济领域内广泛应用，这是由于统计指数具有独特的功能，能够发挥重要的作用。具体表现在以下几个方面：

综合反映复杂社会经济总体在时间和空间方面的变动方向和变动程度。这是统计指数的最重要的作用。在社会经济现象中，大量存在着不能直接加总或不能直接对比的复杂总体，为了反映和研究它们的变动方向和变动程度，只能通过统计指数法，编制统计指数才能得到解决。

分析和测定社会经济现象总体变动受各因素变动的影响。社会经济现象总体中包含着数量因素和质量因素，通过编制数量因素指数和质量因素指数，可以分析和测定各因素变动对总体变动的影响。

研究平均指标指数变动及其受水平因素和结构因素变动的影响。平均指标中包含水平因素和结构因素，因此可以编制可变组成指数，不变组成指数和结构影响指数，研究平均指标的变动及其各因素变动对平均指标变动的影响。

在创新指标的选取上，一般而言，其原则是相对独立，综合反映国家在创新方面的优势和劣势、能力和绩效；相对指标为主，突出创新带来的竞争能力；总量指标为辅，兼顾大国小国的平衡；定量统计指标为主，定性调查指标为辅；指标具有国际可比性；指标具有可扩展性；数据具有可获得性；数据来源具有权威性。

我国建设创新型国家的本质是要使经济社会发展从主要依赖资本投入和资源消耗驱动转到主要依靠创新驱动上来，实现经济发展方式的根本转变。国家创新能力的提升主要通过创新资源的不断投入，知识的持续创造、传播和应用来实现，其绩效体现在经济社会和人民生活的改善上。企业是创新的主体，政府营造的创新环境是必要保障。

党的十九大的召开，标志着中国特色社会主义进入了新时代，其重要标志为经济由高速度增长转向高质量发展。这是遵循经济规律发展的必然要求，是保持经济持续健康发展的必然要求，也是适应我国社会主要矛盾变化和全面建成小康社会、全面建设社会主义现代化国家的必然要求。基于此，党的十九大对科技创新作出全面部署。以科技创新支撑供给侧结构性改革、加快新旧动能转换，以推动经济社会高质量发展，这是对科技创新提出的新的更高要求。各地区各部门要认真落实党中央、国务院决策部署，统筹推进"五位一体"总体布局，协调推进"四个全面"战略布局，坚持稳中求进工作总基调，坚持新发展理念，坚定推进改革，妥善应对风险挑战，引导形成良好社会预期，经济社会保持平稳健康发展，科学研究与技术创新领域取得新进展。

为监测和评价创新型国家建设进程，课题组开展了有关中国创新发展评价指标体系的系统研究。中国创新指数指标体系主要关注我国当前创新能力发展水平的监测分析，是一种基于指数概念、创新评价等理论方法的系统性综合评价。创新驱动是高质量发展的基石。中国创新发展指数体系的建立，创新调查监测与评价体系的形成，无疑也是面对新时代高质量发展、科技管理制度创新的重要实践。

第十章　中国创新发展指数指标体系

第一节　中国创新发展指数指标体系的意义及算法

一、创新发展指数的基本概念与意义

创新发展指数是一种表明社会经济现象动态的相对数，运用创新指数可以测定不能直接相加和不能直接对比的创新发展的总动态；可以分析创新发展总变动中各因素变动的影响程度；可以研究总平均指标变动中各组标志水平和总体结构变动的作用。创新发展指数和一般的相对数的区别在于：一般的相对数是两个有联系的现象数值之比，而创新发展指数却是说明复杂社会现象经济的发展情况，并可分析各种构成因素的影响程度。

创新发展指数是衡量某一领域发展程度的一种数据标准。如果以某一具体时期为基准，以 1 或 100 为基数，使该领域在基准时期产生的原始数据与基数相对应，则基数与基准时期原始数据之比乘以考察时期产生的原始数据即为该领域在考察时期的发展指数。

坚持创新发展是关系我国发展全局的一场深刻变革。无论从理论层面来讲，还是现实层面来讲，本报告都具有重要的意义。

从理论层面讲，中国创新发展指数指标体系顺应中国的发展形势，丰富了研究内容，为各级政府对创新道路的政策支持、规制模式等相关研究提供了多样化的支撑；从现实层面讲，创新发展指数指标体系具有重要经济意义。一方面可以为中央政府提供决策方面的参考，另一方面有助于地方政府更好地定位自身发展的优势与不足，明确发展的主攻方向，有助于优化各地资源配置，为国家制定经济层面的战略政策提供可靠数据。

二、创新发展指数的通用算法

为了保证不同量纲指标之间能够进行有效合成，必须对各个评价指标进行处理，对于数值与发展指数呈正相关的指标，我们称之为正指标，即该项指标的数值越大，效用值越高，如人均 GDP。对于数值与发展指数呈负相关的指标，我们称之为逆指标，即该指标的数值越大，效用越低，如失业率。本报告中，我们将对所有测算指标进行相应处理，以期测度中国创新发展指数在国家、省际和市级等三大层面的水平，并对各省和城市间发展指数水平进行比较，分析不同地区的特点。以下是国家、省际及市级发展指数的算法。

中国发展指数的算法参照国家 GDP 增幅算法，利用 2017—2018 年指标数据，以 2017 年为基年，分别计算正指标值和逆指标值。

在本报告中，正指标＝（2018 年指标值－2017 年指标值）/2017 年指标值×100%。

逆指标＝（2017 年指标值－2018 年指标值）/2017 年指标值 ×100%。

然后通过等权重加权运算，得到创新在国家层面的发展指数。

省际、城市发展指数的算法采用综合指数法，基础指标无量纲化后，通过等权重加权运算，最后得出每个省（城市）的发展指数值。

单一指标采用直接获取的数据来表示，在无量纲化处理时采用效用值法，效用值规定的值域为 [0，100]，即该指标下最优值的效用值为 100，最差值

的效用值为 0,计算方法如下:

(1) 正指标

如设 i 表示第 i 项指标,j 表示第 j 个区域;x_{ij} 表示 i 指标 j 区域的指标获取值;y_{ij} 表示 i 指标 j 区域的指标效用值;x_{imax} 表示该指标的最大值,x_{imin} 表示该指标的最小值。

$$y_{ij}= \frac{x_{ij} - x_{i\min}}{x_{i\max} - x_{i\min}} \times 100$$

(2) 逆指标

对这类指标的处理则采用如下方法:

$$y_{ij}= \frac{x_{i\max} - x_{ij}}{x_{i\max} - x_{i\min}} \times 100$$

(3) 等权重加权运算

采用等权重计算出各指标得分 $\overline{y}_{ik}$

$$y_{ik} = \sum_{j=1}^{5} \beta_i y_{i(j+5k-5)} \qquad y_{i5} = \sum_{j=1}^{10} \beta_i y_{ij}$$

$$\overline{y}_{ik} = 100 \times y_{ik} / \max(\overline{y}_{ik})$$

式子中 β_i 为权重,对于省际指数而言,i=1—31;k=1—5。对于地级以上城市指数而言,i=1—290;k=1—5。对于县级市指数而言,i=1—369;k=1—4。

(4) 创新发展指数计算

采用等权重计算出省际(城市)发展指数 $\overline{y}_i$,并据此得出省际(城市)排名。

$$y_i = \sum_{k=1}^{5} \omega_k \overline{y}_{ik}$$

$$\overline{y_i} = y_i / \max(y_i)$$

式子中 ω_k 为权重，对于省际指数而言，$i=1$—31。对于地级以上城市指数而言，$i=1$—290。对于县级市指数而言，$i=1$—369。

我国现有 34 个省级行政区域，包括 23 个省，5 个自治区，4 个直辖市，以及香港、澳门 2 个特别行政区，市级城市更是数不胜数。如此众多的城市成为一类特殊的受评主体，因此与国家级省际层面排名不同，课题组采取了更为直观的评级体系来对城市的发展进行描述，以期可以更加直观地展示各城市这一年来的发展状况。

第二节　中国创新发展指数指标体系构成

创新是引领发展的第一动力。坚持创新发展，必须把创新摆在国家发展全局的核心位置，不断推进理论创新、制度创新、科技创新、文化创新等各方面创新，让创新贯穿党和国家一切工作，让创新在全社会蔚然成风。

习近平同志指出，"纵观人类发展历史，创新始终是推动一个国家、一个民族向前发展的重要力量，也是推动整个人类社会向前发展的重要力量"。在早期的原始社会中，人类实践的水平极其低下，只有简单、自发的常规性实践。进入到农业社会后，生产力得到提高，但经济形态仍是以消耗天然资源和人力劳动为主的自给自足式的自然经济，创新性实践是偶然的、局部的。工业社会以大机器的使用、能源资源的大规模消耗和专业化分工下的技术工人的劳动投入为主要生产模式，维系工业化大生产所需的常规性实践与持续涌现的科技创新、制度创新等创新性实践交相辉映、相互促进，产生出前所未有的强大生产力。进入新世纪后，在快速的信息化、全球化浪潮中，新一轮科技和产业革命正在迸发出巨大创造力，"互联网 +"、智能制造、生物技术、材料技术的突飞猛进不仅改变着经济生产形态和市场格局，也重塑着人们的生活方式、交往模式、价值观念等。创新正从科技和经济领域向社会各个领域延伸，成为驱动社会发展的主要动力。

（一）中国创新发展指数指标体系

本报告根据《2017中国统计年鉴》《2018年中国统计年鉴》《2017年中国科技统计年鉴》《2018年中国科技统计年鉴》《2017年中国高技术产业统计年鉴》《2018年中国高技术产业统计年鉴》《2017年中国工业统计年鉴》《2018年中国工业统计年鉴》，进行指标选取、指标数量、权重选取，由此得出中国创新发展指标体系。其包括3个二级指标，44个三级指标。中国创新发展指标体系中二级指标包括创新环境、创新绩效和创新企业（见表一）。其中，创新环境反映国家创新活动所依赖的外部软硬件环境，是衡量国家创新投入的重要依据；创新绩效反映国家开展创新活动所产生的效果和影响，是衡量国家创新发展程度的重要内容；创新企业反映企业创新活动的强度、效率和产业技术水平，是衡量国家营造创新环境能力的重要指标。

表一　中国创新发展指标体系框架（部分）

二级指标	三级指标	权重
创新环境	研究与试验发展经费支出	1/44
	研究与实验发展经费支出与国内生产总值之比	1/44
	科学研究和技术服务业注册资本	1/44
	研究与试验发展经费支出	1/44
	科学技术支出	1/44
	科学研究和技术服务业新增固定资产	1/44
	研究与试验发展投资额	1/44
	专业技术服务业新增固定资产	1/44
	技术交易增加值占地区生产总值比重	1/44
	六大高端产业功能区增加值对地区生产总值贡献	1/44

续表

二级指标	三级指标	权重
创新绩效	科学研究和技术服务业施工项目	1/44
	研究与试验发展经费内部支出与国内生产总值之比	1/44
	专业技术服务业施工项目	1/44
	入选全球高被引科学家数	1/44
	入选自然指数前 500 强研究机构数量	1/44
	全民科学素养达标率	1/44
	世界 500 强企业数量	1/44
	全球创新城市排名	1/44
	知识产权结案数	1/44
	科技推广和应用服务业施工项目	1/44
	SCI 收录我国科技论文篇数	1/44
	EI 收录我国科技论文篇数	1/44
	发明专利授权数总量指标	1/44
	技术市场成交额总量指标	1/44
	专利申请授权数	1/44
	发表科技论文	1/44
	出版科学著作	1/44
创新主体	大型企业新产品开发项目数	1/44
	大型企业新产品开发经费支出	1/44
	中型企业新产品开发项目数	1/44
	中型企业新产品开发经费支出	1/44
	外商投资企业新产品开发和生产	1/44
	中外合资经营企业新产品开发和生产	1/44
	高新园区企业技术收入	1/44
	高新产品贡献	1/44
	高新产品占比	1/44
	国家级大学科技园占比	1/44
	国家级重大研发机构占比	1/44
	中外合作经营新产品开发和生产	1/44
	外资企业新产品开发和生产	1/44
	外商投资股份新产品开发和生产	1/44
	外商投资企业申请专利	1/44
	中外合资经营企业申请专利	1/44
	中外合作经营申请专利	1/44

（二）中国创新发展指标体系的意义

中国创新发展指标体系在丰富创新系统理论体系的同时，它还具有自身的重要意义。首先，中国创新发展指标体系拓展了创新体系研究的维度，丰富了国家创新体系的研究内容；其次，国家创新发展指标体系有助于优化各地创新资源配置，为国家创新能力发展提供动力；最后，中国创新发展指标体系为各级政府对创新的政策支持、规制模式等提供了多样性支持，更加突出创新驱动发展战略的地位。以改革创新的思想推进发展、深化发展，是我们党在新形势下应对各种新情况、解决新问题、不断开创良好新局面的一大利器。在新的历史条件下，我们要解决在发展中遇到的问题，就必须要有改革创新的勇气和魄力，才能以新视野、新思路、新方法将其解决，才能更好地推动社会发展。

第三节　中国省际创新发展指数指标体系构成

省级政府单位是贯彻落实国家战略方针、执行国家宏观经济政策、提高省级经济、促进区域发展的执行者，具有维护市场的正常运行、公平合理配置资源的职责。进入新时代后，面对我国社会主要矛盾的转变，我国各省级人民政府转变发展思路和政府职能，为建设人民满意的服务型政府，通过新发展理念实现高质量发展，落实推进"四个全面"战略布局，实现"五位一体"总体布局。所以省际发展一定程度上代表了国家的发展水平，以省为单位对发展指数进行测算与比较，可以很好地测度省级地区的发展指数水平，为各级政府提供相应的决策依据。

（一）省际创新发展指标体系

评价各省的创新能力，需要一套较好的指标。因此，在指标选取方面，借鉴了《2017 中国统计年鉴》《2018 年中国统计年鉴》《2017 年中国科技统计年鉴》

《2018 年中国科技统计年鉴》《2017 年中国高技术产业统计年鉴》《2018 年中国高技术产业统计年鉴》《2017 年中国工业统计年鉴》《2018 年中国工业统计年鉴》，由此得出省际创新发展指标体系。

省际创新发展指标体系包括 3 个二级指标，48 个三级指标。二级指标中包括创新环境、创新绩效和创新主体（见表二）。其中，创新环境反映各省产业创新生态系统中诸多环境要素满足创新主体的需求程度，用以衡量各省对创新发展的投入力度；创新绩效反映各省的创新成果，用以衡量各省创新发展程度及创新产出能力；创新主体反映各省的企业创新成果，用以衡量各省企业应用创新环境的能力以及创新发展程度。

表二　省际创新发展指标体系框架（部分）

二级指标	三级指标	权重
创新环境	科学研究、技术服务和地质勘查业法人单位数占总法人单位数比重	1/48
	科学研究、技术服务和地质勘查业城镇单位就业人员占城镇单位总就业人员比重	1/48
	信息传输、计算机服务和软件业城镇单位就业人员工资总额占城镇单位就业人员工资总额比重	1/48
	科学研究、技术服务和地质勘查业城镇单位就业人员工资总额占当地城镇单位就业人员工资总额比重	1/48
	科学研究、技术服务和地质勘查业城镇单位就业人员平均工资占当地城镇单位就业人员平均工资比重	1/48
	科学研究、技术服务和地质勘查业城镇私营单位就业人员平均工资占当地就业人员平均工资比重	1/48
	科学研究、技术服务和地质勘查业全社会固定资产投资占全社会固定资产总投资比重	1/48
	科学研究、技术服务和地质勘查业固定资产投资（不含农户）占固定资产总投资比重	1/48
	科学研究、技术服务和地质勘查业新增固定资产投资（不含农户）占总新增固定资产投资比重	1/48
	地方财政科学技术支出占地方财政总支出比重	1/48
	科技馆数量增长率	1/48

续表

二级指标	三级指标	权重
创新环境	科技馆当年参观人数增长率	1/48
	生态与农业气象试验业务站点个数增加值	1/48
	互联网普及率	1/48
	人均拥有公共图书馆藏量	1/48
	公共图书馆累计发放有效借书证数增加值	1/48
	公共图书馆总流通人次增加值	1/48
	公共图书馆书刊文献外借人次增加值	1/48
	公共图书馆书刊文献外借册次占公共图书馆书刊文献总册次比重	1/48
	每万人拥有公共图书馆建筑面积	1/48
创新绩效	国内专利申请受理增加量	1/48
	国内发明专利申请受理增加量	1/48
	国内实用新型专利申请受理量占国内专利申请受理量比重	1/48
	国内外观设计专利申请受理量占国内专利申请受理量比重	1/48
	国内专利申请授权增加量	1/48
	国内发明专利申请授权量占国内专利申请授权量比重	1/48
	国内实用新型专利申请授权量占国内专利申请授权量比重	1/48
	国内外观设计专利申请授权量占国内专利申请授权量比重	1/48
	技术市场成交额占当地 GDP 比重	1/48
	国际论文数量增长率	1/48
	国内论文数量增长率	1/48
	信息产业主营业务收入占 GDP 的比重	1/48
	高技术产业就业人数增长率	1/48
创新绩效	每十万人口幼儿园平均在校生数	1/48
	每十万人口小学平均在校生数	1/48
	每十万人口初中阶段平均在校生数	1/48
	每十万人口高中阶段平均在校生数	1/48
	每十万人口高等学校平均在校生数	1/48
创新主体	规模以上工业企业 R&D 人员全时当量	1/48
	规模以上工业企业 R&D 经费占规模以上工业企业总经费比重	1/48
	规模以上工业企业 R&D 项目数占规模以上工业企业总项目数比重	1/48
	规模以上工业企业新产品项目数占规模以上工业企业总产品项目数比重	1/48

二级指标	三级指标	权重
创新主体	规模以上工业企业开发新产品经费占规模以上工业企业产品总经费比重	1/48
	规模以上工业企业新产品销售收入占规模以上工业企业产品销售总收入比重	1/48
	规模以上工业企业新产品出口销售收入占规模以上工业企业产品出口销售总收入比重	1/48
	规模以上工业企业专利申请数占当地总专利申请数比重	1/48
	规模以上工业企业发明专利申请数占当地总发明专利申请数比重	1/48
	规模以上工业企业有效发明专利数占当地有效发明专利数比重	1/48

(二) 省际创新发展指标体系的意义

实施创新驱动发展战略，对各省形成竞争新优势、增强发展的长期动力具有战略意义。与低成本优势相比，技术创新具有不易模仿、附加值高等突出特点，由此建立的创新优势持续时间长、竞争力强。省级人民政府实施创新驱动发展战略，加快实现由低成本优势向创新优势的转换，通过创新发展指标体系可以为其提供直观数据，通过各省比较，以便提供新思路、新方法，对提高经济增长的质量和效益、加快转变经济发展方式具有现实意义。

第四节　中国城市创新发展指数指标体系构成

城市是国家发展的基础，是全面建成小康社会的主要阵地，是创新发展之本源，城市的发展是创新化发展，在城市层面对创新发展指数进行测度，有利于进一步推动城市的高速发展，为全面实现"两个一百年"奋斗目标提供坚实的发展动力。通过党的十八届五中全会提出的新发展理念实现我国各城市高质量发展，通过系统性、长远性、前瞻性的规划，实现我国新型化城镇发展，真正实现不仅要有"人口的城镇化"，更应是产业、人口、土地、社会、农村五位一体的城镇化。以城市发展指数指标体系构建新时代中国城市发展战略指导思想，推动产业发展的政策与可持续发展的政策相配套，是关于现代城市发展目标和实现目标的方针、政策、途径、措施和步骤；是城市管理中具有全局性、方向性的根本大计；对城市发展具有方向性、长远性、总体性的指导作用；是城市各项工作的指南和纲领。

（一）城市创新发展指标体系

创新发展指标对于评价各城市的创新能力具有重要作用。根据《中国城市统计年鉴2018》进行指标、指标数量、权重的选取与统计计算，从创新环境、创新绩效和创新主体三个维度来构建城市创新发展指标体系。

城市创新发展指标体系包括3个二级指标，33个三级指标。城市创新发展指标体系中二级指标包括创新环境、创新绩效和创新主体（见表三）。其中，创新环境反映各市对创新活动的投入力度以及创新主体的需求程度，是城市创新建设和发展的基石；创新绩效反映各市的创新成果及影响，是城市创新发展程度的最集中体现；创新主体反映各市营造创新环境的能力以及创新产出能力，是城市吸引外来投资的重要支撑。

表三　地级以上城市创新发展指标体系框架

二级指标	三级指标	权重
创新环境	教育支出占当地生产总值比重	1/34
	科学技术支出占当地生产总值比重	1/34
	每万人剧场影院数	1/34
	每万人工业企业数	1/34
	每万人外商投资企业工业总产值	1/34
	规模以上工业人均总产值（当年价格）	1/34
	第三产业信息传输、计算机服务和软件业单位从业人员占当地单位从业人员比重	1/34
	第三企业科学研究、技术服务和地质勘查业单位从业人员占当地单位从业人员比重	1/34

二级指标	三级指标	权重
创新环境	电信业务收入占 GDP 比重	1/34
	第三产业教育单位从业人员当地单位从业人员比重	1/34
	互联网宽带接入用户增长数	1/34
	普通高等学校数增长率	1/34
	中等职业教育学校数增长率	1/34
	普通中学学校数增长率	1/34
	小学学校数增长率	1/34
	剧场、影剧院数	1/34
	公共图书馆图书总藏量增长值	1/34
	每百人公共图书馆藏书	1/34
	成人高等学校在校学生数	1/34
	每万人在校大学生数	1/34
	每万人在校中等职业学生数	1/34
创新绩效	电信业务收入占 GDP 比重	1/34
	普通高等学校在校学生数增长率	1/34
	高中阶段在校学生数增长率	1/34
	中等职业教育学校在校学生数增长率	1/34
	普通中学在校学生数增长率	1/34
	小学在校学生数增长率	1/34
	成人高等学校在校学生数增长率	1/34
	每万人在校大学生数	1/34
	每万人在校中等职业学生数	1/34
创新主体	每万人工业企业数	1/34
	每万人外商投资企业工业总产值	1/34
	规模以上工业人均总产值（当年价格）	1/34
	R&D 人员占就业人员比重	1/34

（二）城市创新发展指标体系的意义

面对新时代形势下的我国各城市高质量发展，城市创新发展指标体系对于我国城市发展具有现实指导意义，从宏观层面讲，立足全局，把创新发展放在城市发展全局的核心位置，才能实现认识把握创新规律的新飞跃，促进各项事业向更高层次迈进；从微观层面讲，从多维度认识和理解城市创新发展，给发展全局带来根本变化、整体变化、长远变化。具体来讲，一是可以为城市创新驱动发展提供新思路，创造新的生产要素、形成新的要素组合；二是明确各市各自的优劣点，优化创新投入和创新资源配置，利用优势补齐短板；三是了解城市转型升级后的新产业结构需要什么样的人才，把人才作为支撑创新发展的第一资源，为持续发展提供源源不断的内生动力。

我国仍处于并将长期处于社会主义初级阶段，发展是硬道理。要坚持发展是第一要务，就要坚持科学发展，以提高质量和效益为中心，破解发展难题，加快形成新的体制机制和发展方式。这样的发展，一定是以创新为核心、为动力、为先导的发展。相应地，我们所要求的创新发展，也一定是符合社会发展规律的、必须长期坚持的创新发展，是系统性的、整体性的、贯穿于各项工作的创新发展，是能促进发展平衡性、包容性、可持续性的创新发展，是与协调发展、绿色发展、开放发展、共享发展相互贯通、相互促进并形成不可分割的有机统一整体的创新发展。

第十一章　中国创新发展指数测算结果及排名

第一节　中国创新发展指数测算结果及排名

在 2018 年的全国两会上李克强总理所作的《政府工作报告》中，对创新创业的关注依然热度不减。报告既肯定了五年来创新创业的丰硕成果，也对 2018 年的政府工作提出了加快建设创新型国家，促进大众创业、万众创新上水平的建议。创新引领发展，创业成就未来，新的时代呼唤敢为人先的创新者，需要担当有为的创业家。

五年来，大众创业、万众创新蓬勃发展，科技创新由跟跑为主转向更多领域的并跑、领跑。载人航天、深海探测、量子通信、大飞机等重大创新成果不断涌现；高铁网络、电子商务、移动支付、共享经济等引领世界潮流……创新的中国，已然是一片全球瞩目的创业热土。

当下，我国经济由高速增长阶段转向高质量发展阶段，新一轮科技革命和产业变革方兴未艾，敢于创新，善于创新，正是贯彻新发展理念、推动高质量发展的根本要求，是迈向美好生活、实现伟大梦想的坚实基础。

创造精神是国家活力的源泉，创新能力是国家实力的基石，实现中国梦必须弘扬创造精神。今日中国，经济发展由高速增长阶段转入高质量发展阶段，能否创造性地实现创新驱动，建设现代化经济体系，直接决定着中国发展能否突破"高精尖缺"人才困局，实现更高水平的现代化。新时代新征程，没有创新创造不行，创新创造慢了也不行。党中央把"创新"置于新发展理念之首，党的十九大报告 50 多次提到"创新"，强调到 2035 年使我国跻身创新型国家前列，就是要急起直追、锐意创新，以创造精神承载时代之盛、把握发展之机、开辟未来之路。2017 年的创新发展指数负增长比例相对而言占比比上年有所减少，其中接近 0% 的增长幅度的仍然较多，例如研究与试验发展经费内部支出与国内生产总值之比，还有很大差距。

党中央将创新摆在国家发展全局的核心位置，深入实施创新驱动发展战略，各地区各部门要认真贯彻落实新发展理念，大力推进创业创新，积极推动掌握关键核心技术、"互联网+"行动计划，不断优化创新生态，形成多主体协同、全方位推进的创新创造格局，为经济稳中有进、稳中向好注入了新的强劲动力。数据指标中总计 2/3 的指标增幅超过 10%，其中技术推广和应用服务业新增固定资产达到了 53.65%，科学研究、技术服务和地质勘查业实际使用金额达到了 43.95%，以及科技推广和应用服务业施工项目达到了 41.62%。创新是国家发展全局的核心任务，在国家发展中，要不断推进理论创新、制度创新、科技创新、文化创新等各方面创新，让创新贯穿党和国家一切工作，引领中国发展的新航向。

在本次数据分析中，课题组为了更好地表现国家在 2017 年与 2018 年的创

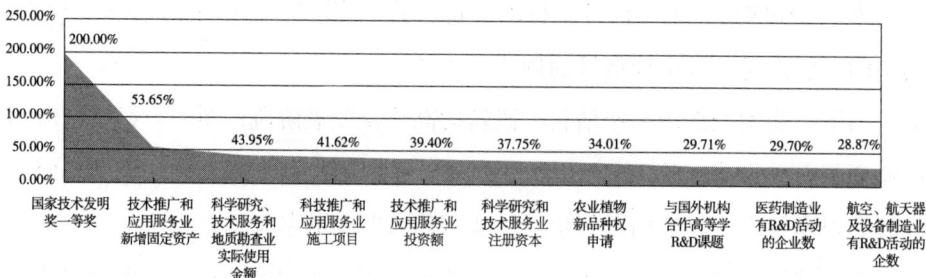

图一　2018 年中国创新发展指数增幅走势图（部分）

新增幅的情况，特选取了 10 个指标进行增幅对比，更好地反映出中国在该方面的增幅表现。从图一中可知，国家技术发明一等奖这个指标较之上一年增长了 200%，足以见得国家在创新发明的投入力度之大，其余各项指标皆比上年有所增长，创新发展前景稳中向好。

在创新发展指数中，2018 年基本增幅在 2017 年的基础上继续持续走高，10 项指标数据中全部超过了上年的增幅，其中外商投资企业新产品开发和生产、国内专利申请授权数、医药制造业新产品开发项目数这三项比之上年有了极大的提升，增幅比率分别为 30.11%、33.6% 和 23.99%。这也充分表现了国家在创新方面的投入力度在不断加大。创新创业是引领发展的第一动力。站在新时代的起跑线上，我们更应以时不待我的创新精神，舍我其谁的责任担当，集众智汇众力，为实现更高质量、更有效率、更可持续的发展，跑出"加速度"，干出新未来。

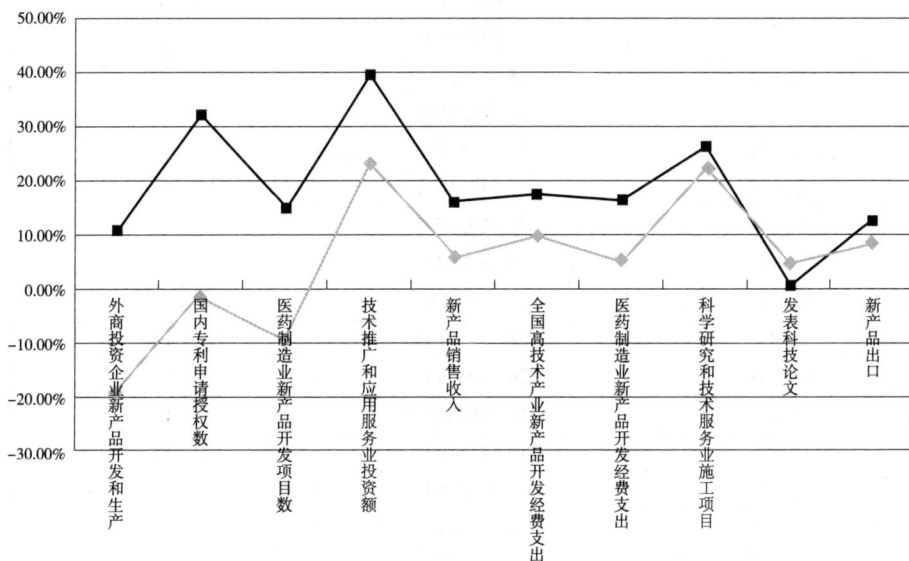

图二　创新发展指数 2017 年与 2018 年增幅比较（部分）

第二节　省际创新发展指数测算结果及排名

　　准确把握创新发展是引领发展的第一动力，充分认识创新发展是总结我国改革开放成功实践得出的结论，是应对发展环境变化、增强发展动力、把握发展主动权、更好引领经济发展新常态的根本之策。既要坚持全面系统的观点，又要抓住关键带动全局，强化事关发展全局的基础研究和共性关键技术研究，以重大科技创新为引领，加快科技创新成果向现实生产力转化。

表四　省际创新发展指数排名

省际	创新发展指数	排名
广东省	70.96246324	1
江苏省	67.86334834	2
上海市	59.73068634	3
北京市	48.08642318	4
浙江省	40.62359847	5
山东省	35.25912026	6
福建省	29.04214397	7
湖北省	28.96039037	8
河南省	25.85115012	9
安徽省	23.62376682	10
天津市	21.77526105	11
四川省	20.85067933	12
河北省	19.69679155	13
重庆市	19.47351963	14
湖南省	19.00524841	15
辽宁省	18.192273	16
陕西省	18.01289259	17
江西省	17.0957579	18
广西壮族自治区	16.76485439	19
新疆维吾尔自治区	14.39084651	20
贵州省	13.7352018	21

续表

省际	创新发展指数	排名
宁夏回族自治区	12.91029737	22
山西省	12.68735964	23
海南省	12.2001079	24
甘肃省	11.460458	25
内蒙古自治区	11.39697658	26
云南省	11.17246864	27
黑龙江省	10.44014725	28
青海省	10.4285168	29
吉林省	10.37452222	30
西藏自治区	9.976854388	31

　　省级创新发展指数就是体现各省（区、市）（不包括台、港、澳）的创新能力以及所取得的优异成果。在省际创新发展指数中，位居前十的省份包括：广东省、江苏省、上海市、北京市、浙江省、山东省、福建省、湖北省、河南省和安徽省。其中，广东省、江苏省和上海市位居前三名。

　　广东省凭借多年积累下来的优势依然牢牢占据第一位。具体表现在地方财

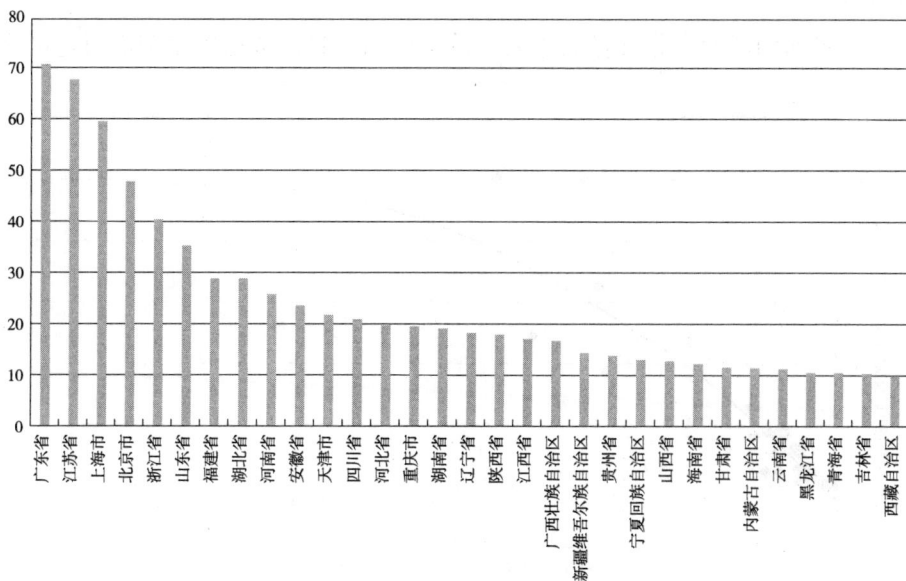

图三　国家创新发展指数省际发展排名

政科学技术支出占地方财政总支出比重、规模以上工业企业新产品项目数占规模以上工业企业总产品项目数比重、规模以上工业企业开发新产品经费占规模以上工业企业产品总经费比重、规模以上工业企业有效发明专利数占当地有效发明专利数比重、国内专利申请授权增加量、国内外观设计专利申请授权量占国内专利申请授权量比重等数个方面，由此可知当地政府对创新的重视和扶持，取得了优异的成绩。

江苏省 2018 年排在了第二位。各项指标稳步前进，规模以上工业企业 R&D 项目数占规模以上工业企业总项目数比重、国内专利申请受理增加量、国内发明专利申请授权量占国内专利申请授权量比重、公共图书馆累计发放有效借书证数增加值、公共图书馆书刊文献外借人次增加值、每万人拥有公共图书馆建筑面积等多项指标中都位于榜首。

排名第三位的上海市在科学研究及技术服务和地质勘查业城镇单位就业人员占城镇单位总就业人员比重、技术市场成交额占当地 GDP 比重、科技馆当年参观人数增长率、互联网普及率等几项指标上名列前茅，在创新发展方面还有很大进步空间。

从省际创新发展指数排名来看，位于前列的省份依然以东部沿海地区为

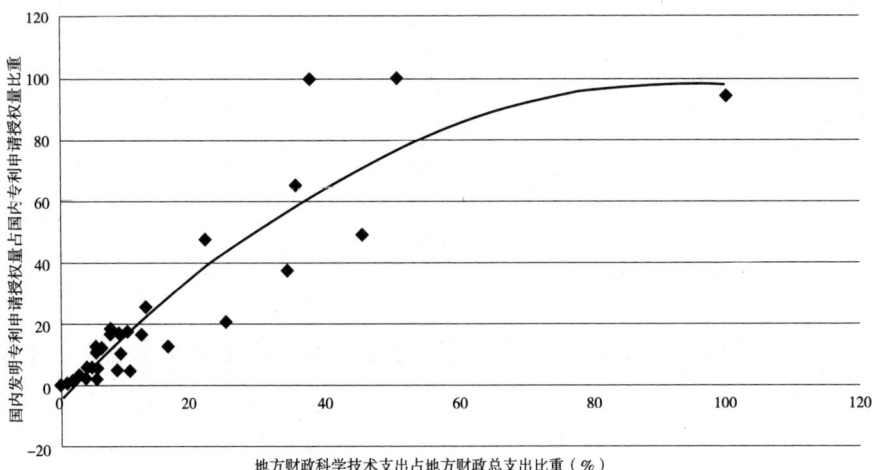

图四 省际创新发展指数指标对比（部分）

主，这就说明在开放程度以及对创新的投入上，内陆的大部分省份依然有待提高。在本次数据分析中，课题组选取了地方财政科学技术支出占地方财政总支出比重和国内发明专利申请授权量占国内专利申请授权量比重做相关性分析对比。

从图三中可以看出，地方财政科学技术支出占地方财政总支出比重越低，则国内发明专利申请授权量占国内专利申请授权量比重也越低；地方财政科学技术支出占地方财政总支出比重越高，则国内发明专利申请授权量占国内专利申请授权量比重也越高。充分说明省际科学技术财政投入越大，创新发明成果越大，且基本在平均值以上，足以见得良好的创新投入可使创新产出获得较大提升。

第三节　城市创新发展指数评级结果及排名

城市所聚集的大批知识精英和大量的科研机构，为城市经济、文化和生活方面的创新提供了可靠的保障。城市每天都能够获得为数众多的创新成果，通过城市组织严密和高效率的生产、生活运行机制转化为商品，通过便捷的市场交易渠道和广泛的市场覆盖能力转化为新的物质和精神财富。与西方国家不同，地方政府是中国经济增长的重要推动力量，成为与企业近乎同等重要的经济主体。必须强调的是，新常态下地方政府已不可能再延续要素驱动、投资驱动来维持竞争，必须转向创新驱动，优化产业结构，减少资源消耗和污染排放，同时提高全要素生产率，创造出新的增长动力和红利。

拥有世界级科技创新高地，是世界科技强国的重要特征，也是建设世界科技强国的必然选择。近年来，在加强自主创新示范区和高新区建设的基础上，我国进一步推出创新型省份、创新型城市建设和区域全面创新改革试验，推进科创中心、综合性国家科学中心和国家实验室建设。未来，应进一步优化战略布局，创新体制机制，以更大力度汇聚创新资源，建设若干全球创新高地，打造重大原始创新策源地。打造区域创新示范引领高地。新常态下，哪个地区在转方式上占据先机，在创新上占据制高点，哪个地区就会获得先发优势。

表五　150个地级以上城市创新发展指数评级

地级以上城市	创新发展指数	排名
深圳市	59.78351491	1
北京市	54.08285688	2
上海市	46.24332386	3
广州市	43.45796131	4
南京市	38.86583697	5
成都市	36.92803098	6
西安市	35.02250025	7
杭州市	34.99383831	8
苏州市	32.39595521	9
长沙市	32.121443	10
天津市	30.39194164	11
重庆市	29.63380263	12
武汉市	28.84608623	13
福州市	26.67911375	14
泉州市	26.43388729	15
合肥市	26.34351727	16
昆明市	25.17107753	17
沈阳市	24.74531473	18
青岛市	24.63852936	19
厦门市	24.52596669	20
宁波市	24.25481098	21
南宁市	23.05806395	22
郑州市	22.97129926	23
佛山市	22.83422599	24
济南市	22.64503142	25
东莞市	22.21250974	26
太原市	21.86584406	27

续表

地级以上城市	创新发展指数	排名
南昌市	20.75568543	28
珠海市	20.69419617	29
洛阳市	20.45654106	30
南通市	20.29619852	31
南阳市	20.14799734	32
阜阳市	20.03217967	33
绵阳市	19.87970728	34
商丘市	19.074649	35
铜仁市	18.98026415	36
遵义市	18.95585574	37
新乡市	18.66023935	38
驻马店市	18.59927456	39
邵阳市	18.50955003	40
唐山市	18.18656241	41
烟台市	18.02684292	42
沧州市	17.98786214	43
湛江市	17.64726454	44
临沂市	17.59867827	45
温州市	17.5330787	46
赣州市	17.50234173	47
徐州市	17.49230864	48
无锡市	17.20542918	49
菏泽市	17.15951838	50
信阳市	16.74185548	51
昭通市	16.66371594	52
石家庄市	16.64509431	53
大连市	16.4604844	54
贵阳市	16.23291641	55
兰州市	16.1425958	56
潍坊市	16.08665469	57
张家口市	16.01891391	58
中山市	16.00895407	59

地级以上城市	创新发展指数	排名
揭阳市	15.92230266	60
金华市	15.91803689	61
周口市	15.89330067	62
邯郸市	15.75668228	63
呼和浩特市	15.54778715	64
运城市	15.24579034	65
邢台市	15.24267184	66
定西市	15.08381283	67
衡阳市	15.0336339	68
曲靖市	14.89275511	69
廊坊市	14.79691162	70
上饶市	14.76027801	71
常州市	14.57175764	72
达州市	14.52029434	73
天水市	14.48333328	74
亳州市	14.34419515	75
平凉市	14.20018829	76
惠州市	13.95601958	77
茂名市	13.92101611	78
西宁市	13.7983784	79
贵港市	13.71325551	80
临汾市	13.69581132	81
乌鲁木齐市	13.56653356	82
长春市	13.5246708	83
保定市	13.5139806	84
大庆市	13.41889038	85
嘉兴市	13.34588233	86
济宁市	13.32546186	87
汕头市	13.24645906	88
南充市	13.1744682	89
怀化市	13.17231685	90
江门市	13.08381846	91

续表

地级以上城市	创新发展指数	排名
台州市	13.04596104	92
盐城市	13.0114588	93
岳阳市	12.94346049	94
毕节市	12.82334775	95
桂林市	12.7903323	96
武威市	12.61511755	97
九江市	12.53005723	98
忻州市	12.50673387	99
德州市	12.45521194	100
日喀则市	12.45508294	101
玉林市	12.39726672	102
聊城市	12.35180804	103
连云港市	12.25325676	104
咸阳市	12.22617829	105
固原市	12.1908403	106
晋中市	12.18996614	107
河池市	12.1861438	108
海口市	12.17004728	109
陇南市	12.12048271	110
安庆市	12.11458046	111
常德市	12.1031273	112
百色市	12.06148903	113
滁州市	12.0538855	114
芜湖市	11.99377467	115
永州市	11.992486	116
渭南市	11.98742368	117
安阳市	11.86708438	118
巴中市	11.8489441	119
银川市	11.83913443	120
哈尔滨市	11.83538939	121
梅州市	11.76830089	122
齐齐哈尔市	11.72912767	123

地级以上城市	创新发展指数	排名
开封市	11.72724915	124
绍兴市	11.71980779	125
秦皇岛市	11.69290926	126
吉安市	11.63334293	127
扬州市	11.59170009	128
濮阳市	11.51022889	129
中卫市	11.50312411	130
平顶山市	11.49007818	131
蚌埠市	11.4527026	132
宿州市	11.38931608	133
郴州市	11.3668595	134
衡水市	11.35918852	135
泰安市	11.35180071	136
六安市	11.32709744	137
黄冈市	11.26468848	138
镇江市	11.21693166	139
淄博市	11.21362594	140
赤峰市	11.13745828	141
柳州市	11.12898627	142
襄阳市	10.99278028	143
荆州市	10.92427365	144
宜春市	10.85268163	145
威海市	10.83261648	146
漳州市	10.78011759	147
四平市	10.71049244	148
锦州市	10.70042931	149
吉林市	10.68781533	150

根据综合评测结果，地级以上城市创新发展指数评定前十位的城市是：深圳市、北京市、上海市、广州市、南京市、成都市、西安市、杭州市、苏州市、长沙市。

在地级以上城市创新发展指数评级中，位于前十位的城市多项数值与

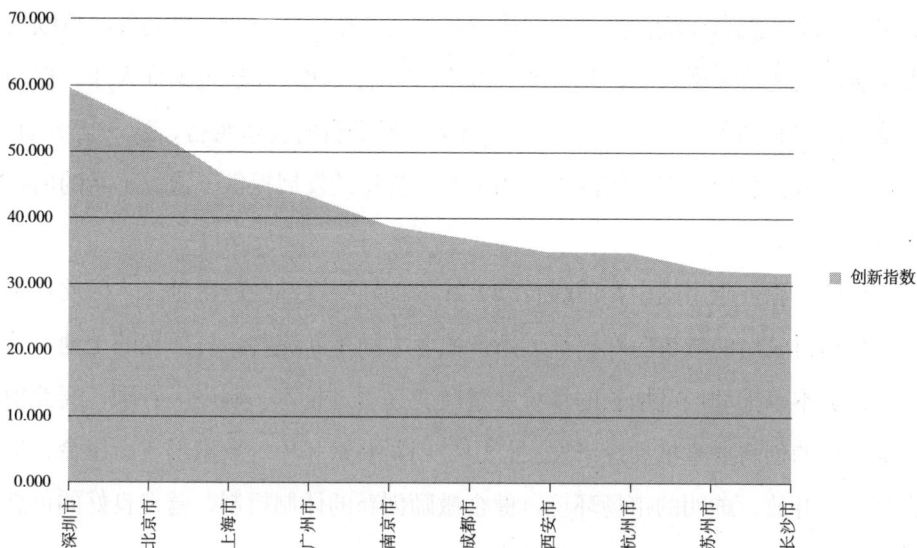

图五 地级以上城市创新发展指数增幅（部分）

2018 年一样仍保持较高领先优势，比如在教育支出占当地生产总值比重、第三产业信息传输及计算机服务和软件业单位从业人员占当地单位从业人员比重、电信业务收入占 GDP 比重、普通高等学校数和中等职业教育学校数增长、科学研究及技术服务和地质勘查业单位从业人员占当地单位从业人员比重等方面取得了较大成绩。相比较而言，后面的城市各项指标稳步增长并在每万人在校中等职业学生数、公共图书馆图书总藏量、每百人公共图书馆藏书(册、件)等方面形成了自身优势。

从地区分布方面进行分析，在本次发展指数测算中，地级以上城市创新发展指数评级居于前十位的城市中内陆城市依然多于沿海城市，这与国家加大内陆创新发展的投入力度，内陆城市在提高创新产出等方面不断完善有很大的联系。这也说明创新是引领发展的第一动力的理念已经成为各地区发展的重要指导依据。

地级以上城市创新发展指数中，位居前列的城市通过遵循科技创新规律、经济创新规律和制度创新规律，占有发展的制高点和极强的竞争力，它们以创新为主要引领和支撑的经济体系和发展模式，通过转变经济发展方式、优化经济结构、改善生态环境、提高发展质量和效益开拓广阔空间，推动经济持续健康发展，实现引领型发展，其中省会城市占有很大比重。通过聚拢人才，提高传统生产要素的效率、创造新的生产要素、形成新的要素组合，让一切劳动、知识、技术、管理、资本的活力竞相迸发，为持续发展提供了源源不断的内生动力。

自然资源会越用越少，而科技和人才等创新要素却会越用越多，因此在本次排名相对较后的城市应在提高创新产出等方面不断完善，将原先的土地、劳动力、资本等推动经济增长的传统要素转变为通过技术、制度、管理、商业模式等方面的创新要素推动经济发展，引导创新要素和传统要素形成新组合，培育公平、开放、透明的市场环境，健全激励创新的体制机制，营造良好的创新生态，增强各类市场主体的创新动力。

从回顾中可以看到，各城市创新发展普遍较获得提升，说明创新是引领发展的第一动力的理念已经成为各地区发展的重要指导依据，推动创新发展在全社会蔚然成风已经卓有成效。我国经济发展进入新常态后，各省市将创新作为引领发展第一动力的功能作用，最大限度地释放全社会创新潜力，将原先依靠大规模高强度投入的传统经济发展逐渐转变为依靠科技进步和创新推动经济社会发展。

经过多年不懈努力，我国科技整体能力持续提升，一些重要领域方向跻身世界先进行列，某些前沿方向开始进入并行、领跑阶段，但总体来看，科技创新基础还不牢，自主创新特别是原创力还不强，关键领域核心技术受制于人的格局还没有从根本上改变。实施创新驱动发展战略，最根本的就是增强自主创新能力。只有把核心技术掌握在自己手中，才能真正掌握竞争和发展的主动权。而增强自主创新能力，最重要的是坚定不移走中国特色自主创新道路。正如习近平同志所指出："不能总是指望依赖他人的科技成果来提高自己的科技水平，更不能做其他国家的技术附庸，永远跟在别人的后面亦步亦趋。我们没有别的选择，非走自主创新道路不可。"

"天之道，不争而善胜，不言而善应。"自力更生是中华民族自立于世界民族之林的奋斗基点，自主创新是我们攀登世界科技高峰的必由之路。创新驱动是经济新常态下中央政府的一个重要战略方针。实施创新驱动发展战略，必须依托科技创新、制度创新"双轮"驱动。要以推动科技创新为核心，引领科技体制及其相关体制深刻变革。

科学技术一旦转化为生产力将极大地提高生产效率，从而推动经济快速发展，其作用大大超过了资金、劳动力对经济的变革作用。所以科技发展投入中，务必将成为所有地区发展的重中之重，才能引领地区经济发展的快速推进。

随着中国经济发展步入新常态，驱动经济增长的要素禀赋正发生新的变化，传统支撑中国经济发展的红利空间不断缩小。实现"十三五"规划、实现"两个一百年"奋斗目标，中国必须从要素驱动、投资驱动转向通过技术进步来提高劳动生产率的创新驱动，从根本上推动经济从外源性增长向内生性增长转变。当前，产业跨界融合与创新发展趋势明显，新产业、新技术、新业态加快成长，成为城市经济的新增长点。要注重运用现代技术，重塑产业链、供应链、价值链，培育创新型企业，推动大众创业、万众创新，为城市经济注入新的生机与活力。

第十二章　中国创新发展典型案例

第一节　新时代粤港澳大湾区创新发展纪实

粤港澳大湾区建设是重大国家战略

城市群已经成为一个国家参与全球合作竞争的重要地域战略。世界上发展比较好的、竞争力比较强的城市大部分集中于海湾地区，比如纽约湾区、旧金山湾区、东京湾区，成为一个国家和地区的科技创新和经济发展的高地。粤港澳大湾区是指由广州、佛山、肇庆（市区和四会）、深圳、东莞、惠州（不含龙门）、珠海、中山、江门9市和中国香港、澳门两个特别行政区形成的城市群，是与美国纽约湾区、旧金山湾区和日本东京湾区并肩的世界四大湾区之一，国家建设世界级城市群和参与全球竞争的重要空间载体。

粤港澳大湾区总面积5.6万平方公里，人口约7000万人，经济总量约10万亿元，有非常好的基础，也是经济发展最强劲、最活跃的地区之一。作为我国开放程度最高、经济活力最强的区域之一，粤港澳大湾区在国家发展大局中具有重要战略地位。建设粤港澳大湾区，是新时代推动形成全面开放新格局的新尝试。

粤港澳大湾区建设，为广东深入实施创新驱动发展战略提供了大平台。作为"制造门类最全、产业链最丰富、市场化最活跃"的粤港澳大湾区城市群，将担当起中国在第四次工业革命中引领转型的创新主体重任。

粤港澳大湾区建设，是习近平同志亲自谋划、亲自部署、亲自推动的重大国家战略，是党中央从国家发展全局和"两个建设好"的战略高度支持港澳与广东这块改革开放前沿阵地在共融中实现共建共享共赢的重大决策部署，是新时代推动形成全面开放新格局的新举措，也是推动"一国两制"事业发展的新实践。2019年2月18日，中共中央、国务院正式印发《粤港澳大湾区发展规划纲要》（以下简称《纲要》）。这份纲领性文件对粤港澳大湾区的战略定位、发展目标、空间布局等方面作了全面规划，一个富有活力和国际竞争力的一流湾区和世界级城市群将在不懈奋斗中一步步化为现实。

建设粤港澳大湾区是立足全局和长远发展作出的重大谋划。作为我国开放程度最高、经济活力最强的区域之一，粤港澳大湾区在国家发展大局中具有重要战略地位。40多年改革开放，粤港澳大湾区经济实力、区域竞争力显著增强，已具备建成国际一流湾区和世界级城市群的基础条件。按照《纲要》，粤港澳大湾区不仅要建成充满活力的世界级城市群、国际科技创新中心、"一带一路"建设的重要支撑、内地与港澳深度合作示范区，还要打造成宜居宜业宜游的优质生活圈，成为高质量发展的典范。推动粤港澳大湾区建设，有利于贯彻落实新发展理念，为我国经济创新力和竞争力不断增强提供支撑；有利于进一步深化改革、扩大开放，建立与国际接轨的开放型经济新体制，建设高水平参与国际经济合作新平台。

粤港澳大湾区打造国际一流湾区和世界级城市群

粤港澳大湾区基础条件在国内最成熟。

粤港澳大湾区由"9+2"组成，即广东的广州、深圳、珠海、佛山、中山、东莞、惠州、江门、肇庆，以及香港特别行政区、澳门特别行政区。土地面积合计5.6万平方公里，占全国的0.6%；2018年粤港澳大湾区的经济总量（GDP）

已经超过了 10 万亿元人民币，约为 10.87 万亿元，折合美元超过 1.64 万亿，已经超过了同期韩国的 GDP 总量。其中，深圳市 GDP 在湾区内最高，约为 24221.98 亿元，约为大湾区经济总量的 22.29%。

湾区经济是大国发展标配，全球约 60% 的经济总量集中在入海口。世界知名的有三大湾区：以现代金融为核心的纽约湾区、以科技创新为核心的旧金山湾区和以现代制造为核心的东京湾区。中国自北向南主要有渤海湾区、胶州湾区、杭州湾区、粤港澳大湾区、北部湾区等，实力最强、基础条件最成熟的则是粤港澳大湾区。

粤港澳大湾区形象的现状是：一个国家、两个制度、三种货币、三个独立关税区、三个独立的管理体制。这一独特的制度安排，一方面带来机遇与多样化，可以让粤港澳三地发挥各自所长，实现优势互补、协同发展；另一方面，却使得"要素自由流动"这一其他湾区的常态化特征，在粤港澳大湾区成为需要解决的问题。

粤港澳大湾区港口吞吐量和机场旅客吞吐量位居世界湾区之首；粤港澳大湾区广东 9 市包括全球领先的制造业基地、中国最具创新精神的城市、华南最大商业中心、文化旅游中心，而中国香港具备"一国两制"的制度优势和国际人才优势，中国澳门是全球主要的娱乐会议中心。

粤港澳大湾区从地方构想上升为国家战略

粤港澳大湾区发展酝酿已逾 14 年，从 2005 年明确"湾区发展计划"，到 2015 年"一带一路"倡议提出共建粤港澳大湾区，2017 年国家发改委牵头粤港澳三地签署大湾区建设框架协议，再到当前《粤港澳大湾区发展规划纲要》出台，粤港澳大湾区规划建设逐渐落地。从发展历程来看，可分为两个阶段：

第一阶段（2005—2014 年），湾区经济进入地方构想。2005 年，广东省政府在《珠江三角洲城镇群协调发展规划》中明确划分"粤港澳跨界合作发展地区"，并要求把发展"湾区"列入重大行动计划。之后，湾区发展陆续写入 2008 年国家发改委《珠三角地区改革发展规划纲要》、2009 年粤港澳三地政府共同参与的《大珠江三角洲城镇群协调发展规划研究》、2010 年《粤港合作框架协议》等文件，跨区域合作初现雏形。2014 年，深圳市政府工作报告提出，聚焦湾区经济，构建区域协同发展新优势。

第二阶段（2015 年至今），大湾区上升为国家战略，并定基调为"千年大计"。2015 年 3 月，"一带一路"倡议首次明确提出"粤港澳大湾区"概念。2016 年，"粤港澳大湾区"被写入国家"十三五"规划、国务院《关于深化泛珠三角区域合作的指导意见》、广东省"十三五"规划等，要求建设世界级城市群。2017 年，首次被写入国务院《政府工作报告》。2017 年 7 月 1 日，值香港回归 20 周年，国家发改委牵头粤港澳三地政府签署《深化粤港澳合作推进大湾区建设框架协议》，明确提出打造国际一流湾区和世界级城市群。2018 年3 月两会期间，国家发改委主任何立峰在接受采访时指出，粤港澳大湾区是千年大计，这意味着粤港澳大湾区的战略地位非同寻常。2018 年 5 月，韩正同志在广东调研时强调，粤港澳大湾区建设是习近平同志亲自谋划、亲自部署、亲自推动的国家战略。2018 年 7 月 1 日，香港回归祖国 20 周年之际，习近平同志亲自见证国家发展改革委、粤港澳三地政府共同签署《深化粤港澳合作推进大湾区建设框架协议》。2019 年 2 月 18 日，中共中央、国务院印发《粤港澳大湾区发展规划纲要》。

建设粤港澳大湾区的战略意义

对外开放新门户：建设高水平参与国际经济合作的新平台，探索建立高标准贸易规则，引领对外开放，助力"一带一路"倡议。

在当前全球贸易保护主义抬头的背景下，中国经济正面临新一轮对外开放的挑战和机遇。2018 年是我国改革开放 40 周年，习近平同志在 4 月博鳌讲话中向世界宣告："中国开放的大门不会关闭，只会越开越大！"粤港澳大湾区历史上是海上丝绸之路的起点之一，区位优势突出，具有侨乡、英语和葡语三大文化纽带，是连接 21 世纪海上丝绸之路沿线国家的重要桥梁。建设粤港澳大湾区，有利于整合发挥其港口、金融、贸易、制造业等优势，推进"一带一路"建设。并且，粤港澳大湾区将凭借"一国两制"的制度优势，寻求制度创新，探索制定新规则，率先在大湾区内部试用，再推广到全球，参与国际贸易规则制定。

区域发展新布局：在北中南区域经济发展格局下，大湾区将发挥优势区位，带动泛珠三角区域发展。

京津冀、长江三角洲和珠江三角洲城市群，是我国经济最具活力、开放程度最高、创新能力最强、吸纳外来人口最多的地区。"十三五"规划指出，我国区域发展以"一带一路"建设、京津冀协同发展、长江经济带发展为引领。粤港澳大湾区南接东南亚、南亚，东接海峡西岸经济区、台湾，北接长江经济带，西接北部湾经济区。建设粤港澳大湾区可提高珠三角城市群的战略地位，形成北有雄安新区助力京津冀协同发展、中有长三角领衔长江经济带、南有粤港澳大湾区带动泛珠三角的区域经济发展新格局。2016 年 3 月国务院《关于深化泛珠三角区域合作的指导意见》要求，构建以粤港澳大湾区为龙头，以珠江—西江经济带为腹地，带动中南、西南地区发展，辐射东南亚、南亚的重要经济支撑带。

港澳繁荣新保障：深化内地与港澳合作，拓展港澳发展新空间和新动能，促进港澳长期繁荣稳定，确保"一国两制"基本国策。

2019 年国务院《政府工作报告》，其中有三次提到粤港澳大湾区：一是回顾中提到，粤港澳大湾区规划建设迈出实质性步伐，港珠澳大桥建成通车。二是在 2019 年政府工作任务中：落实粤港澳大湾区建设规划，促进规则衔接，推动生产要素流动和人员往来便利化。三是结束时，仍重提：支持港澳抓住共建"一带一路"和粤港澳大湾区建设的重大机遇，更好发挥自身优势，全面深化与内地互利合作。

发展关键：最大限度推进人流、物流、资金流、信息流畅通

粤港澳大湾区在"一个国家、两种制度、三个关税区、四个核心城市"背景下深化合作，涉及产业布局、土地利用、信息互通、资源共享和交通能源等，如何在不同的制度与城市之间，最大限度地让人流、物流、资金流和信息流高效便捷地流通，在合作中实现共赢，是粤港澳大湾区的发展关键。在大湾区内部，存在"一国两制"方针下的香港和澳门两个特别行政区、自由港，还有深圳、珠海两个经济特区，南沙、前海蛇口和横琴三个自由贸易试验区，以及广州、深圳、香港、澳门四个核心城市。并且，由于经济体量相当，广州、深圳、香港有可能出现的"龙头"之争，如何实现优势互补，避免恶性竞争，是粤港澳大湾区未来发展面临的一个重要问题。

粤港澳大湾区范围明确，四个中心城市各司其职

粤港澳大湾区包括香港特别行政区、澳门特别行政区和广东省广州市、深圳市、珠海市、佛山市、惠州市、东莞市、中山市、江门市、肇庆市（珠三角九市），总面积 5.6 万平方公里，2017 年末总人口约 7000 万人，2017 年经济总量约 10 万亿元。

粤港澳大湾区"三面环山，三江汇聚"，这种优越的地理环境使其拥有广阔的经济腹地，而且海陆空交通物流网络发达，有明显的综合竞争优势。

粤港澳大湾区制度优势和产业优势也极为显著。随着产业结构改革不断推进，该区域逐步形成"先进制造业、现代服务业、高新技术产业联合驱动"的新型产业结构，也为区域发展提供了新动能。

对标世界三大湾区，粤港澳大湾区已具备成功湾区所必需的四大硬件条件：一是拥有天然良港，陆上交通便捷；二是拥有配套的资本市场；三是拥有重要的制造业中心；四是高等院校和科研机构能够源源不断地输送人才。更为重要的是，粤港澳大湾区因为有"一国两制三关税区"的特点，所以可以进行跨制度试验。

根据《纲要》，两区九城定位明确。以香港、澳门、广州、深圳四大中心城市作为区域发展的核心引擎，继续发挥比较优势做优做强，增强对周边区域发展的辐射带动作用。

香港将巩固和提升国际金融、航运、贸易中心和国际航空枢纽地位，强化

全球离岸人民币业务枢纽地位、国际资产管理中心及风险管理中心功能，推动金融、商贸、物流、专业服务等向高端高增值方向发展，大力发展创新及科技事业，培育新兴产业，建设亚太区国际法律及争议解决服务中心，打造更具竞争力的国际大都会。

澳门的定位是建设成世界旅游休闲中心、中国与葡语国家商贸合作服务平台，促进经济适度多元发展，打造以中华文化为主流、多元文化共存的交流合作基地。

广州则要充分发挥国家中心城市和综合性门户城市引领作用，全面增强国际商贸中心、综合交通枢纽功能，培育提升科技教育文化中心功能，着力建设国际大都市。

深圳需发挥作为经济特区、全国性经济中心城市和国家创新型城市的引领作用，加快建成现代化国际化城市，努力成为具有世界影响力的创新创意之都。

珠海、佛山、惠州、东莞、中山、江门、肇庆等城市充分发挥自身优势，深化改革创新，增强城市综合实力，形成特色鲜明、功能互补、具有竞争力的重要节点城市。

粤港澳大湾区具备成为世界一流经济湾区的条件：一是大湾区经济发展程度较高，发展潜力巨大。从总量上看，粤港澳大湾区已经步入全球经济的第一方阵，具有成为世界级湾区的规模条件，但经济密度却明显偏低，与世界三大湾区尚存在较大差距，但差距就是潜力。二是上下游供应链完备，产业生态系统完善，粤港澳大湾区拥有300多个各具特色的产业集群，产业结构以先进制造业和现代服务业为主，区域内产业分工较为完善。三是区位条件优越，地利优势明显。粤港澳大湾区地处"广佛肇""深莞惠"和"珠中江"三大经济圈以及香港、澳门两大对外窗口城市的深度融合区域。四是"一国两制三关税区"是优势，也是建设世界级湾区面临的现实挑战。

建设粤港澳大湾区是保持香港、澳门长期繁荣稳定的重大决策。40多年改革开放是香港、澳门同内地优势互补、一起发展的历程，也是香港、澳门日益融入国家发展大局、共享祖国繁荣富强伟大荣光的历程。香港、澳门融入国家发展大局是"一国两制"的应有之义，是改革开放的时代要求，也是香港、澳门探索发展新路向、开拓发展新空间、增添发展新动力的客观要求。打造粤港澳大湾区，将进一步丰富"一国两制"实践内涵，为港澳经济社会发展以及港澳同胞到内地发展提供更多机会，保持港澳长期繁荣稳定。大湾区建设要在"一国两制"框架内严格依照宪法和基本法办事，坚守"一国"之本，善用"两制"之利，进一步建立互利共赢的区域合作关系，为港澳发展注入新动能，拓展新空间。

广东集中全省资源推动粤港澳大湾区建设

从国家战略着力点要解决的问题来看，粤港澳大湾区建设的战略目标是既要保持香港澳门的长期繁荣稳定，又要强化广东作为全国改革开放先行区地位和经济发展重要引擎作用，使大湾区经济社会发展继续走在全国前列，成为全国深化改革和扩大开放的先行探路者。要实现这一目标，必须顺应时代发展潮流，紧紧抓住科技创新这个主题，建立现代化经济体系，把粤港澳大湾区建设成为世界科技产业创新的高地。从政策层面来说，这一目标的实现需要发挥三个方面的作用：一是统筹规划，引领各城市进行分工合作，避免同质化竞争；二是制度创新，着力解决各城市间，特别是"一国两制"背景下各类要素自由流动问题；三是政策扶持，通过加大基础设施投资，放宽市场准入，降低企业成本等方式，提升湾区国际竞争能力。

中共中央政治局委员、广东省委书记李希多次强调，粤港澳大湾区建设是粤港澳三地共同的重大历史机遇。广东以此作为新时代改革发展的"纲"，贯彻落实习近平同志重要指示精神，把创新、协调、绿色、开放、共享的新发展理念始终贯穿于大湾区建设的全过程，同时还要用大湾区建设带动广东全省的建设，引领带动广东实现"走在全国前列"；遵循中央顶层设计，全面贯彻"一国两制"方针，把"中央要求""湾区所向""三地所长"结合起来，纲举目张做好大湾区建设和改革发展各项工作。对标最高最好最优，携手打造世界级城市群，着力提升广州、深圳国际化现代化水平，与香港、澳门共同发挥好中心城市核心引擎作用，引领带动珠三角城市协同发展，不断增强大湾区城市群整体实力和全球影响力。以建设国际科技创新中心为牵引，携手打造高质量发展的重要动力源，全力建设广深港澳科技创新走廊，积极推进深港科技创新合作区建设，高水平建设港澳青年创新创业基地，共同培育一批世界级产业集群，增强经济创新力和竞争力。大湾区建设是高质量发展的典范，广东要集中全省的资源，包括人才、资金、项目、科技、创新资源等优势，推动建设粤港澳大湾区。通过大湾区建设，带动广东改革开放再出发，创造新的环境。

广东要协同港澳共建大湾区一小时交通圈，加快建设面向未来的重大交通基础设施，打造世界级的机场群、港口群，形成畅通粤港澳连接全世界的现代化综合交通运输体系。同时，要围绕建设世界一流制造业、新兴产业，推动珠三角先进制造业与港澳的现代服务业融合发展，大力发展人工智能、数字经济等新产业、新业态、新模式，联合打造一批产业链条完善，辐射带动能力强，具有国际竞争力的战略性的新兴产业。

李希书记强调指出，大湾区建设是高质量发展的典范，广州、深圳作为中心城市为核心来推动发展。广东要集中全省的资源，包括人力、人才、资金、项目等优势，抓好国际科技创新中心建设，打造具有全球竞争力的营商环境，推动建设粤港澳大湾区。粤港澳大湾区一定会成为世界关注、最具活力的湾区。

广东省省长马兴瑞指出，推进粤港澳大湾区建设，是以习近平同志为核心的党中央作出的重大战略决策，具有十分重大的意义，引起了方方面面和海内外的广泛关注。2018 年 7 月 1 日，习近平同志亲自见证了国家发展改革委和粤港澳三地政府签署《深化粤港澳合作推进大湾区建设框架协议》。粤港澳大湾区将成为以习近平新时代中国特色社会主义思想为指导、开启全面建设社会主义现代化国家新征程的重要增长极，形成强大的世界级竞争力。广东各地各部门要按照职责分工，加强协同配合，形成工作合力，共同推动大湾区建设取得实实在在成效，努力为广东省实现"四个走在全国前列"、当好"两个重要窗口"作出新的贡献。广东省委、省政府将牢记习近平总书记的嘱托，坚持把粤港澳大湾区建设作为全省一项重大战略工程来抓，积极配合国家发展改革委做好规划编制相关工作，多次与港澳特别行政区政府及各界会谈磋商，共同推进大湾区建设各项工作。

创新是粤港澳大湾区建设第一动力

2018 年 11 月 12 日，习近平同志在会见香港澳门各界庆祝国家改革开放40 周年访问团讲话时指出："实施粤港澳大湾区建设，是我们立足全局和长远作出的重大谋划，也是保持香港、澳门长期繁荣稳定的重大决策。建设好大湾区，关键在创新。"

在这次规划纲要中，"创新"两字被不断提起，创新反映在整个粤港澳大湾区规划发展的各个领域。

创新是第一动力，粤港澳大湾区能否比肩国际一流湾区，关键要看创新。一是加强科技创新合作，组织引导重点企业、科研机构、高校深化产学研的合作，协同构建高水平的专业转化系统，打造具有国际竞争力的科技成果的转化基地。二是推进广深港澳科技创新走廊建设，突出抓好综合性的国家科学中心创建工作，高标准地建设深港科技创新合作区，中新广州知识城、南沙技术科技创新产业基地、横琴粤澳合作中医药科技产业园等重大创新载体。三是营造有利于自主创新的社会环境，推进创新资源高效协同的开放共享，研究实施促进大湾区出入境、工作、居住、税收、物流等更加便利的政策措施，与港澳合作，构建多元化、国际化、跨区域的科技创新投资体系。

粤港澳大湾区如何创新？

《纲要》将粤港澳大湾区定位为充满活力的世界级城市群，并在第四章特别指出，要深入实施创新驱动发展战略，深化粤港澳创新合作，构建开放型融合发展的区域协同创新共同体，集聚国际创新资源，优化创新制度和政策环境，着力提升科技成果转化能力，建设全球科技创新高地和新兴产业重要策源地。那么在创新方面，粤港澳大湾区承载哪些期待？

粤港澳大湾区短板在于创新，这也是大湾区未来的重点发展方向。未来粤港澳大湾区会加强基础设施建设，在互联互通方面进一步加强。这里将形成世界级的科技创新中心。粤港澳大湾区创新发展要在以下方面发力：

一是要理念创新，在合作理念和认知上达成共识。二是要目标创新，目标要有整体性、引领性、前瞻性和阶段性，《纲要》把打造国际一流湾区，建设世界级城市群作为粤港澳大湾区合作发展的一个十分明确的目标，并提出2022年的近期目标和2035年的中长期目标。三是要空间格局创新，不仅将粤港澳大湾区作为一个相对完整的地域单元进行统筹规划，还构建了极点带动，轴带支撑的网络化空间格局，回避了区域城市首位度的研析，妥善处理了极点、核心与轴带的关系及空间聚集与扩散的关系，强化了对周边、泛珠三角等区域的辐射带动作用。四是发展定位创新，新的空间布局需要新的发展定位，不是哪一合作方的定位，而是合作发展的整体定位。把粤港澳大湾区定位为"宜居、宜业、宜游的优质生活圈"符合这一区域发展的内在要求，体现人与社会，人与自然和谐共生的发展理念，也是促进区域可持续发展的必然要求。五是平台的创新，为促进各方深入合作，《纲要》打造了一大批合作发展特色平台，如科技创新平台、区域合作平台、产业合作平台、金融服务平台，以及珠三角九市分别为港澳青年到当地创业量身定制的各种特色平台、各种示范区、试验区、专门基地和中心等。粤港澳大湾区创新发展的一个重要内容就是按照构建开放型经济新体制，形成改革开放新格局的总体要求，统筹推进大湾区内各类合作平台建设。六是项目的创新，粤港澳大湾区合作发展的重点，是那些各方都密切关注，有迫切需求，但是单方都难以自行解决的重大项目。《纲要》围绕基础设施建设、重点产业发展、重大科技创新、社会民生保障、优质生活圈构建等提出了一些重大建设项目，当前，应按照事权的划分，在中央政府统筹及合作各方共同努力下充分发挥市场机制作用，抓紧推进各类重大项目实施。七是机制的创新，《纲要》围绕创新和完善粤港澳大湾区合作发展的体制机制做了精心设计，在这些层面要实现创新。八是政策的创新，推进粤港澳大湾区合作发展，必须设计和创新促进各方互利共赢的制度体系和政策框架，特别是强化中央政府的顶层设计和政策促进。

粤港澳大湾区：全球影响力国际科创中心建设方略

2019 年 2 月 18 日，《粤港澳大湾区发展规划纲要》。

《纲要》显示，粤港澳大湾区拥有五大战略定位，依次为：充满活力的世界级城市群、具有全球影响力的国际科技创新中心、"一带一路"建设的重要支撑、内地与港澳深度合作示范区、宜居宜业宜游的优质生活圈，实际都是对标国际一流湾区。国际一流湾区都是优质生活圈，无论生态环境、社会保障、公共服务、交通基础设施等，都非常完善畅通。

此外，国际一流湾区应该是实现高质量发展、效率比较高的区域。在粤港澳大湾区 5.6 万平方公里的区域内，诸如地均产出，即单位面积的 GDP 和国际一流湾区相比还有一定差距，科技投入、教育水平、技术研究能力还存在短板。

但粤港澳大湾区也有自身的优势，这些在规划中都做了阐述，从规划而言，对标国际一流湾区的战略定位立足长远，是具有前瞻性的定位。

大湾区发展离不开科创。建设国际科技创新中心，大湾区要怎么做？

《纲要》提出，粤港澳大湾区建设国际科技创新中心，集聚国际创新资源，优化创新制度和政策环境，瞄准世界科技和产业发展前沿，加强创新平台建设，大力发展新技术、新产业、新业态、新模式，加快形成以创新为主要动力和支撑的经济体系；扎实推进全面创新改革试验，充分发挥粤港澳科技研发与产业创新优势，破除影响创新要素自由流动的瓶颈和制约，进一步激发各类创新主体活力，建成全球科技创新高地和新兴产业重要策源地。

充分发挥粤港澳科技和产业优势，积极吸引和对接全球创新资源，建设开放互通、布局合理的区域创新体系。推进"广州—深圳—香港—澳门"科技创新走廊建设，探索有利于人才、资本、信息、技术等创新要素跨境流动和区域融通的政策举措，共建粤港澳大湾区大数据中心和国际化创新平台。

创新要素自由流动，湾区经济迸发新活力。一个迈向国际科技创新中心、引领全球技术变革的世界级湾区正茁壮成长。

《纲要》指出，构建开放型区域协同创新共同体、打造高水平科技创新载体和平台、优化区域创新环境为三大方向。

一是构建开放型区域协同创新共同体

首先是加强科技创新合作。

《纲要》指出，推进"广州—深圳—香港—澳门"科技创新走廊建设，探索有利于人才、资本、信息、技术等创新要素跨境流动和区域融通的政策举措，共建粤港澳大湾区大数据中心和国际化创新平台。

其次是加强创新基础能力建设。

支持重大科技基础设施、重要科研机构和重大创新平台在大湾区布局建设。向港澳有序开放国家在广东建设布局的重大科研基础设施和大型科研仪器。支持粤港澳有关机构积极参与国家科技计划（专项、基金等）。加强应用基础研究，拓展实施国家重大科技项目。支持将粤港澳深化创新体制机制改革的相关举措纳入全面创新改革试验。

加强产学研深度融合。建立以企业为主体、市场为导向、产学研深度融合的技术创新体系，支持粤港澳企业、高校、科研院所共建高水平的协同创新平台，推动科技成果转化。实施粤港澳科技创新合作发展计划和粤港联合创新资助计划，支持设立粤港澳产学研创新联盟。

二是打造高水平科技创新载体和平台

《纲要》指出，要加快推进大湾区重大科技基础设施、交叉研究平台和前沿学科建设，着力提升基础研究水平。优化创新资源配置，建设培育一批产业技术创新平台、制造业创新中心和企业技术中心。

推进国家自主创新示范区建设，有序开展国家高新区扩容，将高新区建设成为区域创新的重要节点和产业高端化发展的重要基地。推动珠三角九市军民融合创新发展，支持创建军民融合创新示范区。支持港深创新及科技园、中新广州知识城、南沙庆盛科技创新产业基地、横琴粤澳合作中医药科技产业园等重大创新载体建设。支持香港物流及供应链管理应用技术、纺织及成衣、资讯及通信技术、汽车零部件、纳米及先进材料等五大研发中心以及香港科学园、香港数码港建设。

支持澳门中医药科技产业发展平台建设。推进香港、澳门国家重点实验室伙伴实验室建设。

三是优化区域创新环境

首先是深化区域创新体制机制改革。研究实施促进粤港澳大湾区出入境、工作、居住、物流等更加便利化的政策措施，鼓励科技和学术人才交往交流。允许香港、澳门符合条件的高校、科研机构申请内地科技项目，并按规定在内地及港澳使用相关资金。支持粤港澳设立联合创新专项资金，就重大科研项目开展合作，允许相关资金在大湾区跨境使用。研究制定专门办法，对科研合作项目需要的医疗数据和血液等生物样品跨境在大湾区内限定的高校、科研机构和实验室使用进行优化管理，促进临床医学研究发展。香港、澳门在广东设立的研发机构按照与内地研发机构同等待遇原则，享受国家和广东省各项支持创新的政策，鼓励和支持其参与广东科技计划。开展知识产权证券化试点。

其次是促进科技成果转化。创新机制、完善环境，将粤港澳大湾区建设成为具有国际竞争力的科技成果转化基地。支持粤港澳在创业孵化、科技金融、成果转化、国际技术转让、科技服务业等领域开展深度合作，共建国家级科技成果孵化基地和粤港澳青年创业就业基地等成果转化平台。在珠三角九市建设一批面向港澳的科技企业孵化器，为港澳高校、科研机构的先进技术成果转移转化提供便利条件。支持珠三角九市建设国家科技成果转移转化示范区。《纲要》指出，充分发挥香港、澳门、深圳、广州等资本市场和金融服务功能，合作构建多元化、国际化、跨区域的科技创新投融资体系。大力拓展直接融资渠道，依托区域性股权交易市场，建设科技创新金融支持平台。支持香港私募基金参与大湾区创新型科技企业融资，允许符合条件的创新型科技企业进入香港上市集资平台，将香港发展成为大湾区高新技术产业融资中心。将香港私募基金的水引入是一项重要的内容。《纲要》明确指出，支持香港私募基金参与大湾区创新型科技企业融资，这有利于大湾区内创新型科技企业的发展。创新型科技企业的成长，一定会成为下一阶段大湾区，甚至中国高质量发展的一个非常重要的新动能。当然，通过将香港私募基金的水引入大湾区，积极积累改革经验，将为今后海外私募基金进入中国市场做好准备。大湾区将为 A 股市场和国际投资者的融合打开更大的窗口，吸纳更多海外资金进入 A 股市场、成为深化资本市场健康发展的新活水。

强化知识产权保护和运用。依托粤港、粤澳及泛珠三角区域知识产权合作机制，全面加强粤港澳大湾区在知识产权保护、专业人才培养等领域的合作。强化知识产权行政执法和司法保护，更好发挥广州知识产权法院等机构作用，加强电子商务、进出口等重点领域和环节的知识产权执法。加强在知识产权创造、运用、保护和贸易方面的国际合作，建立完善知识产权案件跨境协作机制。依托现有交易场所，开展知识产权交易，促进知识产权的合理有效流通。开展知识产权保护规范化市场培育和"正版正货"承诺活动。发挥知识产权服务业集聚发展区的辐射作用，促进高端知识产权服务与区域产业融合发展，推动通过非诉讼争议解决方式（包括仲裁、调解、协商等）处理知识产权纠纷。充分发挥香港在知识产权保护及相关专业服务等方面具有的优势，支持香港成为区域知识产权贸易中心。不断丰富、发展和完善有利于激励创新的知识产权保护制度。建立大湾区知识产权信息交换机制和信息共享平台。

全球科技创新要素粤港澳大湾区自由流动

2019 年 4 月，香港科技园的开放日活动正在进行，来自粤港澳大湾区的数十个创业团队同台竞技，全球的风险投资机构也聚集于此。

Koofy Development 公司最早在香港起步，如今产品运营在广州，生产加工在东莞，硬件测试在深圳，"我每周都在大湾区这几个城市跑一圈"。马颂祺的创业故事，折射出粤港澳大湾区内各种创新要素的自由流动。

当前，粤港澳大湾区已成为科技创新要素的集聚地和全球创客创业的沃土。

据不完全统计，自广州南沙、深圳前海、珠海横琴三地设立港澳青年创新创业平台以来，已有360多个港澳青年创业团队落户，涉及互联网、金融、科技、生物、医学等领域，就业人员接近4000人。

建设粤港澳大湾区国际科技创新中心，创新资源的高效配置和创新要素的流动至关重要。

2019年3月举行的广东省科技创新大会上，176个项目（人）获颁2018年度广东省科学技术奖。这些奖项成果转化应用后，已累计新增销售额1682亿元，新增利润293亿元。近年来，广东坚持科技创新和制度创新"双轮"驱动，咬住关键核心技术攻坚克难。

世界级湾区发展最重要的是创新的流动，要让创新要素在粤港澳大湾区自由流动，并且产生加乘效应。

企业成为创新的主体，背后离不开政府的顶层设计。近年来，大科学装置纷纷落户：东莞的中国散裂中子源通过验收正式投入运行；惠州的强流重离子加速器装置等大科学装置已开始建设……《财富》世界500强榜单一向被视为衡量区域经济发展的重要指标之一，2018年的榜单中粤港澳大湾区内有20家企业进入世界500强榜单。

如今，粤港澳大湾区提供了一体化的市场环境，创新要素在这里自由且高效流动，全球的人才、技术、企业和资金都可以参与其中。

粤港澳大湾区战略性新兴产业群初步形成

2019年5月9日，2019世界超高清视频(4K/8K)产业发展大会在广州召开，广东超高清视频产业发展试验区建设正式启动。

随着粤港澳大湾区发展的推进，超高清视频产业集群规模效应初显，也吸引了越来越多企业加大投入。

夏普中国区计划今年内在广州增城园区将 8K 整套产业链导入量产。"从日本东京湾区到粤港澳大湾区，整个环太平洋经济都将受益，超高清技术产业链有望在粤港澳大湾区加速应用。"

目前，广东省正深入实施《广东省超高清视频产业发展行动计划（2019—2022 年）》，打造世界级超高清视频产业发展高地。力争到 2022 年，全省超高清产业视频总体规模超 8000 亿元，建成 3 个世界级超高清视频产业集群。

一幅幅新兴产业蓝图勾勒出美好未来。

位于广州番禺的广汽新能源智能生态工厂内，带有 3D 自动决策的机器人正在工位忙碌工作。这间总投资 47 亿元，首期生产能力为 20 万辆 / 年的智能生态工厂，是广东最新投产的汽车智能制造工厂。广汽新能源智能生态工厂，只是广汽智联新能源汽车产业园的一部分。产业园的目标是打造成"世界级汽车硅谷"。

2019 年一季度，广东省新能源汽车产量增长 252.1%，增加值同比增长 25.9%，远超全国新能源汽车增幅。

强劲的发展势头，吸引全国制造企业进驻。目前，产业园已吸引宁德时代、爱信等核心零部件企业落户。随着新项目相继落地粤港澳大湾区，世界级的先进汽车产业集群正加速形成。

广东省统计局数据显示，新经济已成为经济增长的重要引擎。2019 年一季度，经测算广东完成新经济增加值 5984.91 亿元，占 GDP 的比重为 25.1%，同比增长 7.0%，高于同期 GDP 增速 0.4 个百分点。其中，新能源汽车同比增长 252.1%，智能电视增长 13.4%。

当前，战略性新兴产业集群在粤港澳大湾区内初具规模，产业集群效应带动新经济迸发出新活力。

广深港澳科创走廊建设提速

《纲要》提出，推进"广州—深圳—香港—澳门"科技创新走廊建设，探索有利于人才、资本、信息、技术等创新要素跨境流动和区域融通的政策举措。

一直以来，香港、澳门被认为拥有高校、科研、金融、国际化等方面的优势，广州则有发达的外贸及电子信息产业，深圳拥有完善的科创产业链条，东莞、佛山等地沉淀着雄厚的制造业基础；广深港澳科创走廊，成为推动大湾区创新驱动的强劲"新引擎"。

据广东省社会科学院发布的《粤港澳大湾区建设报告（2018）》统计，大湾区研发经费支出占 GDP 比重达 2.7%，和美国、德国处于同一水平线；大湾区内国家级高新技术企业总数超过 1.89 万家，PCT 国际专利申请量占全国 56%。

相比纽约、旧金山、东京三大湾区，粤港澳大湾区内部依然存在着不同程度的差异，这在一定程度上限制了三地科创要素的联动。打造世界级国际科技创新中心，粤港澳大湾区应如何破局？

2019 年 3 月，《关于进一步促进科技创新的若干政策措施》正式印发实施，从区域创新、创新主体、创新要素、创新环境等四个方面形成 12 条政策 60 多个政策点，提出一系列突破性政策措施。

其中重点提到，支持港澳高校、科研机构牵头或独立申报广东省科技计划项目；建立省财政科研经费跨境的使用机制，允许项目资金直接拨付至港澳两地牵头或参与单位；完善符合港澳实际的财政科研资金管理机制，保障资金高效、规范使用。

可以预见，在广深港澳科创走廊上，创新的力量迸发出前所未有的活力，生动演绎着一个又一个的世界级创新。

粤港澳大湾区未来聚焦现代金融、科技创新、先进制造

基于粤港澳大湾区的现实基础和发展实力，粤港澳大湾区未来有望打造成一个融合现代金融、科技创新以及先进制造于一体的综合湾区。

深化港深金融合作，服务实体经济稳步发展。纽约市政府通过与邻近州政府的合作，充分利用曼哈顿华尔街资本优势，将狭长的岛屿转变成商业中心。

至今，美国最大的 500 家公司中，已有 1/3 以上把总部设在曼哈顿岛，全球 7 家大银行中的 6 家，2900 多家世界金融、证券等机构以及各大跨国组织的总部都在此设立，并成立了纽交所、纳斯达克证券交易所等大型金融交易中心。此外，花旗财团、摩根财团等本土金融机构的快速成长也给湾区的金融业发展提供了源源不断的发展动力。

香港和深圳分别为国际、国内金融中心之一，保持着强劲的发展势头。粤港澳大湾区下一步的合作在于推进湾区内金融机构协同，进一步完善深交所和港交所的互联互通，为现代金融服务业的发展提供强有力的支持，发挥好香港和深圳创业投资、私募融资的优势，并与实体经济作充分的对接，借助香港作为国际金融中心的地位，吸引全球资本进入粤港澳大湾区投资，推动实体经济稳步增长。

坚持创新驱动发展，完善产学研合作机制。旧金山湾区的技术创新得益于在硅谷聚集着众多的高等院校和科研机构，包括公立大学 34 所，私立大学 49 所，5 个国家级研究实验室。健全相关法律和基础设施为风险资本培育成熟的创投环境，打造产业资本回报科研的良性循环，进一步留住人才。同时，除了联邦建立的保护创新的法律体系外，加州政府还推出学徒计划、职业培训，严禁企业限制员工合理流动，为湾区内人才流动提供了良好的政策环境。

粤港澳三地大湾区拥有多所研究机构和学校，聚集了众多科技公司，具备国际水平的创新基础。未来粤港澳大湾区可以发挥香港、广州、深圳三个中心城市在现代服务业和先进制造业领域对周边城市的引领和外溢作用，尽快推进形成一批能够媲美 BAT 的新产业和新企业。加大力度引进更多高等教育机构和研究所，加强高校间、校企间以及与国际科研院所的合作交流。落实港澳居民在创业、就业、社保、医保、教育等方面同等待遇，聚集更多科技创新要素在湾区内生长、发展，促进湾区科技创新，以区域融合推动产业的特色化、多元化来配合粤港澳大湾区和世界级城市群的建设。

培育高端产业集群，增强制造业核心竞争力。二战后日本依托优质的六大港口和大量的产业专用码头，大量进口海外能源和原材料，在临海地区建立京浜、京叶工业区，这两大工业带集中了包括钢铁、有色冶金、炼油、石化、机械、电子、汽车、造船、现代物流等产业，成为全球最大的工业产业地带，同时又与在腹地东京的金融、总部、研发、能源等功能紧密互动，最终发展为世界上最大最先进、出口实力最强的新型工业地带，这是东京湾区能够成为世界综合性湾区的一大成功经验。

粤港澳大湾区有雄厚的制造业基础，大湾区时代将迎来由传统制造业向高端制造业的全面转型升级。粤港澳大湾区未来可以通过有力措施明确各市在世界级高端制造业集群培育中的不同地位，以及各市应重点发展和培育的优势产业或企业，建立合作共赢的长效协作机制，并且帮助高端制造业与国际市场、国际分工有越来越快速、频繁的互动，增强核心竞争力，抢占世界高端制造业制高点。

粤港澳大湾区的未来创新蓝图

40多年前，广东作为前沿阵地承载了中国改革开放的重大历史任务，开启了新中国经济腾飞的大门；40多年后，中国改革进入深水区，高质量发展成为我国未来发展的主要目标。粤港澳地区作为我国开放程度最高、经济活力最强的区域之一，在国家发展大局中具有重要战略地位。《粤港澳大湾区发展规划纲要》的发布，可以说是为粤港澳大湾区的发展建设提供了遵循、指明了道路。把粤港澳大湾区建设成世界级城市群和国际科技创新中心，也将带动我国科技创新迈向新台阶，成为高质量发展的典范。

粤港澳大湾区的未来发展至少有六大创新：

科技创新：一条"广州—深圳—香港—澳门"科技创新走廊将建成，中国在广东建设布局的重大科研基础设施和大型科研仪器将对港澳有序开放，三地将着力提升科技成果的转化能力。

金融创新：充分发挥香港、澳门、深圳、广州等资本市场和金融服务功能，建设国际金融枢纽。

制度创新：打造稳定、公平、透明、可预期的一流营商环境，全面加强知识产权保护、建立完善知识产权案件跨境协作机制、开展知识产权证券化试点。

产业创新：培育壮大创新型产业体系，确立大湾区科技产业发展重点方向，建设具有国际竞争力的先进制造业基地，支持香港在优势领域探索"再工业化"优化制造业布局，增强制造业的核心竞争力。

人才创新：实施促进粤港澳大湾区出入境、工作、居住、物流等更加便利化的政策措施，鼓励科技和学术人才交往交流。

治理创新：建设国际一流的森林城市，打造可持续发展的绿色智慧生态城区。

这些将是大湾区建设开启新一轮创新实践的一部分，新机遇和新挑战必将和创新发展互为推动，为全球经济的持续复苏提供新经验和新方案。

（资料来源：易昌良，《中国创新发展研究报告》课题组）

第二节　中关村：共和国创新的摇篮

中关村是共和国创新的摇篮。数十年来，中关村充分发挥"试验田"作用，始终走在中国科技体制改革的最前列。2018 年中关村示范区拥有高新技术企业 2.2 万多家，总收入超过 5.8 万亿元。人工智能、集成电路等高技术产业总收入占示范区总收入比重的七成以上，高精尖产业发展优势明显。今后，海淀中关村将立足首都发展战略定位，以创新生态雨林为特征的区域创新体系，持续稳定保持高质量发展的态势。

站在今天的海淀区中关村大街上，除了高楼大厦、商贾云集的繁华景象，人们一定能看到黄庄路口那座屹立在鲜花草坪中外形独特、闪闪发光的现代雕塑——《生命》，中关村"土著"戏称它为"大麻花"。实际上，它是 DNA 双螺旋结构模型。这盘旋上升的双螺旋造型，正是中关村挺立潮头、勇攀高峰、科学发展、生生不息、创新不止的发展轨迹。

有一种情怀，矢志不移；有一种精神，穿越历史；有一种奋斗，辉映未来。

在新中国历史上，有一个"村"，与我们国家的历史与现实、精神与物质、梦想与奋斗紧紧联系在一起，成为一代又一代知识分子为国家富强而奋斗的精神符号，成为一个国家追求卓越、勇攀科学高峰的精神象征。

这个"村"，就是中关村。

新中国成立伊始，这里是京郊的自然村落，只有农舍和菜地。中关村闻名于世，始于1953年中科院研究所的进驻，新中国的科学事业在这里奠基。70年间，高等院校在这里落地生根，科研院所在这里抽枝散叶，高新企业在这里迭代升级，中关村成为中国科技资源最为密集、科技条件最为雄厚、科研成果最为丰富的区域，为在全国实施创新驱动发展战略发挥了示范引领作用。

进入新时代，作为建设全国科技创新中心的主要载体，中关村正加快向具有全球影响力的科技创新中心迈进。

爱国奉献干惊天动地伟业

"国家纳米科学中心"，耸立在北四环中关村立交桥的北边，是我国科技竞争力的新生力量。在纳米中心围墙边，有一个特殊的纪念碑。科技史专家樊洪业说："这里，就是中关村建设的起点。"

彼时，新中国刚刚成立，百废待兴。1951年11月，中科院在这个当年名为"中官屯"的田野里，勘田定址，开锹动土，建设科学城中第一栋建筑——近代物理研究所大楼，也叫"原子能楼"。1953年大楼建成，被称为"共和国科学第一楼"。一批学有所成的留学生，唱着"不要犹豫，不要迟疑，回国去，回国去，祖国建设需要你……"从美国、欧洲，冲破阻碍，回到急需人才的祖国。

"干惊天动地事，做隐姓埋名人。"上世纪50年代到60年代，从这座大楼里走出了7位"两弹一星"功勋奖章获得者：钱三强、王淦昌、彭桓武、邓稼先、于敏、朱光亚和陈芳允。从1955年到1995年，这座大楼里走出了近30位中科院院士，"孵化"出八九个新的核科学研究机构，衍生出庞大的研发机构群。

一位老人告诉记者，当年，钱三强的办公室就在一楼，彭桓武、邓稼先、于敏的理论室在三楼，王淦昌的宇宙线室在五楼。从上世纪50年代到80年代，这一带几栋简朴的灰砖楼里，集中了一大批著名科学家。他们默默无闻、踏踏实实地做着一件又一件上天入海、惊天动地的事，成为新中国现代科学各学科的奠基人。

"最大的心愿，就是国家强起来"，这几乎是一代科学家群体的心声。他们以中关村为支点，奋战在祖国最需要的地方。爱国精神、奉献精神、科学精神、攀登精神，与他们融为一体，也融入"村里人"的血脉，成为中关村最宝贵的精神传承。

探路先行立改革开放潮头

在改革开放的每一次重要探索中，中关村的身影都坚定而耀眼。

科学家下海，40多年前，这是不敢想的事。在中关村，中科院物理所的核物理学家陈春先，做了第一个吃螃蟹的人。

一张破桌子、几把破凳子、七八个人、五六平方米的半间仓库……1980年10月23日，从硅谷考察回来的陈春先，在中科院物理所家属区的一间仓库门前，挂上了"北京等离子体学会先进技术发展服务部"的牌子。在这里，知识可以换财富，工资条之外也能有收入。

吃惯了"大锅饭"，这么干行不行？争议中，陈春先被打上了"科技二道贩子""投机倒把"的标签。

如果大学永远是象牙塔，研究所永远是不问市场的技术翰林院，它们永远和工厂老死不相往来，那么科学的春风，就永远不度玉门关。

对信息时代的提前感知，激发了陈春先另一种"强国梦"，陈春先在破冰路上倔强坚守。

时代决定命运，"科学的春天"带来春的消息。1983年，中央一锤定音，争议烟消云散。科技人员下海，自此成潮。

到 1987 年，中关村"电子一条街"已有相当规模，每天前来采购的人流量最高达到 20 万人次，科技企业 148 家，总销售额有 9 亿多元，占海淀区社会总收入的 37%。

硬币总有两面。改革开放初期，野蛮生长的中关村，繁荣与混乱相生相伴。早期市场经济中存在过不法行为，中关村也是重灾区。"取缔""禁止""清理"之声甚嚣尘上。

众声喧哗中，一篇报道点明时代的方向。

"电子一条街的发展冲击了旧观念，冲击了科技和经济相脱节的旧体制，探索了科技与经济相结合的新路子，探索了我国高技术产业起步和发展的新路子，为科技体制改革、教育体制改革、经济体制改革提供了新的思路。"1988 年 3 月 12 日，《人民日报》一版刊发《"中关村电子一条街"调查报告》，肯定了中关村的做法。

打破围堵，冲破藩篱，中关村先行一步。同年 5 月 10 日，国务院批准成立我国首家国家高新区——北京市新技术产业开发试验区。从这一天开始，中关村正式纳入政府发展规划。以此为标志，我国科技体制改革翻开新篇章。

对内改革、对外开放的中国，需要连接世界。互联网时代的来临，将中关村再次推上潮头，引领中国"触网"。

"中国人离信息高速公路还有多远——向北 1500 米"。1995 年，北京中关村，一张巨大的广告牌矗立在白颐路（现中关村大街）南端街角处，广告牌所指，是中国最早的民营互联网公司——瀛海威。

而在此前一年，已经在中关村创业 10 年的柳传志，成立了联想微机事业部，我国第一台万元以下的 286 电脑在中关村诞生。

发展互联网拼的是人才。留学生注册公司，只需 6 天半；如果公司被认定为有前途，还会获得 8 万元的"留学生创业扶持资金"；公司赚钱了，还能把人民币全部换成外汇带走……一系列先行先试的政策，让大批互联网"海归"锁定中关村。

仅 2000 年春天，中关村新诞生的 149 家企业里，就有 50 家网络公司，这比之前全中国的网络公司加起来还要多。而在这一年，中国网民的数量，也比 1998 年的 204 万人翻了十倍。新浪、搜狐、百度等一批互联网公司在中关村发展壮大……

仿佛在一瞬间，中国人迈入了网络时代。

竞技世界铸创新创业雄心

新的时代，新的奋斗。中关村永远有张年轻的脸，创新是它不变的灵魂。

"创业者，就是要做别人想但不敢去做的事情。"85 后的印奇，带着他的初创公司"旷视科技"，选择了门槛极高的人脸识别。"这是人工智能的核心技术之一，没有这个，人工智能就没有眼睛。"

信念如种子，甚至能在岩缝中萌生。仅仅 3 年，"刷脸"改变了人们的支付方式，我们的公共安全模式也由于这项技术被重塑，"如果一个逃犯走进有监控摄像头覆盖的区域，只要他露脸，一看一个准。"

凭借着核心技术，旷视科技在各项国际人工智能顶级竞赛中多次取得佳绩，揽获 25 项世界技术评测第一。

寒武纪的 AI 芯片、商汤科技的深度学习超算中心、百度的国内首个深度学习开源平台……在人工智能浪潮席卷全球的今天，中关村的人工智能企业超过 400 家，拥有全国过半数人工智能骨干研究单位和 10 余个国家重点实验室。中关村，这一国内最大的人工智能创新集群，在润物无声中改变着我们身处的世界。

创新驱动，本质上就是人才驱动，中关村最核心的竞争力也就在于集聚了各类优秀人才。

2012 年，王晓东回到中国，成为中关村一个新兵。由他领衔的北京生命科学研究所和百济神州生物科技有限公司，誓言为人类研发最好抗癌药。"在硅谷可以干成的事情，在中关村也能干成。"

2016 年，由百济神州研发的全人源单克隆抗体 BGB—A317，成为在美国获准进入临床试验阶段的生物候选药物。

"经过一代代科学家和企业家的努力，中关村逐渐形成了以求真务实、百折不挠、追求卓越、科技报国为主要特征的创新创业文化。"中关村管委会主任翟立新说。

人工智能、集成电路设计、5G 移动通信、石墨烯材料制备、液态金属、创新药物……在关键技术领域，新一代中关村人用奋斗践行着科技报国的初心。

数字为证：2018 年，中关村示范区企业共申请专利 86395 件，同比增长 17.0%，获得专利授权 53982 件，同比增长 24.4%，拥有有效发明专利 98624 件。专利申请量过百件企业的申请量占示范区近五成，示范区企业共申请 PCT 专利 4596 件，占北京市同期 PCT 专利申请量的 70.4%。

恰如当下中国的一扇窗口，在中关村这片土地上，创新的脚步，从未停歇！

（资料来源：朱竞若、王昊男，《中国创新发展研究报告》课题组）

第三节　上海推进新时代创新发展纪实

在全球新一轮科技革命和产业变革的加速演进中，经济社会的发展不能只依靠单一个体，而是需要更广泛的国际合作和区域联动。

在 2019 年 5 月 25 日举行的 2019 浦江创新论坛开幕式暨全体大会上，中共中央政治局委员、上海市委书记李强指出，全球科技创新正进入空前密集活跃期，跨界融合、协同联合、包容聚合的特征越来越显现，以开放推动、引领创新已经成为大势所趋。

李强强调，上海将以更加开放的平台，携手各国科技精英，共同探索世界科技前沿；上海将以更加开放的市场，欢迎各国企业分享发展机遇，共同推动重点产业突破；上海将以更加开放的举措，优化创新治理体系，让科学精神和创新实践激荡出更加动人的旋律。这三个开放是有紧密逻辑关系的。更加开放的平台，是强调上海科创中心的功能作用。这个功能就是集聚全球创新资源，吸引全球人才和资源来推动创新，同时发挥平台的辐射带动作用。所以上海科创中心不仅是面向上海，更是面向长三角、全国乃至世界的创新性功能型平台。

更加开放的市场，是强调科创中心的产业模式与中国的市场空间的有机结合。也就是强调，科创中心不只是科技本身，最重要的是要形成以创新链为基础的产业链、价值链。

——全球顶尖科研力量扎堆，上海共有外资研发中心 444 家；

——外资企业落户步伐加快，在沪外资企业达 5 万多家；

——外资机构能级不断提升，跨国公司总部达 677 家，是我国内地外资总部型机构最多的城市。

在上海市政府日前公布的最新数据中，这串"456"数字令人印象深刻，成为开放高地上海不断更新发展的有力佐证。"魔都"的魅力并不止开放前沿的海阔天空，更有内外联动不断释放的"上海磁力"。

外资入驻驶入快车道

5 万多家外资企业已在上海安家落户，这一数字仍在快速增长，2019 年 1—2 月，上海合同外资、实到外资分别增长 58.6%、14.3%。

仅看备受全球瞩目的机器人制造这一个领域，近期就在上海亮点频现。机器人巨头发那科集团 4 月 4 日宣布，将在上海宝山投建新的"超级智能工厂"，总投资约 15 亿元人民币，将成为其在日本之外全球最大的机器人生产基地。另一巨头 ABB 集团表示，将投资 1.5 亿美元在上海康桥新建一座全球领先的机器人超级工厂，预计 2020 年底投入运营。

全球机器人"四大家族"中有 3 家已在上海布局，堪称罕见。

2019 年初，特斯拉第一座海外超级工厂在上海临港正式开工建设，这是中国新能源汽车领域放开外资股比后的首个外商独资项目。当年签约、当年拿地、当年启动，特斯拉公司首席执行官埃隆·马斯克感叹："这是中国速度、上海速度！"

当前，还有一批重量级外资项目即将在上海开工，包括投资额10亿美元的英威达己二腈项目，投资30亿元人民币的西门子诊断工厂等。这些工程项目不仅投资体量大、能级高，更是全球各行业领先科技水准的代表。

研发联动形成创新合力

对外敞开大门，对内联通互动。444家外资研发中心落地，带来的是创新动能指数级提升、中外科研生力军携手共进。

上海浦东新区张江科学城核心区6.6万平方米的天然半岛曾经枯苇摇曳、草木丛生，而如今，整座半岛正成为人工智能的"试验场"，微软、IBM、英飞凌等国际科技巨头纷纷入驻，云从科技、小蚁科技等国内新生力量也崭露头角。

人工智能岛"岛民"之一微软人工智能和物联网实验室近日宣布开启"首批意向企业招募"，申请成功的企业团队将在实验室内与微软工程师并肩工作，实现从技术到产品市场化的转变。

"利用上海的平台，我们既可以把中国的优势产品和技术介绍到全世界，也可以把世界上的先进技术和理念带到中国来。"微软全球资深副总裁、微软亚洲研究院院长洪小文说。

2019年二季度，强生创新中国上海JLABS（初创企业孵化平台）将于上海张江高科技园区开启运营。作为强生创新在北美区域之外建立的首家JLABS，这里将为近50家医疗健康生态系统中的生命科学初创公司提供支持。

"中国尤其是上海已成为全球医疗健康创新热点地区。"强生中国区主席孟启明表示，JLABS将与多机构合作，共同打造以上海为中心的创新枢纽。

"外资研发经历了从应用型研发到自主研发，再到现在开放型创新的过程，对于带动本土的创新力量起到了非常大的作用。"上海市商务委副主任杨朝总结道。

能级提升共同辐射长三角

青浦背靠虹桥综合枢纽，面向苏浙广阔腹地，是上海唯一一个同时接壤江苏和浙江的行政区，是沪苏、沪杭、沪皖南等多条发展带的交汇点。青浦区委书记赵惠琴对标上海最高标准、最好水平，坚定追求卓越的发展取向，着眼构筑青浦发展的战略优势，科学提出青浦"要用发展的眼光打造'上海之门'的形象"，建设上海对外服务的门户城市和长三角一体化发展的桥头堡，努力打造长三角国际贸易龙头区、协同创新核心区、乡村振兴先行区、江南文化示范区、社会治理样板区"五个新区"。

汇聚 677 家跨国公司总部，外资进驻的数量在提升，上海利用外资的结构也在优化、能级在提升。不少企业近期透露，外资爱上海，更爱这里能够联动的广阔市场和无限机遇。

"我们在上海布局，看中的是上海成熟的营商环境以及上海乃至长三角区域完善的生态圈，在制造、医药、金融等方面有着良好的发展。"洪小文说，"我们希望微软能够与上海、与长三角、与中国实现深度有机的结合。"

根据上海市政府发布的最新数据，外资企业以约占全市 2% 的企业数量，贡献了全市 20% 的就业、27% 的 GDP、33% 的税收、60% 的工业总产值。未来，外资企业不仅能深度参与上海科创中心建设，更有机会融入长三角 G60 科创走廊建设中。

在位于上海松江的 G60 科创走廊规划展示馆，来自长三角的埃夫特智能装备股份有限公司推出的毛笔字机器人以优美的笔法书写着"解放人类生产力"；在离此地不远的上海松江小昆山镇，库卡中国首席执行官王江兵讲述着库卡与长三角机器人产业协同合作的强烈愿望。

"上海及周边长三角地带有很多国内外客户和供应商，落户在这里可享'天时地利'，产品交货周期短、成本有优势，我们愿意进一步投资扩产。"王江兵说，中国正成长为全球最大的工业机器人市场，上海政府的有求必应更是给了他们信心，未来期待政府能够搭建平台，与更多长三角地区同行合作，共同完善行业标准，让中国机器人制造再上一个台阶。

当前，加快建设全球资产管理中心，加快推进长三角一体化平台建设，做大做强国际进出口商品展示交易平台……上海正围绕着打造国际经济、金融、贸易、航运和全球科技创新中心建设，持续推进全面对外开放，提升配置全球资源的能力。

中共中央政治局委员、上海市委书记李强多次强调指出："进入新时代，上海要承担起中央赋予的新使命，创新发展、扩大开放是必由之路。"

上海城市能级提升要靠扩大开放来聚集资源要素，核心竞争力增强要放在开放的条件下思考实践。未来的发展中，上海将继续坚持开放立市、开放兴市，努力把上海打造成为全国新一轮全面开放的新高地、服务"一带一路"的桥头堡、配置全球资源的亚太门户、我国走近世界舞台中央的战略支撑，在构建全面开放新格局上勇当排头兵。

（资料来源：何曦悦、程思琪，《中国创新发展研究报告》课题组）

第四节　解码"江苏经验"　释放创新活力

新经济是一种由技术到经济的演进范式、虚拟经济到实体经济的生成连接、资本与技术深度黏合、科技创新与制度创新相互作用的经济形态，具有极强的成长性，正成为改变区域竞争版图的重要抓手。

在社会主要矛盾转变的背景下，江苏需要走出一条具有特色和示范引导作用的发展道路，让发展更平衡更充分，不断满足人民日益增长的美好生活需要。

江苏省委书记娄勤俭多次强调，要推进江苏创新性发展、探索性发展、引领性发展。

江苏省省长吴政隆多次指出，科技创新突破不仅需要"硬件"支撑，更需要"软件"保障。江苏坚持把科技体制改革作为全面深化改革的优先选项，先后制定出台了"科技创新40条""知识产权18条"等一系列政策措施，着力让大量闲置的设备转起来、分散重复的项目统起来、束之高阁的成果用起来。坚持市场化的改革取向，在全国率先组建了省产业技术研究院，着眼于创新产业研发组织方式，加快重大基础研究成果产业化，实行一所两制、项目经理、合同科研、股权激励等一批改革举措，极大地激发了全社会创新创业活力。

江苏省委十三届三次全会进一步提出，要以舍我其谁、时不我待的进取精神奋发有为、主动作为，为发展赢得新的先机。站在新的发展起点，江苏奋力推进创新性探索性引领性发展，不仅是新时代江苏破解主要矛盾、推进高质量发展的内在要求，也是江苏为全国发展探路的根本体现，反映出江苏矢志创新的决心、先行探索的勇气和走在前列的自觉。

在"三个发展"中，创新性发展是新江苏建设的基础动力，要立足于经济发展从过去的高速增长阶段转向高质量发展阶段这一根本转变，扭住质量变革、效率变革、动力变革三个关键点，以创新思路、创新举措推进质量创新、效率创新和动力创新，以形成江苏创新性发展的决定性优势。探索性发展是新江苏建设的关键动力，重点要围绕"强富美高"新江苏建设面临的新挑战、新要求，紧密结合习近平总书记视察江苏重要讲话精神开展前瞻性探索。引领性发展是创新性探索性发展的逻辑结果，重点体现在三个方面，即整体发展上的区域现代化引领、人民幸福感获得感安全感的区域引领、更加充分与平衡发展的区域引领。

当前，江苏推进创新性探索性引领性发展的对策举措有：

江苏正处在转型发展的关键时期，始终坚持把发展的战略基点放在创新上，更大力度推进以科技创新为核心的全面创新，加快建设更高水平创新型省份，努力为全国大局探索发展路径、做出更大贡献。

树立世界眼光，把握全球科技革命新趋势新机遇，锻造江苏制胜未来的核心竞争力。当前全球正处于新旧经济技术范式的过渡期，全球科技、产业和商业版图面临深刻重构，后发经济体面临历史性的赶超"窗口期"。江苏要充分运用好这一窗口期，推动以科技创新为核心的综合创新能力跻身世界先进水平。一是深刻理解创新要素地理空间不均质分布并向城市群集聚的规律，以城市群核心区、国家级开发区、国家新区等战略平台为依托，打造创新核心区。二是深刻把握全球科技创新日趋多元、经济长周期波动日益频繁的新趋势，实施富有前瞻性、突破性的领先战略，强化江苏科技资源丰富的基础优势，在人工智能、生物医药、生命科学、新能源等前沿科技领域启动重大专项，推进更具世界引领性的原始创新和重大科技创新产业化，从根本上打破延续过往的跟随性、模仿性战略思维，跳出路径依赖的"追赶陷阱"。三是深刻认识创新生态的极端重要性，全力营造富有活力的创新生态体系。历史经验表明，创新者总是选择最有利于创新活动发生的环境来实现其创新目标。良好创新生态不可能一夜之间建成，需要体系布局、协同发力、持续推进。为此，江苏要借鉴国内外创新高地的先进经验，结合本地化特色进行营造创新生态的谋篇布局。

发力新经济，把握数字革命、网络革命、智能革命的颠覆性影响，培育江苏未来发展的产业主引擎。新经济是一种由技术到经济的演进范式、虚拟经济到实体经济的生成连接、资本与技术深度黏合、科技创新与制度创新相互作用的经济形态，具有极强的成长性，正成为改变区域竞争版图的重要抓手。近年来，深圳、杭州等地得益于新经济的强势崛起，成为我国区域现代化领军城市。江苏要实现创新性探索性引领性发展，必须跟上方兴未艾的新经济浪潮。一是超前部署世界级水平的智能基础设施，释放工业大数据对智能制造的赋能效应，力争在智能制造、物联网等领域建成世界领先的创新集群。二是敏锐把握未来产业起势阶段窗口期机遇，强化新技术、新经济、众创基因的选择、导入与培育，大力发展智能经济、数字经济、流量经济、共享经济、绿色经济等新型形态，强化新经济与传统经济的交叉融合，着力构建具有全球竞争力和区域带动力的新经济产业体系。三是构建适宜新经济成长的应用场景，重点培育拓展智能城市建设、人力资本协同、消费提档升级、绿色低碳发展等应用场景，将数据资源转化为发展资源，让人和供给、需求建立连接，为新经济企业发展提供"入口"、市场机会，从而促进新技术推广应用、新业态衍生发展、新模式融合创新、新产业裂变催生，着力培厚新经济发展的市场沃土。

聚焦主要矛盾，把握中国经济转向高质量发展的新特点，着力满足人民日益增长的美好生活需要。在社会主要矛盾转变的背景下，江苏需要走出一条具有特色和示范引导作用的发展道路，让发展更平衡更充分，不断满足人民日益增长的美好生活需要。一是树立以质量为第一的价值导向，真正形成各级党委和政府重视质量、企业追求质量、社会崇尚质量、人人关心质量的良好氛围。二是坚持高质量发展的目标导向，在全国推动高质量发展中打造标杆，做出示范，努力在高质量发展上走在全国前列。三是推进重点领域质量建设，以增强高品质供给为关键推进经济发展高质量，以增创体制机制新优势为动力推进改革开放高质量，以统筹城乡一体化发展为支撑推进城乡建设高质量，以培育文化软实力为依托推进文化建设高质量，以美丽江苏建设为牵引推进生态环境高质量，以保障和改善民生为基础推进人民生活高质量。

锻造重大优势，围绕提升国际竞争力和影响力，构筑高能级、强引领的综合战略优势。面对日益激烈的国际竞争和区域竞争，江苏实现创新性探索性引领性发展，必须构筑具有强力支撑作用、难以被人取代的战略优势。一是在承担国家战略中彰显功能优势，结合党的十九大新部署重新审视多重国家战略在江苏叠加的重大价值，更有效集聚和配置全球要素资源，代表国家参与全球合作竞争，锻造国际化高端竞争力。二是强化双向开放的新开放优势，以增强供应链、升级产业链、提升价值链为导向扩大向东开放，以增强要素配置力、产品辐射力、产业带动力为支撑引领向西开放，坚定不移推进企业、城市、人才国际化，形成更高水平、更宽领域开放格局。三是在引领新常态中培育品牌优势，策应消费迭代升级需求，打造更多引领消费潮流、具有强烈时代气息和鲜明江苏特色的新品牌。四是在涵养软实力中厚植人文优势，在继承优秀传统文化、创造新时代文化中坚定文化自信，打造彰显江苏元素的文化标识，讲好直击人心的江苏故事，建设为新江苏凝魂聚气的精神家园，打造具有独特魅力和吸引力的人文高地。五是在美丽江苏建设中彰显生态优势，坚持用最严格的制度、最严密的法治保护生态环境，突出抓好生态空间的构建和优化，修护生态基底，增加生态供给，推行生态型生产方式、生活方式，下大力气补齐拉长生态环境这个突出短板。

（资料来源：夏锦文，《中国创新发展研究报告》课题组）

第五节　广州全力建设粤港澳大湾区国际科技创新中心

粤港澳大湾区建设，是习近平同志亲自谋划、亲自部署、亲自推动的重大国家战略，是党中央从国家发展全局和"两个建设好"的战略高度支持港澳与广东这块改革开放前沿阵地在共融中实现共建共享共赢的重大决策部署，是新时代推动形成全面开放新格局的新举措，也是推动"一国两制"事业发展的新实践。

作为我国开放程度最高、经济活力最强的区域之一，粤港澳大湾区在国家发展大局中具有重要战略地位。40多年改革开放，粤港澳大湾区经济实力、区域竞争力显著增强，已具备建成国际一流湾区和世界级城市群的基础条件。按照《纲要》，粤港澳大湾区不仅要建成充满活力的世界级城市群、国际科技创新中心、"一带一路"建设的重要支撑、内地与港澳深度合作示范区，还要打造成宜居宜业宜游的优质生活圈，成为高质量发展的典范。推动粤港澳大湾区建设，有利于贯彻落实新发展理念，为我国经济创新力和竞争力不断增强提供支撑；有利于进一步深化改革、扩大开放，建立与国际接轨的开放型经济新体制，建设高水平参与国际经济合作新平台。

广州集中全市力量推动粤港澳大湾区国际科技创新中心建设

广州是我国改革的重镇、开放的前沿，广州这座城市因改革而生、因创新而强，改革是广州的根、广州的魂。

中共广东省委常委、广州市委书记张硕辅多次强调指出，推进粤港澳大湾区建设，是新时代推动形成全面开放新格局的新举措，是推动"一国两制"事业发展的新实践，也是推动广州市进一步深化改革扩大开放的重大历史机遇。广州作为粤港澳大湾区核心城市、省会城市，要担当起沉甸甸的历史责任，展现一线城市、特大城市的胸怀格局，在狠抓落实上见行动见实效。

当前，广州正在深入学习贯彻习近平总书记对广东重要讲话和重要指示批示精神，落实广东省委关于举全省之力推进粤港澳大湾区建设的决策部署，携手港澳和珠三角兄弟城市，发挥各自优势，实现共赢发展，共建国际一流湾区和世界级城市群。着力抓住粤港澳大湾区建设这个"纲"。着力深化穗港澳科技合作，推动粤港澳大湾区国际科技创新中心建设。着力推进基础设施互联互通，加快机场、港口、高快速路、轨道交通和信息基础设施建设。着力提升产业合作水平，建设先进制造业强市、科技创新强市、现代服务业强市、文化强市。着力共建宜居宜业宜游优质生活圈，深化与港澳在文化、教育、医疗、旅游、生态环保等领域全面合作。着力打造一批重点合作区域，高水平建设南沙粤港澳全面合作示范区、琶洲数字经济创新试验区等合作平台。

广州各级各部门要深入学习贯彻习近平总书记关于创新驱动发展系列重要讲话精神以及全省创新驱动发展大会精神，进一步统一思想，增强推进创新驱动发展的紧迫感和责任感，坚定信心，厚植优势，坚持改革、开放、创新相结合，建设国际科技创新枢纽，把创新驱动发展作为经济社会发展的核心战略和经济结构调整的总抓手落到实处。

广州市市长温国辉多次指出，广州坚决贯彻落实习近平总书记和党中央关于粤港澳大湾区的战略部署，充分发挥广州国家中心城市和综合性门户城市的作用，携手湾区城市打造世界级城市群。聚焦营商环境规则体系对接，加快建立与国际高标准投资贸易规则相衔接的制度体系，探索推进穗港澳三地"单一窗口"系统对接和合作，深化与港澳在服务贸易领域的合作。聚焦广深港澳科技创新走廊建设，培育提升广州科技中心功能，共建粤港澳大湾区国际科技创新中心。深化教育医疗等民生领域合作，与港澳等湾区城市共同推进中华优秀传统文化传承发展。推进交通基础设施互联互通，加快布局建设一体化的轨道交通网。加强区域内各城市的深度合作，推动形成区域协调发展新格局。着力提升大湾区核心引擎功能，打造高质量发展典范。

广州按照国家创新驱动发展战略要求，明确提出了要建设国际科技创新枢纽和国家创新中心城市的目标，"十三五"期间广州围绕建设枢纽型网络城市的目标，坚持为创新创业者打造一方发展热土，形成"创新来广州、创业来广州"的大好局面。

把广州建成具有全球影响力的创新名城

党的十八大以来，广州聚力创新，以只争朝夕的紧迫感奋力推进创新发展的工作实践，着力推进以科技创新为核心的全面创新，着力打造产业科技创新中心和先进制造业基地，着力形成以创新为引领的经济体系和发展方式，努力探索出一条具有中国特色、广州特点的创新发展之路：提升广州在国家创新体系中的地位，增强科技创新对广州高质量发展的支撑作用。着力点简单归纳可以叫一深化四提升。一深化就是深化科技体制改革，坚持问题导向，着力破解体制性障碍、结构性矛盾和政策性问题。四提升，就是要提升企业的自主创新能力；提升产业创新能力，加强基础研究和原创研究、实施重大科技成果转化；提升高水平平台的集聚能力；提升区域的创新活力。

历经40多年改革开放的光辉洗礼，广州具有产业基础、市场活力、区位交通、物流体系、人才储备、生态环境、发展空间等诸多方面的优势，特别是近两年一批龙头项目的落户建设，为此增添了新的动力。富士康超视、乐金8.5代OLED、思科智慧城、广汽智能网联、通用生物产业园、百济神州、粤芯芯片等重大项目落地推进广州加快建设。

无论是地理区位还是综合资源，广州无疑是粤港澳大湾区城市群的"龙头"。

资本跟着创新走，只有集聚创新资源，把创新经济的文章做好，才能挺立于价值链的高端，当好"龙头"。"龙头城市"想要以创新引领城市群发展，必须注重创新生态的营造。

广州丰富的科教人才资源，使其具备了高强创新潜力。创新不仅是研发活动，更是经济活动。广州作为中国高等教育资源最集中的五大城市之一，是国家三大高等教育中心、四大科研教育中心之一，科教综合实力仅次于北京、上海，居全国第三位。作为全国重要的科教中心，广州每万人中间大学生数量、研究生数量、两院院士数量，在全国都排名前三。高层次人才集聚，地方科研实力强大，广州拥有 27 个国家重点实验室、16 个国家工程技术研究中心。跟国内其他城市相比，广州自主创新所具有的科教资源禀赋非常突出。根植于广州的中央企业、军工研究所和省属大企业，也是广州自主创新的重要的方面军。

广州主要是充分发挥国家中心城市和综合性门户城市的引领作用，全面增强国际商贸中心、综合交通枢纽和科技教育文化中心功能，同时着力建设国际大都市。

这是基于广州作为华南国家门户的区位优势而言，也是基于广州作为传统商贸中心的历史底蕴而来，更是基于广州在全球城市的综合地位而定的。

广州的优势是综合的，因此定位也是综合的。

广州不仅是华南地区唯一的国家中心城市，也是全国排名首位的交通中心，本专科学生总量已经超过武汉位居全国第一位，在 GaWC 发布的世界一二线城市榜单中，广州位列 Alpha 级（一线），而深圳则位列 Alpha-级（弱一线）。

中共广东省委常委、广州市委书记张硕辅多次强调，要在思想深处真正重视创新，在工作布局上真正谋划创新，在实际行动上真正推进创新，始终用创新的思路抓创新，用开放的视野抓创新，用市场的手段抓创新，让创新这个动力引擎转得更快更好。

广州市正阔步迈向高质量发展新征程

近年来，广州市委、市政府继续积极推进创新驱动战略，确立了 IAB（新一代信息技术、人工智能、生物医药）、NEM（新能源、新材料）产业的发展战略，推动新旧动能转化。一大批 IAB、NEM 相关项目落户广州，来自广州市商务委的数据显示，仅 2018 年，广州就已有 27 个 IAB 产业项目落户落地，合计投资总额近 1500 亿元人民币。广州把创新作为引领发展的第一动力，着力将广州打造成为科技之城、创新之城、机遇之城，已成为广州市全力推进的新目标。

《中共广东省委关于制定国民经济和社会发展第十三个五年规划的建议》首提"发挥广州全面创新改革试验核心区和深圳创新型城市的创新引领作用，打造国际产业创新中心，推动形成珠三角各市创新驱动发展各有特色、一体联动格局"；提出"实施高新区升级行动计划，促进高新区集聚发展和辐射带动"，广州科学城、中新知识城被重点提及，广州将立足广州高新区、中新知识城、科学城、琶洲互联网创新集聚区、生物岛、大学城、民营科技园等建设国际科技创新枢纽。广州加快打造"风险投资之都"，正在加速推进金融业与珠三角制造业的深度融合，打造全球最大的产业金融服务网络。截至 2018 年，广州已集聚各类创业投资、股权投资、私募基金机构 3500 多家、管理资金规模 7000 多亿元。

目前，广州互联网企业超过 3200 家，诞生了微信、UC 浏览器、YY 语音、唯品会、酷狗音乐、网易等，在 2018 年"中国互联网企业 100 强"排行榜中，广州共 5 家企业入榜。2018 年广州高新技术企业净增 4000 家，增量全国第二，增速居全国副省级以上城市首位；专利申请量、发明专利申请量增速均列全国副省级以上城市之首。

广州实施高层次人才支持政策，全国人才管理改革试验区建设扎实推进，人才集聚效应持续增强。成为首批国家知识产权强市创建市，发明专利申请量和授权量增速居全国前列。广州选手在第 44 届世界技能大赛上获 2 金 1 银 3 铜的好成绩。近 2 年来，广州成功举办了财富全球论坛、中国风险投资论坛、海交会、创交会、生物产业大会、官洲国际生物论坛、生物医药圆桌会、人工智能圆桌会、国际金融论坛全球年会等国际会议活动，创新创业创造的氛围更加浓厚。

聚焦创新驱动，共建国际科技创新中心

在广州琶洲人工智能与数字经济试验区（以下简称"琶洲试验区"），一片热火朝天建设中，互联网巨头阿里巴巴华南运营中心大厦本月即将封顶，科大讯飞华南总部计划于 2020 年投入使用，未来将用人工智能技术为传统产业提供创新引擎。

作为全国首个启动创建国家互联网创业创新示范区的集聚区，广州琶洲人工智能与数字经济试验区的集聚效应和辐射效应正在加速显现。琶洲试验区吸引了腾讯、阿里巴巴、小米、科大讯飞等一批龙头企业在此建设全国总部或区域型、功能型总部大厦，总投资超过 725 亿元。"琶洲试验区"将为区域发展注入新的创新引擎和源源不断的新活力。这是广州聚焦创新驱动，共建国际科技创新中心的一个缩影。《纲要》提出，建设国际科技创新中心，集聚国际创新资源，优化创新制度和政策环境，建设全球科技创新高地和新兴产业重要策源地。广州正聚焦优化升级，打造现代产业高地。携手港澳加快发展新一代信息技术、人工智能、生物医药和新能源、新材料产业。广州开发区与香港新华集团签署全面战略合作框架协议，共建穗港智造特别合作区。香雪制药与澳门大学合作，谋划建设中医药标准化国际化创新转化平台。研究制定《广州市协同构建具有国际竞争力的粤港澳大湾区现代产业体系行动方案》。乐金 OLED 项目即将建成投产，广汽丰田发动机进展顺利，获批国家级智能网联汽车测试示范区。

广州深度参与广深港澳科技创新走廊建设

作为被纳入《纲要》的科技创新载体，中新广州知识城如今在大湾区建设国际科技创新中心中发挥着独特的作用。广州粤芯半导体技术有限公司厂区正在进行量产前的最后准备，这里将诞生广州第一条 12 纳米芯片生产线，带动半导体上下游产业链形成全新的千亿级产业集群。

《纲要》提出，推进"广州—深圳—香港—澳门"科技创新走廊建设，探

索有利于人才、资本、信息、技术等创新要素跨境流动和区域融通的政策举措。广州正深度参与广深港澳科技创新走廊建设,与中科院签约共建南沙科学城、中科院明珠科学园等重大创新平台建设,清华珠三角研究院与香港浸会大学达成合作协议,香港科技大学(广州)项目筹建工作正在加快推进。人工智能与数字经济实验室纳入第三批省实验室组建计划,天然气水合物钻探船项目获得国家发改委正式批复。国家超算广州中心新建前海、珠海等分中心,实现全面覆盖粤港澳大湾区 11 个城市,其中服务超过 150 个港澳团队。推进广州大学城—国际创新城、中新广州知识城、广州科学城、琶洲、天河智慧城、国际生物岛、南沙庆盛科技创新产业基地等重大创新平台建设,与港澳共建超过 30 个科技创新合作平台。

加强软硬对接,加快构建全面开放新格局

在粤港澳大湾区建设过程中,需要提升要素便捷有序自由流动。基础设施"硬对接"方面,广深港高铁、南沙大桥建成投入使用。地铁 22 号线等 13 条地铁、白云站、广州铁路集装箱中心站、南沙港四期、机场第二高速公路、花莞高速、广佛放射线二期进展顺利。珠三角水资源配置工程、广州北江引水工程全面开工。在加强机制"软对接"方面,学习借鉴香港、澳门经验,加快建立与国际高标准投资和贸易规则相适应的制度规则;积极落实国家关于港澳台人才个人所得税优惠政策;有序推动执业资格认可,注册建筑师等 6 个建筑领域职业资格已实现互认,香港 3 个职业工种及澳门 13 个职业工种的职业技能证明实现单方认可,开展与香港疫病统一监测和检测结构互认。白云机场外国人 144 小时过境免签政策落地实施,南沙、黄埔等口岸实现进出口货物全年 24 小时通关。

聚焦拼船出海,加快构建全面开放新格局。广州大力推行商事服务"穗港通""穗澳通",方便港人港企、澳人澳企在穗投资,创新粤港跨境货栈业务,推动与港澳检验检疫互认,缩短口岸通检放行时间。对标最高最好最优,实施营商环境 2.0 改革,提出 43 条任务举措,打造 1 个全国领先的"智慧政务"

平台，争创 2 个走在前列的国家级试点示范区域，推进获利电力、知识产权保护等 10 大重点领域攻坚工程。全面落实 CEPA 服务贸易协议，在南沙成立广州首家粤港合作联营律师事务所，引入 CEPA 框架下首家粤港合资证券公司。天河中央商务区、海珠琶洲会展中心区被列为粤港澳服务贸易自由化省级示范基地。南沙自贸试验区累计形成 439 项制度创新成果，"商事登记确认制"和"金融风险防控平台" 2 个案例初步入选 2019 年商务部最佳实践案例，5 个案例入选广东自贸区 2018 年最佳创新案例。

聚焦改善民生，共建优质生活圈

民生领域交流合作成效明显。目前，香港科技大学（广州）落户南沙，与香港中文大学、香港理工大学、澳门大学等港澳优质高校开展多领域的合作。广州科学城、增城"侨梦苑"等一批港澳青年创业就业平台加快建设，粤港澳（国际）青年创新工场和"创汇谷"已入驻 85 个港澳青创团队。

广州正积极落实《港澳台居民居住证申领发放办法》，在全市推广复制广东自贸区 6 项出入境新政策。简化港澳医师转内地医师资格认证手续，开通绿色通道实现当日办结。推动港澳居民在穗与内地居民同等享受社会保险、医疗保险、义务教育等待遇。

加快构建形成大湾区 1 小时交通圈

《粤港澳大湾区发展规划纲要》将广州作为区域发展核心引擎之一，赋予了广州千载难逢的重大机遇。广州有底气、有能力、也更有责任、更有义务为推进粤港澳大湾区建设发挥作用、贡献力量。当前广州推进大湾区建设实现开局良好，下一步广州将在七个方面聚力突破：广州将建立健全与国家、省以及港澳有关部门的工作协调机制，印发广州市贯彻落实《纲要》的实施意见、三年行动计划等系列配套文件，形成远期、中期、近期相结合的贯彻实施体系；加强与港澳及国际营商规则对接，推动营商环境 2.0 改革落到实处，进一步彰显"广州效率""广州速度"，让市场主体感受到"广州温度"；着力推动广深港澳科技创新走廊建设，重点建设中新广州知识城、广州科学城、南沙科学城、琶洲人工智能与数字经济试验区（含广州大学城）"三城一区"，共建国际科技创新中心；大力推进广中珠澳高铁、穗莞深城际等项目建设，加快构建形成大湾区 1 小时交通圈、南沙与周边城市的半小时交通圈；深化与港澳等大湾区城市合作，重点打造新型显示与集成电路、生物医药、轨道交通、智能网联与新能源汽车、海洋经济等全产业链，携手培育若干世界级产业集群；加快建设南沙粤港澳全面合作示范区、中新广州知识城等重大平台，以点带面推动大湾区建设整体推进；发挥文化、教育、医疗资源丰富的优势，为大湾区民众特别是港澳台同胞学习、就业、生活提供更加便利的条件，使大湾区建设成果更多惠及民众。

（资料来源：易昌良、王彤、邹明春，《中国创新发展研究报告》课题组）

第六节　我们向深圳学什么
——新时代深圳营造创新生态的经验及启示

创新生态是近年创新政策领域逐渐兴起的概念，是一个地区通过科技创新实现高质量、高效益、可持续发展能力的综合体现。近年来，深圳在推动创新驱动发展方面取得了明显成效，其诸多成功因素中，核心经验就在于多年积累形成的完整、良好的创新生态环境。深圳全面实施创新驱动发展战略，2018年经济总量居亚洲城市前五，新兴产业和先进制造业 GDP 占比达到 65%，有效发明专利居全国大中城市第一。

对创新生态的基本认识

创新生态与创新体系接近又有区别，共同点是：都强调不同创新主体间的关联互动、强调科技创新资源的开放流动，进而提高科技创新活动的总体效率。但是，在理论基础和政策应用中，二者也有一些本质上的差异。

首先，理论基础不同。创新体系的理论基础是管理学、发展经济学、制度经济学等理论，强调创新的动力和机制；创新生态则是借助生态学理论，更加强调主体与所在环境的相互关系，也强调这种关系随着时间的变化。

其次，观察视角不同。创新体系理论多采取"旁观者视角"观察创新的主体和活动，创新生态则更倾向"参与者视角"。比如，在创新体系中，一家企业和科研院所、高校等不同主体是相互关联的平等主体，而用创新生态理论来解构的话，这家企业就是核心，其他的主体和制度都可以看作这个企业生存所面临的环境。

最后，解决的问题不同。如果政府干预科技活动是解决"市场失灵"问题，关注创新体系是解决"系统失灵"问题，那么创新生态则是要解决"政府失灵"的问题。也就是说，政府在履行公共职能过程中，一些公共领域可能出现政府关注不足或资源配置效率不高的情况，有可能通过市场、产业、社会等方面的调节形成有利于创新的公共环境。

总体上看，创新生态以企业为核心，以市场价值为导向，以政府战略规划为引导，以创新友好的社会环境为依托，以"科技—经济—科技"有效循环为演化动力。在一定区域范围内，各种有形的、无形的、市场的、政府的资源最终都要为企业实现经济价值服务。按照创新生态理念，创新的全过程是不可能被完全设计出来的，但良好的创新生态能够大大提高创新成功的可能性。每个企业、每个创新创业项目都是一粒种子，只有生态环境好了，创新才能茁壮生长。

深圳营造良好创新生态的主要经验

深圳建设之初，几乎没有科技创新资源基础，创新力量和生态是逐步积累而成的。从实践经验来看，以下几方面因素发挥了综合作用。

1. 政府对于城市发展的战略定位

政府是创新生态的参与方，对于创新生态初期的培育和演化过程中的引导有着不可或缺的作用。发展初期，以扩大产业规模、吸引大项目为主的发展方式，推动了深圳经济的高速发展，但面对资源约束、国际金融危机，深圳及时调整发展方向。

早在 2006 年，深圳就通过"效益深圳"指数引导评价导向的调整，指数以"经济增长中科技贡献率显著提高"为三项原则之一，将研究与试验发展经费支出占 GDP 比重、财政性教育经费支出占 GDP 比重、高新技术产品增加值占 GDP 比重、全社会劳动生产率等作为重要指标。

此后，深圳在立法保障财政科技投入稳定增长、规划布局战略性新兴产业发展、完善科技创新政策法规方面开展了大量实践，使科技创新成为促进经济社会发展的基本依托路径。

2. 政府对科技创新的长期支持和引导

深圳经济特区建设较晚，国家布局的重大科研基础设施、科研机构、高等学校很少，这成为当时深圳在高端人才和科研基础方面的短板。对此，深圳一方面持续加大科技投入；另一方面，有选择地面向全球大量引进优势科技资源，如合作建立南方科技大学、深圳大学、清华伯克利深圳学院等多所特色学校，深圳清华研究院、光启研究院、华大基因研究院、中科院深圳先进院等多家新型科研机构。

2016 年以来，深圳市政府开始在化学、医学、光电等领域建立 10 个由诺贝尔奖获奖科学家领衔的实验室，目前已成立瓦谢尔计算生物研究院、科比尔卡创新药物与转化医学研究院、盖姆石墨烯研究中心等多家。目前从研发投入强度、重大科技基础设施、应用类研发机构、技术成果、高新技术企业等指标来看，深圳均在全国处于前列，这奠定了良好创新生态的基础。

3. 主动调整产业结构，不断增强科技支撑作用

1979 年成立经济特区时，深圳第一产业比重是 37%，仅用 5 年时间就降到 10% 以下；以建筑业和电子工业为代表的第二产业迅速发展。此后，深圳根据国内外形势变化，主动调整产业结构。

1986 年，提出建立外向型、多功能的现代化经济特区，技术政策的导向是促进企业提高产品质量、引进生产技术，政府加大科技投入力度、制定技术

引进计划。

上世纪 90 年代后，深圳提出建立以高新技术产业为龙头、外向型工业为主导的现代化国际性城市，技术政策向高新技术产业倾斜，形成了计算机及其软件、通信、微电子及基础软件、视听产品等 7 大产业。通过技术政策促进产业结构调整，使传统产业逐步引退，高新技术产业迅速崛起，不断形成新的经济增长点。

4.有助于创新创业的社会环境

社会环境是否有利于创新，是否有利于科技型企业的成长，是判断创新生态状态的最重要特征。很多科研人员、企业家都曾表示，基础研究、试验开发、创意设计等活动愿意在北京、上海，但要创业更倾向于去深圳。深圳的创业环境优势在于：

一是市场环境。深圳作为改革开放的窗口，多年来建立起国际化、法治化的营商环境，在市场准入、公平竞争方面成为我国市场机制发育最为成熟的地区之一。近年来，深圳推动创新、创业、创投、创客"四创联动"，设立创客专项资金、创客基金、创新投资引导基金，搭建创业广场、柴火空间等"双创"平台的方式也进一步完善了有利于创新的市场环境。

二是法治环境。法治环境涉及科技创新相关立法、执法、法治观点等方面，对创新生态起着维护、保障、促进、规范和巩固的基础作用。2008 年，深圳出台全国第一部科技创新地方性法规《深圳经济特区科技创新促进条例》。2013 年，深圳市人大发布《深圳经济特区技术转移促进条例》，在全国率先以地方性法规形式提出了推动技术成果转移机制。

三是政策环境。深圳市制定了全国首部国家创新型城市总体规划、创新驱动"1+10"等文件，推动科技政策与产业、土地、金融、人才等政策衔接，形成指向清晰的政策导向。深圳重视财税政策落实，2015 年通过高新技术企业、研发费用加计扣除等政策减免税收 109.8 亿元，在全国排名前列。

5.移民文化带来的企业家精神

企业家精神是形成良好创新生态的灵魂。当企业家意识到社会中存在某种潜在利益时，就会主动地投入资本，通过各种方式改进生产函数，以获取这种利益。作为我国最大的移民城市，深圳孕育了海纳百川、包容万象的城市文明，其独特的城市气质为这里成长的商业力量赋予了一种敢于冒险、开拓创新的商业精神。

在多年的发展过程中，深圳的许多企业家都在行业里"第一个跳出来吃螃蟹"，在极大的风险下抢抓机遇，在外部条件不成熟和外部政策环境不明晰的情况下，果断投入开展研发和产业化。在深圳的各类经验中，企业家精神是最难简单借鉴的，因为企业家精神是创新的起点，又是创新的结果。

在上述因素的综合作用下，最终形成了"科技—产业—科技"的闭环。这种闭环是创新生态形成的标志，否则，再多的科技资源也只能形成研发环境，再多的生产企业也只能形成制造业集群。

在深圳，早期的科研资金投入已逐渐通过成果转化产生财富，资本聚集后再回流到科研，开始新一轮更高水平的创新，形成了从研发活动到产生经济价值的"正反馈"。在此基础上，以技术为主要产品，以专利授权为主要收入来源的"轻资产"的企业形态在深圳也开始涌现。这些企业有助于在创新链前端集聚产学研的资源，提高研发效率，加速"科技—产业—科技"闭环的运转周期。

深圳经验的启示

我国各地区的资源禀赋、发展特色有较大差异，同时创新生态也在不断演化，同一地区在不同的发展阶段需要关注的要素也不同。因此，借鉴深圳经验需特别注重结合各地自身特点。

1.根据各地资源特点、发展阶段不同，分类发挥政府的战略引导作用

创新生态的培育并没有固定的模式，国家层面在考虑区域创新发展时，建议以城市或城市群为重点，把握关键要素。对于创新资源丰富、创新生态发展较好的地区，需要重点完善市场环境、法治环境，加强科技创新政策的衔接配合。对于创新资源一般，创新生态尚待发展的区域，仍要强调研发投入强度、

企业技术创新能力、科技平台建设等基本要素，加强产业规划和投资，维护市场公平，激发企业家精神。

2.引导全社会提高创新治理能力，弥补"政府失灵"

在创新生态演化的初期，政府需要发挥主导作用；而中后期，政府直接干预创新的空间就会减小，进而转向通过政策、服务等方式间接引导创新，更多发挥企业、科研机构、社会服务机构等主体的主动性和自我调节功能。一是引导科学共同体、行业组织共同维护良好的市场运行机制；二是通过建立创新创业平台、科技服务平台等方式间接提供公共服务，提高服务效率；三是以企业家精神为先导，带动全社会广泛树立科研容错纠错、科研诚信、科学技术普及等文化理念。

3.持续发挥深圳改革开放的示范功能

创新生态是不断演化的过程，需要不断完善各类制度要素。即使对于深圳这样的领先地区，虽然在推动创新方面已超越了单纯的缺乏研发投入、产业投资等要素的阶段，但也最先遇到一些发展中的新的制度层面的障碍。这些问题体现了我国实施创新驱动发展战略中最值得关注的一些议题，需要对此重点跟踪和推进，发挥对全国的示范和带动作用。

（资料来源：李哲，《中国创新发展研究报告》课题组）

第七节　华为：中国企业自主创新和全球化运营的典范

一、关于华为

华为技术有限公司（以下简称"华为"）创立于1987年，是全球领先的ICT（信息与通信）基础设施和智能终端提供商。30多年来致力于把数字世界带入每个人、每个家庭、每个组织，构建万物互联的智能世界。目前华为有

18.8万员工，业务遍及170多个国家和地区，服务30多亿人口。

华为在通信网络、IT、智能终端和云服务等领域为客户提供有竞争力、安全可信赖的产品、解决方案与服务，与生态伙伴开放合作，持续为客户创造价值，释放个人潜能，丰富家庭生活，激发组织创新。华为坚持围绕客户需求持续创新，加大基础研究投入，厚积薄发，推动世界进步。

华为是一家100%由员工持有的民营企业。华为通过工会实行员工持股计划，参与人数为96768人，参与人仅为公司员工，没有任何政府部门、机构持有华为股权。

华为拥有完善的内部治理架构。持股员工选举产生115名持股员工代表，持股员工代表会选举产生董事长和其他16名董事，董事会选举产生4名副董事长和3名常务董事，轮值董事长由3名副董事长担任。

华为对外依靠客户，坚持以客户为中心，通过创新的产品为客户创造价值；对内依靠努力奋斗的员工，以奋斗者为本，让有贡献者得到合理回报；与供应商、合作伙伴、产业组织、开源社区、标准组织、大学、研究机构等构建共赢的生态圈，推动技术进步和产业发展；其遵从业务所在国适用的法律法规，为当地社会创造就业、带来税收贡献、智能数字化，并与政府、媒体等保持开放沟通。

华为给世界带来了什么？华为为客户创造价值。华为携手合作伙伴，为电信运营商提供创新、安全的网络设备，为行业客户提供开放、灵活、安全的ICT基础设施产品，为云服务客户提供稳定可靠、安全可信和可持续演进的云服务。华为智能终端和智能手机，正在帮助人们享受高品质的数字工作、生活和娱乐体验。

保障网络安全稳定运行。从2018年开始，网络安全和隐私保护成为公司的最高纲领。30多年来，华为和运营商一起建设了1500多张网络，帮助世界超过30亿人口实现联接，保持了良好的安全记录。

推动产业良性发展。华为主张开放、合作、共赢，与客户、伙伴合作创新、扩大产业价值，形成健康良性的产业生态系统。华为加入400多个标准组织、产业联盟和开源社区，积极参与和支持主流标准的制定，推动产业良性发展。推动社会可持续发展。华为致力消除数字鸿沟、促进数字包容，在珠峰、北极圈内等偏远地区建设网络，在西非埃博拉疫区、日本海啸核泄漏、中国汶川大地震等重大灾难现场恢复通信；同时，积极推进绿色低碳和节能环保，帮助培养本地 ICT 人才，促进数字经济发展。

为奋斗者提供舞台。华为坚持"以奋斗者为本"，以责任贡献来评价员工和选拔干部，为员工提供了全球化发展平台、与世界对话的机会，使大量年轻人有机会担当重任，快速成长，也使得十几万员工通过个人的努力，收获了合理的回报与值得回味的人生经历。

华为 30 多年坚持聚焦在主航道，抵制一切诱惑；坚持不走捷径，拒绝机会主义，踏踏实实，长期投入，厚积薄发；坚持以客户为中心，以奋斗者为本，长期艰苦奋斗，坚持自我批判。

2018 年，华为业绩稳健增长，实现全球销售收入 7212 亿元人民币（约合 1070 亿美元），同比增长 19.5%，净利润 593 亿元人民币，同比增长 25.1%。2018 年华为研发费用达 1015 亿元人民币，投入占比销售收入 14.1%，位列欧盟发布的 2018 年工业研发投资排名第五位；华为近十年投入研发费用总计超过 4800 亿元人民币。联合国下属的世界知识产权组织（WIPO）公布数据称，2018 年度，华为向该机构提交了 5405 份专利申请，在全球所有企业中排名第一。

二、华为的创新实践

华为是一家创新型的企业吗？前不久，欧洲一家通信制造商的高管在一个非正式场合这样讲道：过去 20 多年全球通信行业的最大事件是华为的意外崛起，华为以价格和技术的破坏性创新彻底颠覆了通信产业的传统格局，从而让世界绝大多数普通人都能享受到低价优质的信息服务。

然而，令人纳闷的是，"创新"一词在华为的"管理词典"中却不多见，在任正非 20 多年来的上百次讲话、文章和华为的文件中，"创新"是被提到最少的。尤其在近两年所谓的"互联网思维"大行其道、风靡整个中国产业界的氛围下，任正非却在华为 18.8 万员工中大谈以乌龟精神追赶龙飞船，要求上上下下"拒绝机会主义"，沿着华为既定的道路，并且不被路旁的鲜花所干扰，坚定信心地朝前走……

那么，这一切背后到底反映着什么样的企业哲学观，以及在哲学观基础上的华为的创新理念和创新实践、创新故事？

华为公司的发展史，是一部融合了华为创新的理念与逻辑、光荣与梦想、经验与教训、故事与传奇的"炼狱史"。在华为的创新体系中，创始人任正非的企业家精神是华为创新的思想之魂，"以客户为中心"的核心价值观是华为创新的动力之源，全体奋斗者是华为创新的成功之本。

华为的创新实践之一：技术创新

华为在 2008 年至 2018 年的十年时间之内，在技术研发方面所投入的费用每年都在上涨，十年时间累计为技术研发投入 4850 亿元。2018 年的研发费用投入 1015 亿元，占据整年总收入的 14.1%，而针对技术研发所投入的人力也超过 80000 人，在世界知识产权组织公布的统计数据中，华为在 2018 年共提交 5405 份专利申请，是全球所有企业在 2018 年提交专利数量最多的公司，而截至 2018 年底获得的授权专利总量达到 87805 件。从 1992 年开始，华为就坚持将每年销售额的至少 10% 投入研发，什么事情都可以打折扣，但"研发的 10% 投不下去是要被砍头的"——华为主管研发的负责人告白。

20 多年前，任正非就有明确认知：中国人擅长数理逻辑，数学思维能力很强，这跟中国人的哲学有关系，中国哲学是模糊哲学——儒、道基础上的模糊哲学。缺乏形而上学的思辨传统，太多辩证法。基于这一点，华为在材料学研究、物理领域尽量少地投入，但在数学研究方面的投入是巨大的。

华为的俄罗斯研究所和法国研究所，主要从事数学研究。俄罗斯人的数学运算能力也是超强的，在华为的 2G、3G、4G、5G 研究方面有重大贡献。

华为在欧洲等发达国家市场的成功，得益于两大架构式的颠覆性产品创新，一个叫分布式基站，一个叫 SingleRAN，后者被沃达丰的技术专家称作"很性感的技术发明"。这一颠覆性产品的设计原理，是指在一个机柜内实现 2G、3G、4G 三种无线通信制式的融合功能，理论上可以为客户节约 50% 的建设成本，也很环保。华为的竞争对手们也企图对此进行模仿创新，但至今未有实质性突破，因为这种多制式的技术融合，背后有着复杂无比的数学运算，并非简单的积木拼装。

正是这样一个革命性、颠覆性的产品，过去几年给华为带来了欧洲和全球市场的重大斩获。一位国企的董事长见任正非时说了一句话，"老任，你们靠低价战术怎么在全世界获得这么大的成功？"任正非脱口而出，你错了，我们不是靠低价，是靠高价。在欧洲市场，价格最高的是爱立信，华为的产品平均价低于爱立信 5%。但高于阿尔卡特—朗讯、诺基亚—西门子 5%—8%。

华为的创新实践之二："工者有其股"的制度创新

这应该是华为最大的颠覆性创新，是华为创造奇迹的根本所在，也是任正非对当代管理学研究带有填补空白性质的重大贡献——如何在互联网、全球化的时代对知识劳动者进行管理，在过去百年一直是管理学研究的薄弱环节。

从常理上讲，任正非完全可以拥有华为的控股权，但创新一定是反常理的。华为创立的第一天起，任正非就给知识劳动者的智慧——这些非货币、非实物的无形资产进行定价，让"知本家"作为核心资产成为华为的股东和大大小小的老板，到今天为止，华为有将近 8 万股东。最新的股权创新方案是，外籍员工也将大批量地成为公司股东，从而实现完全意义上的"工者有其股"，这无疑是人类有商业史以来未上市公司中员工持股人数最多的企业，也无疑是一种创举，既体现着创始领袖的奉献精神，也考验着管理者的把控能力：如何在如此分散的股权结构下，实现企业的长期使命和中长期战略，满足不同股东阶层、劳动者阶层、管理阶层的不同利益，从而达成多种不同诉求的内外部平衡，其实是极富挑战的——前无经验可循，后面的挑战依然很多。从这一意义上看，这种颠覆性创新具有独特的标本性质。

华为的创新实践之三：产品微创新

早期，不管西方公司还是华为给运营商卖设备都是代理商模式，是华为改变了当年中国市场的营销模式，由代理模式走向了直销模式。这个模式首先是被逼出来的——产品差，不断出问题，然后就得贴近客户去服务。华为的老员工经常说一个词，叫作"守局"，这里的局指的是邮电局，就是今天的运营商。设备随时会出问题，华为那些年轻的研究人员、专家，十几个人经常在一台设备安装之后，守在偏远县、乡的邮电局（所）一个月、两个月，白天设备在运行，晚上就跑到机房去检测和维护。设备不出问题是侥幸，出故障是大概率。

这就逼出了华为的微创新文化。举个例子，曾经，华为交换机卖到湖南，一到冬天许多设备就短路，什么原因呢？把一台出故障的设备拉回深圳，一帮人黑天白夜琢磨到底是什么问题。最后发现外壳上有不知道是猫还是老鼠撒的尿，就研究是不是症结在这儿？好，试一试，在设备上撒一泡尿，电一插发现没问题，又苦思冥想。到了第二天有人突然说不对，昨天那个谁谁撒尿之前喝了水，人也年轻，找一个老一点的同事，几个小时别喝水，撒一泡尿再试试。果不其然，撒完尿，电源一插崩一下断了。最终确定，尿里面所含的成分是断电的原因。湖南冬天的时候老鼠在屋内到处窜，交换机上的污渍可以肯定是老鼠尿，撒尿导致断电，华为的工程师们就针对这一具体问题进行产品改造，很快问题就解决了。

华为能够从一家小公司成长为让全球客户信赖的大企业和行业领导者，必须承认，30多年不间断的、大量的贴近客户的微创新是一个重要因素。有一位华为老员工估计，30多年来华为面向客户需求这样的产品微创新有数千个。正是由于华为跟客户不断、频繁的沟通，正是由于西方公司店大欺客，尤其在中国市场的早期把乙方做成了甲方——那时候买设备要先交钱，半年以后能给你设备算不错了——构成了华为和竞争对手的重大区别与30多年彼消此长的分野。

华为创新实践之四：市场与研发的组织创新

市场组织创新。"一点两面三三制"是 80 多年前的发明。什么叫一点两面呢？尖刀队先在"华尔街的城墙"（任正非语）撕开口子，两翼的部队蜂拥而上，把这个口子从两边快速拉开，然后，"华尔街就是你的了"。"一点两面三三制"是一个很重要的战术思想、战术原则。"三三制"当然指的组织形态。早期，任正非要求华为的干部们就"一点两面三三制"写心得体会。前副总裁费敏以及还在基层的今天的常务董事李杰，对"一点两面三三制"体会最深，在《华为人报》发表后，任正非大加赞扬，就提拔他们上来。此后，"一点两面三三制"便作为华为公司的一种市场作战方式、一线组织的组织建设原则在全公司广泛推开，应该说，这是受中国军队的启示，华为在市场组织建设上的一种模仿式创新，对华为 30 多年的市场成功助益甚多，至今仍然被市场一线的指挥官们奉为经典。

铁三角向谁学的呢？向美国军队学的。蜂群战术还有重装旅等，这些美国军队的作战体制变革也都成为华为进行管理创新的学习标本。

什么叫重装旅？一线营销人员发现战机后，传导给后方指挥部，山头在哪，目标在哪，总部专家们要做评价。当专家团们认为可以派重装旅过去，这些由商务专家、技术专家、市场解决方案专家组成的专家小组就奔赴前线，与市场一线的团队联合确定作战方案，甚至共同参与客户的技术交流、商务谈判等。

研发体制创新。比如固定网络部门用工业的流程在做研发，创造了一种模块式组织——把一个研发产品分解成不同的功能模块，在此基础上成立不同的模块组织，每个组织由 4、5 个精干的专家组成，分头进行技术攻关，各自实现突破后再进行模块集成。第一，大大提高了研发速度。第二，每一模块的人员都由精英构成，所以每个功能模块的错误率很低，集成的时候相对来说失误率也低。华为的 400G 路由器的研发就是以这样的组织方式进行的，领先思科公司 12 个月以上，已在全球多个国家布局并进入成熟应用。

而在无线研发部门，则发明了底层架构研发强调修万里长城，板凳要坐十年冷；直接面向客户的应用平台研发推行海豹突击队模式，从而形成了整个研发团队的整体作战能力和快速应变力的有效结合。这即是任正非说的"修长城"，坚固的万里长城上跑的是"海豹突击队"，"海豹突击队"在"长城"上建"烽火台"。

华为创新实践之五：决策体制的创新

美国的美世咨询（Mercer）公司，在2004年对华为进行决策机制的咨询。让任正非主持办公会，任正非不愿意，就提了一个模型，叫轮值COO。七位常务副总裁轮流担任COO，每半年轮值一次。轮值COO进行了8年，结果是什么呢？

首先是任正非远离经营，甚至远离管理，变成一个头脑越来越发达，"四肢越来越萎缩"的领袖。真正的大企业领袖在企业进入相对成熟阶段时一定是畸形的人，脑袋极其发达，聚焦于思想和文化，和企业观念层面的建设；"四肢要萎缩"，四肢不萎缩，就会时常指手画脚，下面的人就会无所适从。

30多年前，任正非是大半个思想家，和小半个事务主义者。20年以后的任正非完全脱离开事务层面，成为完全意义上的华为思想领袖。轮值COO的成功实践，促使在10年前，华为开始推行轮值CEO制度。EMT管理团队由7个常务董事组成，负责公司日常的经营管理，7个人中3位是轮值主席，每人轮值半年。3年来的运行效果是显著的，最大成效之一是决策体系的动态均衡。如果上任轮值主席偏于激进，那么整个公司战车隆隆，但半年以后会有偏稳健的人上来掌舵，把前任风格调节一下，而过于稳健又可能影响发展，再上来的人可能既非左又非右，既非激进又非保守。这套体制的原型来自咨询公司的建议，但华为做了很多改造和创新，包括从美国的政党轮替制度里借鉴了一些东西，融入到华为的高层决策体系。

那么，英国的"虚君共和制"对华为的组织创新又会有什么借鉴呢？

避免了山头问题。任正非认为，华为实行的轮值COO、CEO，与西方公司相比，制度优越性要大得多。西方公司是"一朝天子一朝臣"，一个人做CEO，他的哥们全跟着鸡犬升天，这个人干得不好被干掉，一帮人跟着被干掉，这在西方公司是很普遍的。而华为的轮值COO、轮值CEO制度，从体制上制约了山头文化的坐大，为公司包容、积淀了很多五湖四海的杰出人才。同时这种创新体制也使整个公司的决策过程越来越科学化和民主化。今天的华为已经从早年的高度集权，演变到今天的适度民主加适度集权这么一个组织决策体制。

轮值CEO制度，相对于传统的管理理论与实践，可以称得上是划时代的颠覆性创新，在有史可寻的人类商业管理史上恐怕找不到第二例。有中国学者质疑这一体制的成功可能性，但至少迄今为止的华为实验是相对成功的。未来如何？由未来的历史去下结论：创新就意味着风险，意味着对本本主义、教条主义的反叛和修正。华为的任何创新都是基于变化而作出的主动或被动的适应，在这个日益动荡和充满变化的时代，最大的危险是"缘木求鱼"。

三、创新领航，推动世界进步

在以"构建万物互联的智能世界"为主题的第十六届华为全球分析师大会上，华为董事、战略研究院院长徐文伟宣布，华为迈向基于愿景驱动的理论突破和基础技术发明的创新2.0时代。

徐文伟指出，创新2.0是基于对未来智能社会的假设和愿景，打破制约ICT发展的理论和基础技术瓶颈，是实现理论突破和基础技术发明的创新，是实现发明和创造的创新。华为战略研究院将统筹创新2.0的落地。

今天的华为，又站在了一个新的起点上，这不仅意味着华为的创新战略的升级，同时也意味着我们要为推动世界进步做出更多贡献。

过去30多年，华为产品领先的根因，在于基于客户需求的工程和技术创新，而面向未来，华为将基于愿景和客户需求双轮驱动的创新，加大基础技术研究和理论研究投入，探索未来，照亮世界，照亮华为，实现技术领先的创新战略。

众所周知，信息产业超过 50 年的高速发展，理论界和产业界都开始遇到了发展瓶颈。

首先是理论瓶颈：现在的创新主要是把几十年前的理论成果，通过技术和工程来实现。比如说，香农定律是 70 年前，1948 年发表的，5G 时代，几乎达到了香农定律的极限，CDMA 是演员海蒂拉玛 1941 年发明的。ICT 产业发展已经遇到了瓶颈，需要新的理论突破和基础技术的发明。

其次是工程瓶颈：摩尔定律驱动了 ICT 的发展，以前（CPU）性能每年提升 1.5 倍，现在只能达到 1.1 倍了，摩尔定律下一步怎么发展？这些都是我们在 ICT 发展中遇到的瓶颈。

任正非早在 2017 年就提出，华为当前的创新，还处于工程数学、物理算法的工程层面，面向未来，华为感到迷茫，处于迷航中。

下一步，华为将如何突破这些瓶颈？

徐文伟认为，华为创新理念升级：从 1 到 N 迈向从 0 到 1。

针对业界的瓶颈和挑战，华为的创新战略是：从基于客户需求的技术和工程创新的 1.0 时代，迈向基于愿景驱动的理论突破和基础技术发明的创新 2.0 时代。

创新 1.0 的核心理念是：基于客户需求和挑战，是技术创新，工程创新，是产品与解决方案的创新，是从 1 到 N 的创新。核心是帮助客户和合作伙伴增强竞争力，帮助客户增加收益或者降低成本，帮助客户实现商业成功。

过去华为无论在无线、光网络还是智能手机领域，都有大量的工程和技术创新，为客户带来了极大的商业价值以及产生了巨大的社会价值。

创新 2.0 的核心理念是：基于对未来智能社会的假设和愿景，打破制约 ICT 发展的理论和基础技术瓶颈，是实现理论突破和基础技术发明的创新，是实现从 0 到 1 的创新。

华为的成功，没有秘密，就是持续 30 多年、上千亿美元研发投入的结果，就是创新 1.0 给客户带来价值的自然回报。华为几个案例值得我们学习。

1. 从 AII IP、All Cloud 到 All Intelligence，牵引产业发展方向

首先，华为洞察和把握了行业大方向，制定了正确的网络发展战略；大方向的正确，不仅确保了产品研发没有走弯路，并且实现了产品走在行业的前列，牵引行业的发展方向。

比如 2005 年，华为推动网络架构走向 ALL IP，制定了 Single 战略，把TDM、ATM、FR 等多种交换技术共存的多张网络，变成基于 IP 交换的单一网络，制定了"接口 IP 化、内核 IP 化、架构 IP 化、业务 IP 化"的四步走战略。今天统一的一张基于 IP 网络，让运营商端到端的建设成本降低和运营效率提升 3—4 倍。

2011 年，华为判断云技术将对网络产生重大的影响，推动了"ALL Cloud 全面云化"，制定了 SoftCOM 网络发展战略（Softwaredefined+TeleCOM），即用云计算的理念和技术来改造电信网络，通过"资源池化、软件分布化、运行自动化"来实现"软件定义的网络"，构建开放和敏捷的网络，让业务部署、业务发放等效率提升一倍以上。

2016 年，华为认为 AI 作为一个通用技术，将无处不在，提出 ALL Intelligence 的概念，因此，在 SoftCOM 的基础上，把 AI 引入到电信网络中，提出"自动驾驶网络"的发展目标，彻底改变电信网络的运行和维护方式，逐步实现"无人值守"的网络。

最终结构性地解决运营商的网络 Opex 高，业务发放慢的问题，目标是实现 80%—90% 的网络运维工作的自动化。清晰、准确的网络架构发展战略，引领公司持续走在正确的方向上，持续走在行业的前列。

2. 从分布式基站到无代演进，引领无线发展新方向

在产品和解决方案的创新上，华为的创新不仅是全方位的各个产品领域，而且持续引领行业的创新。

比如无线领域，早在 2005 年，华为就开发了业界第一款分布式基站，2007 年，率先推出了 SingleRAN 基站，实现 2G、3G 基站合一，这些系列化的创新，其价值不仅仅是降低 30% 的 TCO，更是大大降低了网络建设的门槛，

让网络建设的全流程更加简单。

华为无线的领先，是长期持续的技术和工程创新的必然结果。

3. 从 OTN 到全光网：定义光网络新标准

华为的创新，不仅仅是在无线领域，在通信领域，从光传递网（OTN）到全光网（ASON），华为都是产业标准的引领者。

比如华为的 OXC（光交换）系统，用光背板替代了传统的 3000 根光纤，用光电集成，1 块单板替代原来的一个机柜，这给客户带来了巨大价值，不仅功耗降低 50%，占地面积下降 90%，部署和运维的效率更有百倍的提升。

4. 从多摄像头到智慧内芯，树立手机新标杆

当然，创新不能不谈一下华为手机。华为是第一个发布双摄像头手机的厂家，最近发布的 P30 手机，不仅实现了 4 摄像头的组合，树立了照相水准新标杆，但这些特性背后是：

微米级的折叠光路设计，10X 混合变焦性能；0.00024 度的分离式双 OIS 防抖，超过 300 人的研发队伍，36 个月精心打磨。

华为也是第一个把 AI 引入手机的厂家，让手机变成一个以"使用者"为中心，打造出懂你的手机，把手机从"智能"推向"智慧"。

最火爆的是华为折叠手机 Mate X，一个转轴，是数学、材料、机械、设计等多学科的创新，历时 3 年攻关，历经几十次迭代，最终实现可 20 万次稳定工作；从而保证整部手机的平整状态。

看得见的产品，看不见的是背后的技术。

我们看到的是产品，而冰上之下的技术才是真正的竞争力。数学、芯片设计、材料、散热等，这些是背后的基础能力。

华为有 60 多个基础技术实验室，700 多数学博士，200 多物理和化学博士；数学的算法的突破决定了 SingleRAN 的诞生。

早在 1991 年，华为就设计了第一片 ASIC 芯片并成立了芯片设计室。

近 30 年的积淀，材料的抗腐蚀研究，让华为产品适应各种环境；石墨烯的研究，让电池散热效率大幅提升；无风扇的散热设计，让基站的体积降低 30%……

四、只有拥有核心技术知识产权，才能进入世界竞争

任正非多次指出，在企业发展战略中，知识产权战略是其重要的组成部分。然而，知识产权战略往往被企业尤其是中小企业所忽视。

华为的知识产权战略可归为三点：第一，知识产权是企业的核心能力，每年将不低于销售收入的10%用于产品研发和技术创新，以保持参与市场竞争所必需的知识产权能力。第二，实施标准专利战略，积极参与国际标准的制定，推动自有技术方案纳入标准，积累基本专利。第三，遵守和运用国际知识产权规则，依照国际惯例处理知识产权事务，以交叉许可、商业合作等多种途径解决知识产权问题。

正如任正非所说：诞生伟大公司的基础是保护知识产权。华为要依靠一个社会大环境来保护知识产权。依靠法律保护创新才会是低成本。随着我们越来越前沿，公司对外开放、对内开源的政策已经进入了一个新的环境体系。过去二三十年，人类社会走向了网络化；未来二三十年是信息化，这个时间段会诞生很多伟大的公司，诞生伟大公司的基础就是保护知识产权，否则就没有机会，机会就是别人的了。

世界上唯一不变的就是变化，要在极速变化世界中生存，就要不断创新。创新虽然有风险，但不创新才是最大的风险。华为正是拥抱创新，才成为中国企业的成功典范。

华为投入了世界最大的力量在创新，但华为反对盲目的创新，反对为创新而创新，华为推动的是有价值的创新。华为能够有今天的成就，也得益于任正非和华为的18.8万员工，在长达30多年的发展历程中对寂寞和孤独的忍耐，对持续创新的坚守，以及对内外躁动的警惕。"忍者神龟"的喻义也许体现着科学精神、创新精神，乃至于真正的商业精神的本质。

（资料来源：易昌良、王彤、邹明春，《中国创新发展研究报告》课题组）

主要参考文献

1. 习近平：《新发展理念就是指挥棒、红绿灯》，《人民日报海外版》2016 年 1 月 7 日。

2. 易昌良、朱云娟主编：《中国创新发展研究报告》，经济科学出版社 2017 年版。

3. 《科技强国，创新很重要》，新华网 2018-08-27。

4. 《"四梁八柱"性改革全面铺开》，人民网—理论频道 2018 年 8 月 17 日。

5. 马涛：《让创新成为走向未来的不竭动力》，《学习时报》2018 年 3 月 9 日。

6. 《2018 年全球创新指数：中国突破前 20 名》，《联合国新闻—经济发展》2018 年 7 月 10 日。

7. 《进取！锻造"创新钢铁"》，《中国冶金报》2018 年 3 月 30 日。

8. 《中国科学院高能物理研究所研究员张双南：中国科技创新的两个优势和两个短板》，《科技日报》2018 年 3 月 30 日。

9. 《为全球创新贡献中国智慧》，《科技日报》2018 年 3 月 30 日。

10. 汪同三：《找准创新和完善宏观调控的着力点》，《经济日报》2018 年 3 月 29 日。

11. 朱子钦、陈劲、范利武：《推动创新应聚焦人民需求》，《经济日报》2018 年 3 月 29 日。

12. 张春玲、吴红霞、刘遵峰：《用技术创新为乡村振兴注入新动能》，《经济日报》2018 年 3 月 29 日。

13. 张凡：《积聚创新的冲天之力》，《人民日报》2018 年 3 月 28 日。

14. 陈丽芬：《以高水平开放促进服务业国际化》，《经济参考报》2018 年 3 月 28 日。

15. 牛瑾：《让科技创新惠及民生》，《经济日报》2018 年 3 月 27 日。

16. 陈庆修：《立足改革建设现代化经济体系》，《经济日报》2018 年 3 月 23 日。

17. 张德勇：《体制机制创新是关键》，《经济日报》2018 年 3 月 23 日。

18. 姜明：《奋进新时代阔步新征程走向新未来》，《中国商报》2018 年 3 月 23 日。

19. 张琦：《创新制度供给促贸易便利化》，《经济日报》2018 年 3 月 23 日。

20. 林火灿：《以创新思维推进高质量发展》，《经济日报》2018 年 3 月 22 日。

21. 王玥：《用好人才方能凝聚人才》，《经济日报》2018 年 3 月 21 日。

22. 欧阳优：《创新当头"新新不已"》，《经济日报》2018 年 3 月 21 日。

23. 林火灿：《牢牢把握高质量发展这个根本要求　促进经济社会持续健康发展》，《经济日报》2018 年 3 月 20 日。

24. 厉以宁：《企业家的使命是创新——兼论效率的源泉来自人们的积极性》，《北京大学学报》。

25. 廉丹：《创新要有定力和耐力》，《经济日报》2018 年 3 月 19 日。

26. 卢阳旭：《良好的创新条件需科学的人才评价》，《科技日报》2018 年 3 月 17 日。

27. 黄鑫：《没有文化创新就没有文化兴盛》，《经济日报》2018 年 3 月 16 日。

28. 卢阳旭：《消费升级需要科技创新"软硬兼施"》，《科技日报》2018 年 3 月 13 日。

29. 张梦然：《国际贸易立于不败的底气在创新》，《科技日报》2018 年 3 月 13 日。

30. 庞中英：《未来 5 年，"强起来"的中国对世界意味着什么?》，《华夏时报》2018 年 3 月 12 日。

31. 王仕涛：《涌现价值：创新创业创富的"密码"》，《科技日报》2018 年 3 月 12 日。

32. 王石川：《为顶尖人才成长厚植文化沃土》，《科技日报》2018 年 3 月 11 日。

33. 卢阳旭：《科技创新要创造更多的就业》，《科技日报》2018 年 3 月 10 日。

34. 本报评论员：《以新的更大作为开创新局面》，《光明日报》2018 年 3 月 8 日。

35. 常理：《破旧立新为发展腾空间》，《经济日报》2018 年 3 月 8 日。

36. 王仕涛：《没有创新驱动就没有高质量发展》，《科技日报》2018 年 3 月 8 日。

37. 王斯敏、王琎：《实践没有止境理论创新也没有止境》，《光明日报》2018 年 3 月 7 日。

38. 王斯敏、张翼：《共建和平繁荣开放创新文明之路》，《光明日报》2018 年 3 月 7 日。

39. 刘江伟、杜羽：《跑出中国创新"加速度"》，《光明日报》2018 年 3 月 7 日。

40. 孙玉松：《高质量发展要下好创新先手棋》，《科技日报》2018 年 3 月 7 日。

41. 周国辉：《双轮驱动才能跑出中国创新的"加速度"》，《科技日报》2018 年 3 月 7 日。

42. 孙超、丁怡婷：《创新引领增强经济竞争力》，《人民日报》2018 年 3 月 7 日。

43. 龙跃梅：《能落地的科技政策才是好政策》，《科技日报》2018 年 3 月 7 日。

44. 龙跃梅：《政府工作报告里的创新"大礼包"》，《科技日报》2018 年 3 月 6 日。

45. 王晖：《"蛙跳式"创新是设备企业的重要支柱》，《中国电子报》2018 年 3 月 6 日。

46. 卢泽华：《补齐短板建设创新型国家》，《人民日报海外版》2018 年 3 月 5 日。

47. 王仕涛：《新时代需要这样的创新》，《科技日报》2018 年 3 月 5 日。

48. 张梦然：《创新是稳健前行的动力》，《科技日报》2018 年 3 月 4 日。

49. 叶晓楠：《继承中发展发展中创新》，《人民日报海外版》2018 年 3 月 4 日。

50. 眉间尺：《文化期待是科技创新"落地"的台阶》，《科技日报》2018 年 3 月 2 日。

51. 程露露：《习近平共享发展新理念研究》，安徽大学，2018 年。

52.《中办国办印发〈关于加强知识产权审判领域改革创新若干问题的意见〉》，《人民日报》2018年2月28日。

53.迟福林：《让创新成为高质量发展第一动力》，《经济参考报》2018年2月28日。

54.《跨越关口上新阶》，《人民日报》2018年2月27日。

55.黄群慧：《从三个层面提高实体经济供给质量》，《经济日报》2018年2月22日。

56.龙海波：《创新体制机制统筹推进区域创新改革试验》，《经济日报》2018年2月22日。

57.顾阳：《紧扣"创新驱动"这个关键词》，《经济日报》2018年2月12日。

58.蒋文龄：《用良好的创新生态护航经济发展》，《人民日报》2018年2月9日。

59.林益青：《形成创新驱动新格局的三个着力点》，《经济日报》2018年2月8日。

60.唐宇文：《加快构建绿色技术创新体系》，《经济日报》2018年2月8日。

61.牛瑾：《不能关起门来搞创新》，《经济日报》2018年2月6日。

62.林子文：《激发市场活力唯有依靠改革》，《经济日报》2018年2月5日。

63.本报评论员：《以创新驱动强化战略支撑》，《经济日报》2018年2月4日。

64.侯云龙：《勿让伪创新伤了真创新》，《经济参考报》2018年2月2日。

65.王欣：《网络能力、资源整合与物流企业服务创新绩效关系研究》，安徽大学，2018年。

66.谷建宇：《技术创新对我国出口贸易的影响探究》，安徽大学，2018年。

67.张双南：《中国科技创新的两个优势和两个短板》，《科技日报》2018年3月30日。

68.本报评论员：《为全球创新贡献中国智慧》，《科技日报》2018年3月30日。

69.李乐成：《让改革释放持久红利》，《人民日报》2018年3月29日。

70.汪同三：《找准创新和完善宏观调控的着力点》，《经济日报》2018年3月29日。

71.李志刚：《突破陈旧理念对创新的束缚》，《解放军报》2018年10月11日。

72.今纶：《广州科技创新是时候复制"斯坦福模式"了》，《证券时报》2018年10月11日。

73.刘佳惠子：《点"绿"成金创新创"富"》，《江西日报》2018年10月11日。

74.陈曙光、刘小莉：《改革方法论创新无止境》，《经济日报》2018年10月11日。

75.夏远望：《"稻田音乐会"的创新与梦想》，《河南日报》2018年10月11日。

76.丁新科：《"组团会诊"让创新走得更长远》，《河南日报》2018年10月11日。

77.郑洁：《创新开展公安监管心理干预工作》，《人民公安报》2018年10月11日。

78.张海丰：《以创新引领区域协同发展》，《广西日报》2018年10月11日。

79.农华西：《智能革命推开了创新发展马克思主义理论的崭新大门》，《广西日报》2018年10月11日。

80.张玲：《基于学生主体性的高校创新创业教育研究》，南京理工大学，2017年。

81.商慧：《高校创新创业教育模式研究》，南京理工大学，2017年。

82.韩敬云：《制度创新与中国供给侧结构性改革》，中央民族大学，2017年。

83.余明强：《混合所有制改革对国有企业创新能力的影响》，浙江大学，2017年。

84.魏旭：《山东省高校在校大学生的创新创业教育探究》，山东建筑大学，2017年。

85. 刘莉云：《银行业结构与企业创新》，浙江大学，2017 年。

86. 柴玉珂：《基于财务契约理论的融资结构对企业创新绩效的影响研究》，东华大学，2017 年。

87. 王静宇：《中国新能源汽车产业联盟技术创新研究》，北京交通大学，2017 年。

88. 王尉东：《产业知识基础对产业创新绩效的影响研究》，中国科学技术大学，2017 年。

89. 朱锐：《批判性思维与创新思维的关系研究》，中央民族大学，2017 年。

90. 吴国杰：《开放经济条件下中国创新驱动研究》，浙江大学，2017 年。

91. 卢刚：《公司治理与公司绩效的互动作用实证研究》，山东大学，2017 年。

92. 魏蒙：《融资结构对企业绩效影响机理研究》，上海社会科学院，2017 年。

93. 戚耀元：《面向高新制造企业的技术创新与商业模式创新耦合关系及其对绩效的影响研究》，北京科技大学，2017 年。

94. 张天译：《中国区域创新能力比较研究》，吉林大学，2017 年。

95. 高辉：《中国情境下的制度环境与企业创新绩效关系研究》，吉林大学，2017 年。

96. 曹贤忠：《基于全球—地方视角的上海高新技术产业创新网络研究》，华东师范大学，2017 年。

97. 冯冰：《基于创新价值链视角下的高技术产业技术创新效率的影响研究》，中国科学技术大学，2017 年。

98. 王欣：《国家高新区管理体制、科技创新政策与创新绩效关系研究》，中国科学技术大学，2017 年。

99. 李哲铭：《于传统中找突破在继承里寻创新——2018 中国—东盟音乐周综述》，《歌海》2018 年第 4 期。

100. 顾秀莲：《夯实基层创新社会治理用好智库推进乡村振兴》，《社会治理》2018 年第 7 期。

101. 本刊讯：《习近平总书记就提高关键核心技术创新能力提出新要求》，《保密工作》2018 年第 7 期。

102. 杜刚：《深化认识探索创新不断提升网络市场监管与服务工作水平》，《中国市场监管研究》2018 年第 7 期。

103.《夯实基础　持续创新　积极探索网络市场监管与服务新途径》，《中国市场监管研究》2018 年第 7 期。

104. 乐山：《创新引领扎实推进公共服务体系建设》，《四川劳动保障》2018 年第 7 期。

105. 张魁、宋严：《马克思共享发展理念原典探究及当代启示》，《思想政治教育研究》2018 年第 34 期。

106. 曹文文、李健、潘镇：《企业创新、产权性质与组织冗余》，《科学决策》2018 年第 6 期。

107. 徐勇：《加快新时代数字文化产业创新发展研究》，《中共济南市委党校学报》2018

年第 3 期。

108.黄鲁成、滕旭东、苗红等:《创新政策中创新激励与负责任创新平衡态评估研究》,《中国软科学》2018 年第 5 期。

109.罗纯、李庆雷:《共享经济视角下乡村旅游创新发展探析》,《百色学院学报》2018 年。

110.王炜、浪潮:《技术创新引领"数字中国"新浪潮》,《山东国资》2018 年第 5 期。

111.高艳:《文化铸就川企品牌之魂》,《经营管理者》2018 年第 5 期。

112.吴显名:《弘扬优秀文化 塑造百年品牌》,《经营管理者》2018 年第 5 期。

113.刘嘉:《创新步伐从未停歇》,《纺织服装周刊》2018 年第 12 期。

114.招栩圣:《乡村振兴战略背景下农科类专业资助育人与创业就业教育融合创新的探索》,《中外企业家》2018 年第 5 期。

115.汪永超、唐浩、黄静琪:《以产业集群为基础的中小企业工业设计创新模式探讨》,《科技创新导报》2017 年第 14 期。

116.《每一次,都超越创新》,《中国石油和化工经济分析》2017 年。

117.张珊珊、张志磊:《企业高技能人才创新能力开发与培养的现实意义》,《产业与科技论坛》2017 年第 16 期。

118.曹扬、邹云龙:《创新的性质及其组织》,《东北师大学报(哲学社会科学版)》2017 年第 6 期。

119.张明裕:《区块链驱动供应链金融创新》,《新理财》2017 年第 11 期。

120.刘卓军:《迈入质量新时代》,《中关村》2017 年第 11 期。

121.蒋军:《要么死,要么生,这就是转型的结局!》,《销售与市场(管理版)》2017 年第 11 期。

122.卫汉青:《未来中国的支点》,《中关村》2017 年第 11 期。

123.赵刚:《全球科技创新格局下的中关村》,《中关村》2017 年第 11 期。

124.王天恩:《从信息文明看中国创新发展理念践行路径》,《毛泽东邓小平理论研究》2017 年第 10 期。

125.苏庆永、张波:《创新教育理念下的高校体育教学改革》,《中国冶金教育》2017 年第 5 期。

126.《科学创新砥砺前进 凝聚发展力量提升服务水平》,《北方建筑》2017 年第 5 期。

127.周祥:《新形势下企业经济管理的创新策略分析》,《山西农经》2017 年第 20 期。

128.耿胥、黄婕、邓自洋:《高校"大学生创新创业训练计划"项目管理模式的探索与实践》,《化工高等教育》2017 年第 34 期。

129.李兴祥、胡文苑、莫剑彪等:《融合创新转型发展努力推进档案工作现代化——党的十八大以来浙江档案工作"走向现代化"综述》,《浙江档案》2017 年第 10 期。

130.段云龙、余义勇、张颖等:《创新型企业持续创新过程重大机遇识别研究》,《管理评论》2017 年第 10 期。

131.《国家将进一步加快推进环保装备制造业发展》,《水泵技术》2017 年第 5 期。

132. 张磊:《论"四个全面"战略布局对中国特色社会主义的创新与发展》,《新西部》2017 年。

133. 邹积威:《创新思想政治工作促进企业转型发展》,《中国盐业》2017 年。

134. 周娇:《互联网思维下高校育人创新机制的构建》,《新西部》2017 年。

135. 盛湘:《"创新工作坊"的理论基础与现实条件探析》,《石油化工管理干部学院学报》2017 年。

136. 王玲、石宏伟:《论习近平的新兴媒体观》,《新西部》2017 年。

137. 周立春:《集群创新:中国广告产业发展的战略选择》,《中国媒体发展研究报告》(2016 年)。

138.《服务创新和谐着力人企合一》,《企业与文化》2017 年第 5 期。

139. 谈燕:《韩正:按照党中央国务院要求部署,紧密结合上海实际,全面深化国资国企改革惟有改革创新,才会有新突破新局面惟有深化改革,才能不断提升竞争力》,《企业与文化》2017 年第 5 期。

140. 陈晓曼:《勇于创新开拓互联网健康新空间》,《吉林医学信息》2017 年。

141. 戴双翔、林倩、高洁:《当前师德培训的价值重构与实践创新》,《教育伦理研究》2017 年。

142. 李云珠:《新时期党建管理工作创新研究》,《环球市场信息导报》2017 年。

143. 韩锦刚:《事业单位思想政治工作的创新》,《环球市场信息导报》2017 年。

144. 葛飞:《培养创新意识从学习语言文字开始》,《考试周刊》2017 年。

145. 王华、李孟哲、李扬子:《家族二代培养与企业绩效:基于创新视角的研究》,《会计论坛》2017 年。

146. 李继东:《创新思维做好基层党建工作》,《邯郸日报》2017 年 10 月 31 日。

147. 崔吕萍:《新时代迎来新环境 民营经济发展创新是关键》,《人民政协报》2017 年 10 月 31 日。

148. 刘晓哲:《感受习总书记重要思想的真理力量》,《山西日报》2017 年 10 月 31 日。

149. 于延晓:《创新与守正:移动互联网时代理论期刊的抉择》,《中国社会科学报》2017 年 10 月 31 日。

150. 胡立彪:《不要在创新上迷失方向》,《中国质量报》2017 年 10 月 31 日。

151. 李佳霖:《北斗民用市场有待开拓创新》,《经济日报》2017 年 10 月 31 日。

152. 朱婷:《"创"出一个黄金时代》,《人民政协报》2017 年 10 月 31 日。

153.《深入推进军民融合发展国家战略》,《保密工作》2018 年。

154. 马璐、张哲源:《威权领导对员工创新行为的影响》,《科技进步与对策》2018 年第 35 期。

155. 张鞿:《国际创新研发机构案例分析及对我国的借鉴意义》,《新材料产业》2018 年。

156. 王顺：《共享经济背景下中小企业管理模式创新研究》，《现代经济信息》2018 年。

157.《中办、国办印发〈粤港澳大湾区发展规划纲要〉》，新华社，2019 年 2 月 28 日。

后　记

纵观人类发展的历史，创新始终是推动一个国家、一个民族不断进步的主要力量，也是推动整个人类文明不断进化的内在动能。创新是一个体系，包括理论创新、制度创新、科技创新、产品创新等多个方面，它们从不同的角度为经济社会发展贡献力量。我国是一个发展中大国，目前正处于爬坡过坎的关键时期，正在为实现"两个一百年"奋斗目标而努力，全面深入贯彻实施创新驱动发展战略是不言而喻的。

国家一直高度重视创新。习近平总书记在中国科学院第十七次院士大会上讲话强调：进入二十一世纪以来，新一轮科技革命和产业革命正在孕育兴起，全球科技创新呈现出新的发展态势和特征。综合分析国际国内大势、立足我国发展全局，我们比以往任何时候都更加需要强大的科技创新力量。中共中央、国务院专门印发《国家创新驱动发展战略纲要》，把创新摆在了国家发展全局的核心位置。当前，全社会出现创新热潮，无论是中央、地方，还是部门、企业，每言必谈"创新"，专家学者也大量著书立说。实体书店琳琅满目的书架上，网上书城眼花缭乱的书目中，关于创新的书籍和研究成果在不断增多，理论和实务工作者从不同的角度都在广泛探讨，为我国创新驱动发展献计献策。

面对新形势新任务新挑战，必须加快从要素驱动为主向创新驱动发展转变，发挥科技创新的支撑引领作用，推动实现有质量、有效益、可持续的发展。这是着眼全局、面向未来作出的重大战略调整，对我国未来高质量发展具有十分重要的意义。

从 2018 年 5 月开始，国家发展改革委宏观经济管理编辑部、现代经济研究院联合北京师范大学政府管理研究院、北京市博士爱心基金会、腾讯研究院、国是智库研究院、大同市锐龙房地产开发有限公司、吉运集团股份有限公司、国湘控股有限公司等单位，组织国内著名学者、优秀博士团队，围绕创新引领高质量发展、全球科技创新模式与大国崛起、创新推动加快现代化经济体系模型建设、创新推动加快现代化经济体系模型建设、全球化下的创新机制变革、我国创新模式下的问题分析等，成立了《中国创新发展研究报告》课题组（以下简称课题组）。

在充分研究与总结国内外创新发展相关理论与实践成果的基础上，课题组结合中国创新发展现实，构建了中国创新发展指数评价体系，以科学的评价体系来测度中国创新发展状况，监测中国创新发展进程。

能够通过中国创新发展指数对国家、省际和城市层面的测度与比较，深层次衡量中国创新发展水平，是历史赋予《中国创新发展研究报告》的难得机遇。

课题组从多种数据处理方法中找出最适合本报告的算法，对海量的数据进行收集、筛选、分析，根据国家、省际和城市三大维度制作生成相应系列表格。为了确保该报告观点的客观性与科学性，课题组成员对结论进行了艰苦卓绝的反复论证，所耗费的时间和心血远远超过预想。本课题参考了卷帙浩繁的古今中外研究成果，历经 17 个多月艰辛付出而玉汝于成。为了按时且高质量地完成本项研究任务，课题组对本报告中所使用的数据、所形成的结论与判断以及国际上有关专家学者们的观点，进行了多次焚膏继晷式的深入研讨。本着对读者负责，课题组成员和有关专家对每一个数据的选取、每一个表述的确定，都付出了超乎想象的努力。其实我们深深懂得，学术研究是扎实、专业和严谨的，充满了艰辛、磨砺和坚持。

做学术研究要耐得住寂寞，坐得住"冷板凳"，任何一个课题都需要熬很长时间，很费力。在此，我们对课题组成员和顾问、专家，一并表示最衷心的敬意和谢忱。

《中国创新发展报告》历经多次修改，现在终于要正式出版了，这是集体智慧的沉淀，也是长时间努力的结晶，希望能够经得住历史考验，能够对我国的创新发展有所裨益，能够为广大发展中国家甚至整个世界发展有所示范。

非常感谢陈昌智副委员长亲自为本报告作序。

衷心感谢中共湖南省委原书记王茂林，联合国原副秘书长沙祖康，中国国际传播中心执行主席、党组书记龙宇翔等领导和中科院院士、南京大学原校长陈骏教授，中国工程院院士、四川大学原校长谢和平教授，兰州大学党委书记袁占亭教授，北京大学党委常务副书记、马克思主义学院院长、习近平新时代中国特色社会主义研究院院长于鸿君教授，欧美同学会党组书记、秘书长王丕君，中国财政科学研究院党委书记、院长刘尚希研究员，外交学院党委书记、常务副院长袁南生教授，国家发改委宏观经济研究院副院长毕吉耀研究员，国务院参事、欧美同学会副会长、全球化智库主任王辉耀，清华大学李十中教授，北京师范大学政府管理研究院院长唐任伍教授，南京大学商学院院长、教育部长江学者特聘教授沈坤荣，中国地质大学（北京）经管学院刘海燕教授，武汉理工大学安全科学与应急管理学院院长宋英华教授，中国人民大学企业管理系主任刘刚教授以及北京大学经济学院苏剑教授、北京师范大学林卫斌教授等领导和专家，对本报告的创作提出了极有价值的建议，人民出版社对本报告的编辑出版给予了选题、立项、出版支持，腾讯研究院副院长王爱民、大同市锐龙房地产开发有限公司董事长康怀东、吉运集团股份有限公司董事局主席刘现考、北京大学马克思主义学院外联部主任张进财老师等为本报告出版给予了大力支持，在此一并表示感谢。

本报告在创作过程中，得到了国家发展改革委、中国科学院、中国社科院、北京大学、清华大学、南京大学、中国人民大学、北京师范大学、中国国际经济交流中心、重庆大学、中国财政科学研究院、中国地质大学（北京）、外交学院、浙江财经大学、中国大数据研究院等单位领导、专家的大力支持，他们的支持使得本书更具权威性。

同时还要感谢本报告合作研究单位北京师范大学政府管理研究院、北京市博士爱心基金会、腾讯研究院、国是智库研究院、中国大数据研究院、一带一路经济技术合作中心、大同市锐龙房地产开发有限公司、吉运集团股份有限公司、北京普祺医药科技有限公司、国湘控股有限公司等单位的各位领导和专家的支持和奉献。

十分感谢北京大学马克思主义学院的各位老师和北京大学毛泽东管理思想高级研究班的同学们，2019年一年里，学院和高级研究班为我们提供了激发思悟的课程、深邃前沿的讲座、生动具体的实践。特别感谢北京大学毛泽东管理思想高级研究班第四班的同学们，我们一起走进北大红楼、韶山、上海一大纪念馆、嘉兴南湖、井冈山，进一步学懂、弄通、做实毛泽东思想、习近平新时代中国特色社会主义思想。我深深懂得学习、思考、实践、感悟是一个学而思、思而践、践而悟螺旋式上升的过程，只有不断学习、勤于思考，理论联系实践，最终才会有所领悟，有所提升。这种提升是课题组全体成员政治品格、意志能力、工作成绩的提升，答出的是一份出彩的研究答卷，而当无数拼搏人生的出彩答卷汇集在一起，展现的却将是一幅盛世中国的图景，答出的是国家富强、人民幸福的华美篇章！

面对新时代的客观要求，创新发展研究群体作为有担当、有社会责任感的中国知识分子和研究者，志在把握"天下家国"情怀具体化的时代定位，为党的十九大提出的"创新是引领发展的第一动力，是建设现代化经济体系的战略支撑"而努力贡献力量。

课题组所有成员积极参与《中国创新发展研究报告》创作，受篇幅限制，只能选录部分研究成果。本报告由主编易昌良和邱灵、鞠文燕负责总体框架设计。撰写了"前言"和"后记"、编写了指标体系、综合排名及案例分析，景峰、张显龙、陈辉编写测算结果，王彤、高子华、康怀东、宋丽参与编写了综合排名及案例分析。刘现考、张进财提升"序"和"前言"。

本报告的相关数据来自官方数据库和出版物，部分内容来自媒体的公开报道，已在参考文献中一一列举。在此，谨向所有原作者表示感谢，如有不妥，敬请原谅。

　　需要特别强调的是，由于篇幅所限，1800 多页、200 多万字的数据、文字未能列在本报告内，确实遗憾。

　　衣带渐宽终不悔，为伊消得人憔悴。一年半的付出与坚守，是课题组全体人员对创新发展研究的执着和热爱。我们希望这份付出和坚守，能够为推动中国创新发展研究做出积极的贡献。

　　伟大的新时代需要大智慧、大变革急需大思路，在中国经济攻坚克难、转型升级的重要历史节点，我们将一如既往地秉承"学术至上、创新为魂"的理念，通过体制机制创新，整合社会资源，集决策咨询、调查研究、规划论证于一体，聚焦现代经济主题，高举高质量发展、创新发展大旗，着力打造现代经济理论创新阵地、高质量发展实践推进阵地，努力成为服务我国现代化经济体系建设的"智囊"。更好地为国家宏观经济管理决策和国家发展改革委中心工作提供智力支撑，更好地为地方各级党委政府和社会提供咨询服务。

　　作为一项开创性的工作，由于学术水平有限，加之时间紧迫、经验不足，虽然经过了多次校正，但仍难免有不尽如人意之处。欢迎各位专家学者提出宝贵意见。

易昌良

2019 年 11 月 8 日夜于玉渊潭

责任编辑：杨瑞勇

责任校对：吕　飞

封面设计：徐　晖

图书在版编目（CIP）数据

中国创新发展研究报告 / 国家发展改革委宏观经济管理编辑部　主编 . —北京：
　人民出版社，2019.11
ISBN 978 - 7 - 01 - 021400 - 9

I. ①中…　II. ①国…　III. ①国家创新系统－研究报告－中国　IV. ① F204 ② G322.0

中国版本图书馆 CIP 数据核字（2019）第 224059 号

中国创新发展研究报告
ZHONGGUO CHUANGXIN FAZHAN YANJIU BAOGAO

国家发展改革委宏观经济管理编辑部　主编　易昌良

人 民 出 版 社 出版发行
（100706　北京市东城区隆福寺街 99 号）

北京汇林印务有限公司印刷 新华书店经销

2019 年 11 月第 1 版　2019 年 11 月北京第 1 次印刷
开本：710 毫米 × 1000 毫米 1/16　印张：20.5
字数：318 千字

ISBN 978 - 7 - 01 - 021400 - 9　定价：58.00 元

邮购地址 100706　北京市东城区隆福寺街 99 号
人民东方图书销售中心　电话（010）65250042　65289539